Michael Kofler

Java

Der Grundkurs

Liebe Leserin, lieber Leser,

ich freue mich, dass Sie sich für dieses Taschenbuch entschieden haben. In unserem Buchprogramm zur Programmierung finden Sie sonst vor allem ausführliche Einsteigerliteratur und umfassende Lehr- und Handbücher. Für alle, die einen schnellen und preiswerten Einstieg in Java und einen Überblick über die Grundlagen suchen, haben wir jetzt das passende Buch.

Michael Kofler führt Sie in wohlüberlegten Schritten in die Programmiersprache ein. Dass er Befehle und Schlüsselwörter übersichtlich präsentiert, hilft beim Lernen und später beim Nachschlagen – zu einer guten Einführung gehört aber mehr: Erst mit einem Verständnis der jeweiligen Konzepte können Sie die Sprachmittel sinnvoll zum Programmieren nutzen. Dank einer exakten und verständlichen Ausdrucksweise lernen Sie grundlegende Konzepte immer parallel kennen. So können Sie mit diesem Buch ohne Vorkenntnisse arbeiten.

Zu jedem Thema gibt es Codebeispiele und Übungen mit Lösungen, die im Unterricht erprobt sind. Nutzen Sie diese Aufgaben! Falls Sie schon mit Java programmiert haben und bestimmte Themen noch einmal aufarbeiten oder etwas nachschlagen wollen, können Sie die in sich abgeschlossenen Kapitel auch einzeln nutzen.

Übrigens: Anregungen, Lob und Kritik sind herzlich willkommen. Ich freue mich über Ihre Rückmeldung!

Ihre Almut Poll
Lektorat Rheinwerk Computing

almut.poll@rheinwerk-verlag.de
www.rheinwerk-verlag.de
Rheinwerk Verlag · Rheinwerkallee 4 · 53227 Bonn

Auf einen Blick

Wir hoffen, dass Sie Freude an diesem Buch haben und sich Ihre Erwartungen erfüllen. Bitte teilen Sie uns doch Ihre Meinung mit. Eine E-Mail mit Ihrem Lob oder Tadel senden Sie direkt an die Lektorin des Buches: *almut.poll@rheinwerk-verlag.de*. Im Falle einer Reklamation steht Ihnen gerne unser Leserservice zur Verfügung: *service@rheinwerk-verlag.de*. Informationen über Rezensions- und Schulungsexemplare erhalten Sie von: *hendrik.wevers@rheinwerk-verlag.de*.

Informationen zum Verlag und weitere Kontaktmöglichkeiten finden Sie auf unserer Verlagswebsite *www.rheinwerk-verlag.de*. Dort können Sie sich auch umfassend und aus erster Hand über unser aktuelles Verlagsprogramm informieren und alle uns ere Bücher versandkostenfrei bestellen.

An diesem Buch haben viele mitgewirkt, insbesondere:

Lektorat Almut Poll
Gutachten Philip Ackermann
Korrektorat Friederike Daenecke, Zülpich
Herstellung Norbert Englert
Layout Vera Brauner
Einbandgestaltung Barbara Thoben, Köln
Satz Michael Kofler
Druck und Bindung Beltz Bad Langensalza

Dieses Buch wurde gesetzt aus der TheAntiquaB (8,65/12,25 pt) in it LATEX.
Gedruckt wurde es auf Werkdruckpapier (80 g/m^2).

Bibliografische Information der Deutschen Nationalbibliothek:
Die Deutsche Nationalbibliothek verzeichnet diese Publikation in der Deutschen Nationalbibliografie; detaillierte bibliografische Daten sind im Internet über *http://dnb.d-nb.de* abrufbar.

ISBN 978-3-8362-2923-4
© Rheinwerk Verlag GmbH, Bonn 2015
1. Auflage 2015, 3., korrigierter Nachdruck 2017

Inhalt

2   Variablenverwaltung   61

3 Operatoren

4 Verzweigungen und Schleifen 97

5 Arrays 119

6 Zeichenketten 129

7 Datum und Uhrzeit

8 Methoden 169

9 Exceptions 189

15 Dateien und Verzeichnisse 323

Anhang

Vorwort

Java ist die im deutschen Sprachraum beliebteste Programmiersprache im Unterricht. Unzählige Schüler und Studenten lernen anhand von Java die Grundzüge der objektorientierten Programmierung.

Dieses Buch präsentiert Ihnen Java in Form eines Grundkurses. Seine Kapitel beschreiben alle wichtigen Sprachelemente sowie ausgewählte Klassen aus der riesigen Java-Standardbibliothek:

► Installation und erste Schritte (Hello World!)
► Variablenverwaltung, Datentypen, Zahlen und Zeichenketten, Arrays
► Operatoren
► Verzweigungen, Schleifen
► Methoden, Exceptions, Klassen samt Vererbung und Schnittstellen
► Generische Klassen, Lambda-Ausdrücke und Collections
► Umgang mit Dateien
► JavaFX
► Javadoc, Pakete und Libraries

Viele konkrete Beispiele helfen Ihnen dabei, die Sprachelemente von Java und elementare Klassen richtig anzuwenden. Wiederholungsfragen und Übungen helfen Ihnen dabei, Ihr frisch erlerntes Wissen zu festigen.

Programmieren lernen

Wie lernt man programmieren? Nicht durch das Lesen eines Buchs, sondern durch intensives Programmieren und Üben! Mit anderen Worten: Auch wenn ich Ihnen in diesem Buch die Java-Grundlagen in gut verdaulichen Häppchen präsentiere, kann und will ich Ihnen nicht die Arbeit abnehmen, selbst Programme zu entwickeln.

Ich weiß aus meiner eigenen Erfahrung als Programmierer, aber auch aus meiner Lehrtätigkeit an zwei Fachhochschulen, dass das ein sehr zeitaufwendiger und oft mühseliger Prozess ist. Wenn Sie eine halbe Stunde verzweifelt nach einem Syntaxfehler suchen, den Eclipse bzw. der Java-Compiler mit einer unverständlichen Fehlermeldung versieht, gehört dies auch zum Lernprozess!

Belassen Sie es nicht bei den Wiederholungsfragen und Übungen, die Sie am Ende jedes Kapitels finden! Versuchen Sie darüber hinaus auch selbstständig andere Aufgabenstellungen zu lösen. Eine kurze Internet-Suche nach *java übungen* oder *java tutorials* gibt Ihnen bei Bedarf Anregungen.

Viel Erfolg

Aus meiner Sicht ist Programmieren eine faszinierende Beschäftigung, durchaus vergleichbar mit dem Lösen von Denksporträtseln. Die erfolgreiche Lösung einer kniffeligen Programmierübung kann Ihnen Erfolgserlebnisse wie im Sport bescheren. Lassen Sie sich von meiner Begeisterung für das Programmieren anstecken, und fangen Sie an – jetzt!

Michael Kofler (*https://kofler.info*)

Kapitel 1

Hello World!

Traditionell ist *Hello World* das erste Programm in jeder Programmieranleitung bzw. in jedem Programmierbuch. Die Aufgabe dieses Programms besteht darin, die Zeichenkette `'Hello World'` auf dem Bildschirm bzw. in einem Terminalfenster auszugeben.

Eine ziemlich triviale Aufgabe, werden Sie einwenden – dazu muss ich nicht das Programmieren lernen! Damit haben Sie natürlich recht. Tatsächlich besteht der Sinn des Hello-World-Programms nicht darin, eine Zeichenkette auszugeben, sondern vielmehr darin, die Syntax und Werkzeuge einer neuen Programmiersprache erstmals auszuprobieren.

Genau darum geht es in diesem Kapitel: Sie lernen die wichtigsten Eigenschaften von Java kennen, erfahren, was Sie installieren müssen, bevor Sie Ihr erstes Programm verfassen können, und werden mit Java-Entwicklungswerkzeugen wie `java`, `javac` und Eclipse vertraut. Gleichzeitig gibt das Kapitel einen ersten Überblick über die wichtigsten Java-Syntaxregeln.

1.1 Einführung

Wozu programmieren lernen?

Programmieren heißt, einem Computer in einer für ihn verständlichen Sprache Anweisungen zu geben. Als Nicht-Programmierer können Sie Computer selbstverständlich schon *anwenden*, im Web surfen, eine Mail verfassen, eine Android-App bedienen oder auf dem iPad Schach spielen. Aber wenn Sie ein Programm benötigen, das es in dieser Form noch nicht gibt, dann müssen Sie dieses *selbst* entwickeln. Dieses Buch vermittelt Ihnen die dazu erforderlichen Grundkenntnisse.

Natürlich gibt es auch ganz pragmatische Gründe: Sie wollen (oder müssen?) programmieren lernen, weil dies Teil Ihrer Schul- oder Universitätsausbildung ist. Oder Sie möchten programmieren können, um damit Geld zu verdienen. Oder es reizt Sie einfach, die IT-Welt besser verstehen zu können. Aus meiner persönlichen Sicht hat Programmieren auch etwas Spielerisches an sich. Programmieren kann Spaß machen – so wie das Lösen eines Denksporträtsels.

Warum Java?

Programmiersprachen gibt es sprichwörtlich wie Sand am Meer. Warum gerade Java? Java hat sich in den vergangenen Jahrzehnten als *die* erste Programmiersprache etabliert, mit denen unzählige Schüler und Studenten ihre ersten Programme verfasst haben. Dafür gibt es gute Gründe:

▶ Java ist kostenlos.

▶ Java zeichnet sich durch eine klare, relativ leicht zu erlernende Syntax aus, was gerade im schulischen Bereich ein großer Vorteil ist.

▶ Java ist plattformunabhängig: Ein einmal entwickeltes Java-Programm kann daher gleichermaßen unter Windows, Linux, OS X oder unter anderen Betriebssystemen ausgeführt werden. Das ist ein großer Vorteil im Vergleich zu C, C++, C#, Objective C, Swift oder Visual Basic.

▶ Java steht als Open-Source-Code zur Verfügung. Damit kann Java unkompliziert auf neue Plattformen portiert werden. Genau das war vor einigen Jahren der Fall, als Google Android entwickelte – das heute dominierende Betriebssystem für Smartphones und Tablets.

▶ Java ist im Unternehmensbereich sehr beliebt. Es gibt unzählige Entwicklungswerkzeuge, die dabei helfen, exakten, *sauberen* und wartbaren Code zu entwickeln – auch bei sehr großen Projekten.

▶ Java ist sehr universell anwendbar. Sie können damit einfache Konsolenkommandos ebenso entwickeln wie Windows-Programme mit grafischer Benutzeroberfläche, Webanwendungen für den Server-Einsatz oder Android-Apps.

1

Die Beispiele in diesem Buch sind so langweilig!

Wenn Sie dieses Buch durchblättern, werden Sie schnell feststellen, dass ich Ihnen hier leider nicht zeigen kann, wie Sie selbst ein tolles, neues Android-Spiel oder eine eigene interaktive Webseite programmieren. Immerhin enthält Kapitel 16, »JavaFX«, einen knappen Einstieg in die Programmierung grafischer Benutzeroberflächen, aber ansonsten dominieren Textmodusprogramme. Warum?

Dieses Buch konzentriert sich auf die Java-Grundlagen. Diese Grundkenntnisse können am besten in kompakten, kleinen Programmen vermittelt werden, also *ohne* grafische Oberfläche und *ohne* Einbindung in eine Webseite. Sorry! Sobald Sie dieses Buch durchgearbeitet haben, verfügen Sie über ein solides Java-Fundament, mit dem Sie sich dann weiter in ein Java-Teilgebiet einarbeiten können, z. B. in die Entwicklung von Webanwendungen.

Java-Versionen

Gerade bei Java-Einsteigern stiften die unzähligen Java-Versionen und -Varianten oft Verwirrung. Die Die Grundlage für dieses Buch ist Java SE 8, also die *Standard Edition* von Java in der Version 8. Zur Entwicklung eigener Programme benötigen Sie das *Java Development Kit* (JDK) für diese Java-Version. Was bedeutet dies alles?

▶ **Versionsnummern:** Die Java-Version 1 wurde Anfang 1996 freigegeben, Version 8 im März 2014. Dazwischen liegen allerdings nicht die Versionen 2 bis 7, sondern die Versionsnummern 1.1, 1.2, 1.3, 1.4, 5, 6 und 7.

Dieses merkwürdige Nummerierungssystem resultiert daraus, dass Java-Versionen intern bis heute in der Form 1.n gezählt werden. Umgangssprachlich wurde Java 1.n schon bald einfach Java n genannt – aber erst seit Version 1.5 = 5 genießen diese kürzeren Versionsnummern auch den offiziellen Segen von Sun bzw. Oracle.

In diesem Buch beziehe ich mich auf Java 8. Große Teile des Buchs gelten auch für ältere Java-Versionen, die gerade in Unternehmen oder auf älteren Schulrechnern noch weit verbreitet sind. Die wichtigste Neuerung in Java 8 sind sogenannte Lambda-Funktionen, die bestimmte, oft benötigte Programmiertechniken stark vereinfachen.

▶ **JRE versus JDK:** Je nachdem, ob Sie Java-Programme nur ausführen oder aber selbst entwickeln möchten, müssen Sie auf Ihrem Rechner das *Java Runtime Environment* (JRE) oder aber das *Java Development Kit* (JDK) installieren. Die Trennung zwischen diesen beiden Varianten hat den Vorteil, dass reine Java-Anwender mit der viel kleineren JRE auskommen finden. Das JDK inkludiert die JRE, d. h., als Java-Entwickler müssen Sie nicht beides installieren!

▶ **Java SE versus Java EE versus Java ME versus Java Card:** Ich habe einleitend bereits erwähnt, dass Java zur Entwicklung von ganz unterschiedlichen Anwendungstypen verwendet wird. Gewissermaßen als *Normalfall* gelten einfache Programme mit oder ohne grafische Benutzeroberfläche. Für solche Programme ist die *Java Standard Edition* (Java SE) gedacht. Das ist gleichzeitig die einzige Java-Edition, die für dieses Buch relevant ist.

Speziell für die Entwicklung von (großen) Webanwendungen gibt es die *Java Enterprise Edition* (Java EE). Java EE ist eine Erweiterung von Java SE um diverse Zusatzkomponenten bzw. Bibliotheken.

Für die ersten Handys war Java SE zu groß. Deswegen wurde die *Java Mobile Edition* (Java ME) geschaffen, eine Art geschrumpfte Version von Java SE. Mittlerweile sind Smartphones fast so rechenstark wie Desktop-Rechner. Java ME spielt deswegen heute nur noch eine untergeordnete Rolle – auf modernen Smartphones kommt Java SE zum Einsatz.

Für noch kleinere Geräte ist *Java Card* gedacht. Es handelt sich um eine noch stärker reduzierte Java-Variante, die auf Chipkarten (Smartcards) mit sehr wenig Speicherplatz läuft.

▶ **Oracle Java versus OpenJDK versus Dalvik:** Oracle kaufte 2010 die Firma Sun auf und übernahm damit auch die Kontrolle über das von Sun entwickelte Java. Die *offziellen* Java-Versionen stammen somit von Oracle.

Da Sun aber bereits 2006 den Quellcode von Java als Open-Source-Code freigab, gibt es weitere Java-Implementierungen. Am populärsten ist das *OpenJDK* des Iced-Tea-Projekts. Es kommt standardmäßig auf allen Linux-Distributionen zum Einsatz, primär deswegen, weil Oracle eine unkomplizierte Integration des offiziellen Java in Linux-Distributionen nicht erlaubt.

Viele Software-Komponenten und Apps für Android-Smartphones und -Tablets sind in Java entwickelt. Allerdings erfolgt die Ausführung nicht durch die originale *Java Virtual Machine*, sondern durch die von Google entwickelte *Dalvik Virtual Machine*. Oracle war damit nicht einverstanden, der resultierende Rechtsstreit zwischen Oracle und Google wurde aber 2012 beigelegt.

JavaScript hat (fast) nichts mit Java zu tun!

JavaScript klingt zwar nach Java, die größte Gemeinsamkeit sind aber die vier Anfangsbuchstaben. JavaScript erlaubt es, Code direkt in Webseiten einzubetten und auf dem Browser auszuführen. Für moderne Webanwendungen ist das sehr wichtig. JavaScript ist aber grundverschieden von Java: Die Syntax ist viel simpler, es gibt keinen Byte-Code, keine *Java Virtual Machine* etc. In diesem Buch geht es um Java, nicht um JavaScript!

Sicherheitsprobleme

In den vergangenen Jahren hat Java sehr viel negative Presse erhalten – und praktisch immer ging es dabei um Sicherheitsprobleme. Ist Java also eine unsichere Programmiersprache?

So allgemeingültig kann man das zum Glück nicht sagen. Nahezu alle Sicherheitslücken der letzten Zeit betrafen eine bestimmte Art von Java-Programmen, die direkt im Webbrowser ausgeführt werden. Derartige Java-Applets werden kaum mehr entwickelt. Moderne Webanwendungen basieren vielmehr auf HTML5 und JavaScript, unabhängig davon, ob auf dem Server nun Java EE, PHP oder C# zum Einsatz kommt.

Es gibt aber leider noch eine Menge *alter* Java-Applets, deren Ausführung immer wieder zu Problemen führt – besonders, wenn sie in alten Webbrowsern und durch ebenso alte Java-Versionen erfolgt. In diesem Buch spielen Java-Applets keine Rolle!

Windows, Linux oder OS X?

Ganz egal, ob Sie am liebsten unter Windows, Linux oder OS X arbeiten: Jedes dieser Betriebssysteme ist wunderbar dazu geeignet, um Java kennenzulernen! Dass die meisten Screenshots dieses Buchs unter Windows erstellt wurden, hat nichts mit meinen persönlichen Vorlieben zu tun. Vielmehr ist Windows gerade im Schulbereich noch immer das dominierende Betriebssystem.

Beispieldateien

Auf der Verlagswebseite zu diesem Buch finden Sie die Beispiele zu diesem Buch in Form einer ZIP-Datei. Sie können die Beispiele mit oder ohne Eclipse unter Windows, Linux oder OS X nutzen. Lesen Sie dazu die den Beispieldateien beiliegende Readme-Datei!

1.2 Java und Eclipse installieren

Bevor Sie Ihr erstes Java-Programm verfassen und ausführen können, benötigen Sie zwei Dinge: das sogenannte *Java Development Kit* (JDK) und einen Code-Editor. Vor allem für die Entwicklung größerer Programme ist außerdem eine grafische Entwicklungsumgebung zweckmäßig, also ein *Integrated Development Environment*, kurz IDE. Aber der Reihe nach:

► **JDK:** Wie ich bereits erwähnt habe, gibt es zwei Java-Varianten: Mit dem *Java Runtime Environment* (JRE) können Sie Java-Programme nur *ausführen*. Sie wollen aber selbst Java-Programme *entwickeln* und müssen deswegen das *Java Development Kit* (JDK) installieren. Es enthält unzählige Entwicklungswerkzeuge und Bibliotheken. Für die Beispiele in diesem Buch benötigen Sie das JDK in der Version 8.

▶ **Editor:** Windows-Anwender können ihre ersten Java-Programme grundsätzlich sogar mit dem Editor *Notepad* verfassen, der jeder Windows-Version beiliegt. Es ist aber empfehlenswert, einen Editor zu verwenden, der Java-Code *versteht*, verschiedene Elemente des Codes in unterschiedlichen Farben darstellt und Sie noch auf andere Weisen bei der Code-Eingabe unterstützt.

Für Windows-Anwender ist das kostenlose Programm *Notepad++* empfehlenswert. Linux-Anwendern lege ich für die ersten Versuche *Gedit* oder *Kate* ans Herz. Unter OS X bieten sich die kostenlosen Programme *Brackets*, *TextMate 2* oder *TextWrangler* an.

▶ **Entwicklungsumgebung:** Ein Editor hilft nur bei der Code-Eingabe. Java-Entwicklungsumgebungen unterstützen Sie außerdem bei der Strukturierung Ihres Codes, bei der Fehlersuche, beim Kompilieren und beim Beheben von Fehlern, bei der Dokumentation, bei der Versionsverwaltung etc. Aus diesen Gründen ist eine Entwicklungsumgebung für größere Projekte nahezu zwingend erforderlich.

Die populärste Java-IDE ist seit vielen Jahren *Eclipse*, weswegen ich mich in diesem Buch auf dieses Programm konzentriere. Alternativen zu Eclipse sind z. B. die Programme *NetBeans*, *IntelliJ* oder *Geany*.

1.3 Installation unter Windows

JDK-Installation

Die aktuelle JDK-Version der Java Standard Edition finden Sie auf der folgenden Seite zum kostenlosen Download:

http://www.oracle.com/technetwork/java/javase/downloads/index.html

Wenn Sie mit einer 64-Bit-Version von Windows arbeiten, sollten Sie auch die 64-Bit-Version des JDK herunterladen. Die rund 170 MByte große EXE-Datei führen Sie nun aus und installieren so alle erforderlichen Programme und Bibliotheken (siehe Abbildung 1.1).

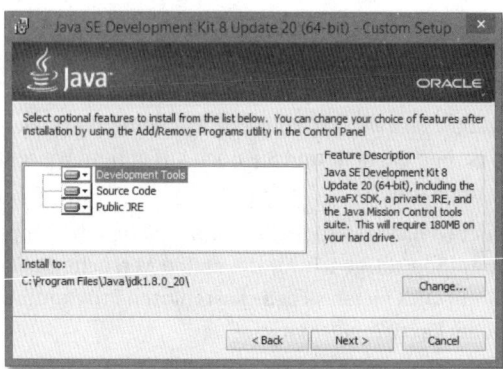

Abbildung 1.1 JDK-Installation unter Windows

Path-Variable einstellen

Zusammen mit dem JDK werden unter anderem die Programme `java.exe` und `javac.exe` installiert – je nach Windows-Version z. B. in das Verzeichnis `C:\Programme\Java\jdk1.8.0_nn\bin`. Wenn Sie manuell Java-Programme kompilieren möchten, also *ohne* Eclipse oder eine andere Entwicklungsumgebung, müssen Sie dieses Verzeichnis in die Windows-Systemvariable `Path` einfügen.

Die erforderliche Konfiguration ist leider ein wenig umständlich: In der Windows-Systemsteuerung suchen Sie nach dem Punkt SYSTEMUMGEBUNGSVARIABLEN BEARBEITEN. Dieser führt in den Dialog SYSTEMEIGENSCHAFTEN. In dessen Dialogblatt ERWEITERT finden Sie den Button UMGEBUNGSVARIABLEN. Damit öffnen Sie einen weiteren Dialog, in dem Sie die Systemvariable `Path` durch einen Doppelklick zur Bearbeitung öffnen.

Nun fügen Sie im Textfeld WERT DER VARIABLEN vor dem bereits vorhandenen Text Ihr JDK-Verzeichnis sowie einen Strichpunkt ein (siehe Abbildung 1.2). Achten Sie darauf, dass Sie die restlichen Einstellungen nicht verändern! Zur Vermeidung von Tippfehlern können Sie den Pfad im Windows-Explorer kopieren und im Dialog SYSTEMVARIABLE BEARBEITEN einfügen.

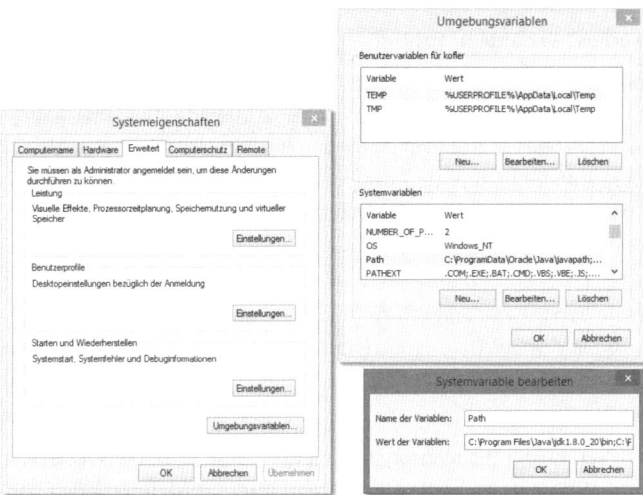

Abbildung 1.2 Die Path-Variable unter Windows verändern

Wenn Sie sich vergewissern möchten, dass alles funktioniert hat, starten Sie das Programm *Eingabeaufforderung* (Programmname cmd) und führen dort das Kommando javac -version aus. Das Ergebnis muss wie folgt aussehen:

```
> javac -version
  javac 1.8.0_nn
```

Notepad++ und Eclipse installieren

Den ausgezeichneten Editor Notepad++ können Sie von der folgenden Webseite kostenlos herunterladen und unkompliziert installieren:

http://notepad-plus-plus.org

Die Entwicklungsumgebung Eclipse laden Sie von der folgenden Seite herunter:

https://www.eclipse.org/downloads

Welche Eclipse-Variante ist richtig?

Es stehen unzählige Eclipse-Varianten zur Auswahl, die sich dadurch unterscheiden, wie viele der optionalen Plugins bereits standardmäßig inkludiert sind. Für die Beispiele in diesem Buch ist die aktuelle Version von *Eclipse Standard* am besten geeignet. Wenn Sie eine 64-Bit-Version von Windows nutzen, sollten Sie sich auch bei Eclipse für die 64-Bit-Variante entscheiden.

Nachdem Sie den Download gestartet haben, fragt Windows bzw. Ihr Webbrowser, ob Sie die ZIP-Datei sofort mit dem Windows-Explorer öffnen wollen oder ob Sie die Datei speichern möchten. Entscheiden Sie sich für DATEI SPEICHERN!

Der weitere Verlauf der Installation ist ungewöhnlich: Im Gegensatz zu fast allen anderen Programmen, die Sie aus dem Internet herunterladen können, gibt es bei Eclipse weder ein Setup-Programm noch eine MSI-Datei. Vielmehr ist Eclipse in der Archiv-Datei *direkt* enthalten. Daher muss das Archiv nur ausgepackt werden, aber es muss keine eigentliche Installation durchgeführt werden.

Zum Auspacken starten Sie den Windows-Explorer, wechseln in das Downloads-Verzeichnis, klicken die ZIP-Datei mit der rechten Maustaste an und führen ALLE EXTRAHIEREN aus. Alle im Archiv enthaltenen Dateien werden damit in das neue Verzeichnis eclipse-standard-xxx oder in ein anderes Verzeichnis Ihrer Wahl geschrieben. In diesem Verzeichnis finden Sie jetzt eclipse.exe.

Eclipse bequemer starten

Auf die Dauer ist es natürlich mühsam, für jeden Eclipse-Start vorher den Windows-Explorer zu starten und damit das Eclipse-Verzeichnis zu suchen. Es geht viel einfacher: Sobald Eclipse einmal läuft, klicken Sie das Icon in der Taskleiste mit der rechten Maustaste an und führen DIESES PROGRAMM AN TASKLEISTE ANHEFTEN aus.

Beim ersten Start erscheint die Frage, welches Workspace-Verzeichnis Sie verwenden möchten. Bestätigen Sie den vorgeschlagenen Pfad, und aktivieren Sie außerdem die Option USE THIS AS DEFAULT AND DO NOT ASK AGAIN.

Eclipse zeigt standardmäßig englische Menüs und Dialoge an. Wenn Ihnen deutsche Menüs lieber sind, können Sie von der folgenden Webseite ein ZIP-Archiv mit deutschen Übersetzungen herunterladen. Den Inhalt dieses Archivs müssen Sie im Eclipse-Verzeichnis auspacken.

http://www.eclipse.org/babel/downloads.php

Ich rate Ihnen aber von der Installation der Übersetzungen ab: Wenn Sie Probleme mit Eclipse haben (dazu wird es leider unweigerlich kommen) und im Internet nach einer Lösung suchen, ist dort immer von englischen Dialogelementen die Rede. Selbst mit guten Englischkenntnissen ist es oft schwierig, die entsprechenden deutschen Menüs bzw. Einstellungen zu finden.

1.4 Installation unter Ubuntu Linux

Pakete der Distribution installieren

Grundsätzlich stellt fast jede Linux-Distribution Java- und Eclipse-Pakete zur Verfügung, die mit dem Paketverwaltungsprogramm unkompliziert und schnell installiert werden können. Unter Ubuntu Linux öffnen Sie dazu ein Terminalfenster und führen dieses Kommandos aus:

```
sudo apt-get install openjdk-7-jdk eclipse
```

Damit wird nicht das originale Java von Oracle installiert, sondern eine dazu kompatible Open-Source-Variante. Das wäre an sich kein Problem. Leider enthielten 2014 die meisten Linux-Distributionen noch Java 7, und auch die Eclipse-Version war oft veraltet.

Original-Java von Oracle installieren

Die folgenden Absätze zeigen beispielhaft für Ubuntu 14.04 die Installation des originalen Java 8 von Oracle und einer aktuellen Eclipse-Version. Am einfachsten gelingt die Installation mit dem `oracle-java8-installer` aus der webupd8-Paketquelle. Die Webseite *http://www.webupd8.org* ist eine bewährte Quelle für unkomplizierte Java-Installationen für Ubuntu und Debian.

Installiert werden damit sowohl die Entwicklerpakete als auch das Java-Plugin für den Webbrowser. Dazu führen Sie in einem Terminalfenster die folgenden Kommandos aus:

```
sudo apt-get purge openjdk*
sudo add-apt-repository ppa:webupd8team/java
sudo apt-get update
sudo apt-get install oracle-java8-installer
sudo apt-get install oracle-java8-set-default
```

Anschließend können Sie sich in einem Terminalfenster vergewissern, dass alles funktioniert hat. `javac -v` zeigt an, in welcher Version der Java-Compiler installiert ist (siehe Abbildung 1.3).

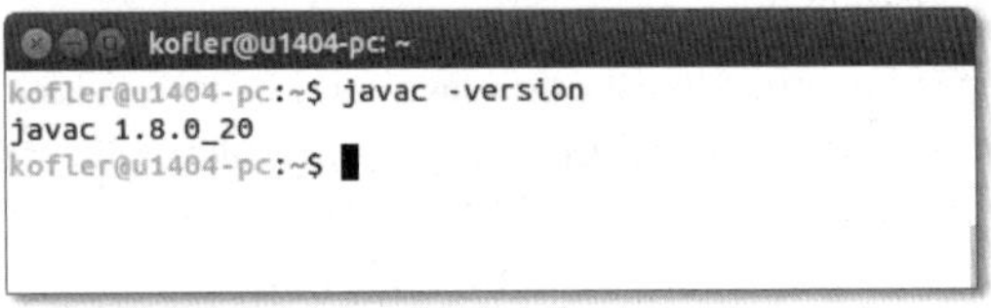

```
kofler@u1404-pc: ~
kofler@u1404-pc:~$ javac -version
javac 1.8.0_20
kofler@u1404-pc:~$
```

Abbildung 1.3 Java wurde erfolgreich installiert.

Eclipse installieren

Um die gerade aktuelle Eclipse-Version unter Linux zu installieren, suchen Sie auf der folgenden Webseite das Paket für die Eclipse-Standard-Version und laden es herunter:

https://www.eclipse.org/downloads

Nach dem Download befindet sich in Ihrem Downloads-Verzeichnis ein TAR-Archiv mit den Eclipse-Dateien. Um diese Dateien auszupacken, führen Sie die folgenden Kommandos in einem Terminal aus:

```
cd
tar xzf Downloads/eclipse-xxx.tar.gz
```

Das Eclipse-Kommando finden Sie nun im Verzeichnis eclipse. Aus einem Terminalfenster heraus starten Sie Eclipse wie folgt:

```
eclipse/eclipse &
```

Damit Eclipse auch im Ubuntu-Startmenü erscheint und an das Dock angeheftet werden kann, müssen Sie zu guter Letzt noch eine .desktop-Datei verfassen, z. B. mit dem Editor Gedit:

```
gedit ~/.local/share/applications/eclipse.desktop
```

Die Datei muss wie das folgende Beispiel aussehen, wobei Sie den Eclipse-Installationspfad anpassen müssen:

```
[Desktop Entry]
Name=Eclipse
Exec=/home/kofler/eclipse/eclipse
Icon=/home/kofler/eclipse/icon.xpm
Type=Application
Terminal=false
```

1.5   Installation unter OS X

Java installieren

Das aktuelle JDK für OS X steht auf der folgenden Seite zum Download bereit:

http://www.oracle.com/technetwork/java/javase/downloads

Zur Installation öffnen Sie das heruntergeladene DMG-Image per Doppelklick und führen dann den darin enthaltenen PKG-Installer aus. Auch unter OS X können Sie sich in einem neu geöffneten Terminal-Fenster mit dem Kommando `javac -version` davon überzeugen, dass der Java-Compiler nun in der richtigen Version zur Verfügung steht.

Eclipse installieren

Eine Eclipse-Version für OS X finden Sie auf der folgenden Seite zum Download:

https://www.eclipse.org/downloads

Bei der heruntergeladenen Datei handelt es sich um ein komprimiertes TAR-Archiv mit der Kennung `.tar.gz`. Nach dem Download wird die Datei durch OS X automatisch dekomprimiert, sodass Sie in Ihrem `Downloads`-Verzeichnis die Datei `eclipse-xxx.tar` finden. Ein Doppelklick im Finder packt das Archiv in das Verzeichnis `eclipse` aus. In diesem Verzeichnis finden Sie schließlich das ausführbare Programm, das Sie durch einen weiteren Doppelklick starten (siehe Abbildung 1.4).

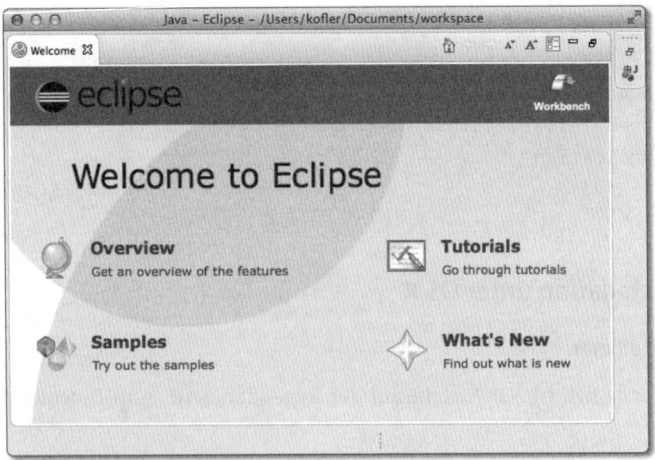

Abbildung 1.4 Der Willkommensbildschirm von Eclipse unter OS X

1

Eclipse komfortabel starten

Um Eclipse in Zukunft schneller starten zu können, sollten Sie das Programm im Dock von OS X verankern. Dazu klicken Sie das Eclipse-Icon im Dock mit der rechten Maustaste an und führen OPTIONEN • IM DOCK BEHALTEN aus.

1.6 »Hello World« mit javac und java manuell übersetzen

Ich empfehle Ihnen, die erste Version des Hello-World-Programms *nicht* mit Eclipse oder einer anderen Entwicklungsumgebung zu entwickeln. Es trägt sehr zum Verständnis für Java bzw. für den Prozess des Programmierens bei, wenn Sie einmal die manuellen Abläufe kennenlernen und sehen, mit wie wenig Overhead ein Java-Programm entwickelt werden kann.

Code verfassen und speichern

Der Code für das Hello-World-Programm umfasst die folgenden fünf Zeilen, deren Bedeutung ich Ihnen etwas weiter unten genauer erläutern werde.

```java
class HelloWorld {
  public static void main(String[] args) {
    System.out.println("Hello World");
  }
}
```

Achten Sie darauf, dass Sie den Text *exakt* abschreiben, inklusive aller Klammern und Strichpunkte. Anschließend speichern Sie die Datei unter dem Namen HelloWorld.java in einem beliebigen Verzeichnis. Der Dateiname *muss* mit .java enden, und er muss exakt mit der Bezeichnung nach class übereinstimmen. Das gilt auch für die Groß- und Kleinschreibung! Übrigens ist es üblich, dass der Klassenname mit einem großen Anfangsbuchstaben beginnt – so wie hier HelloWorld.

Zur Code-Eingabe starten Sie einen beliebigen Editor, der Ihren Text ohne irgendwelche Formatierung speichern kann. Microsoft Word ist *nicht* geeignet! Unter Windows können Sie für erste Experimente zur Not das Programm Notepad verwenden. Viel besser geeignet ist Notepad++ (siehe Abbildung 1.5). Beachten Sie, dass die farbige Hervorhebung des Codes erst funktioniert, nachdem Sie den Code in einer Datei mit der Kennung .java gespeichern haben – denn erst damit weiß Notepad++, dass es sich im Java-Code handelt und nicht um Code in C oder C++ oder einer anderen Sprache.

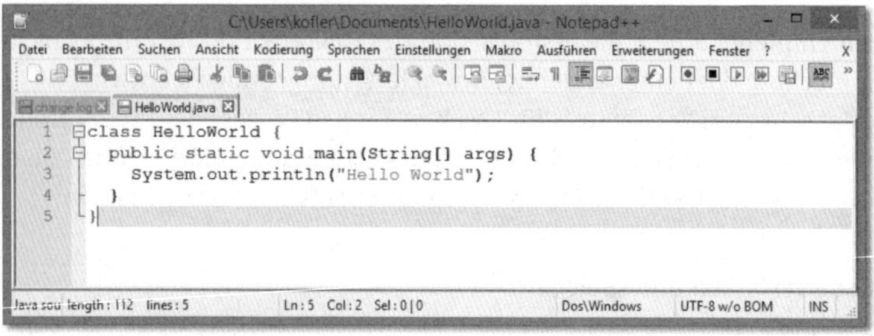

Abbildung 1.5 Der Hello-World-Code in Notepad++

Das Programm kompilieren und ausführen

Als Nächstes geht es darum, aus dieser Textdatei ein durch den Java-Interpreter ausführbares Programm zu machen. Der von Ihnen eingegebene Code muss also in ein vom Computer lesbares Format umgewandelt werden. Diesen Umwandlungsprozess nennt man Kompilieren. Verantwortlich dafür ist der Java-Compiler, also das Kommando javac. Um javac auszuführen, öffnen Sie unter Windows eine Eingabeaufforderung. Am schnellsten gelingt das mit ⊞ cmd ↵. Unter Linux oder OS X öffnen Sie ein Terminalfenster.

Mit cd wechseln Sie nun in das Verzeichnis, in dem Sie die Java-Datei gespeichert haben. javac Name.java kompiliert den Java-Code zu einer sogenannten Klassendatei Name.class.

```
cd code-verzeichnis
javac HelloWorld.java
```

Die Klassendatei enthält Byte-Code. Das ist eine binäre Darstellung Ihres Codes, die von jedem Java-Interpreter ausgeführt werden kann – egal, unter welchem Betriebssystem. Zum Ausführen übergeben Sie den Namen der Klassendatei *ohne* die Endung .class an den Java-Interpreter java (siehe Abbildung 1.6):

```
java HelloWorld
  HelloWorld
```

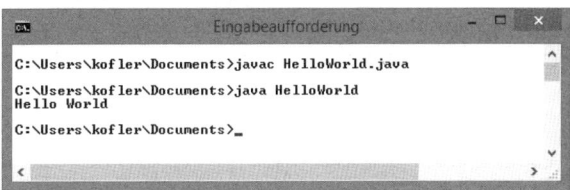

Abbildung 1.6 »Hello World« unter Windows ausführen und kompilieren

Unser Beispielprogramm gibt lediglich eine Zeile mit dem Text *Hello World!* aus, aber im weiteren Verlauf dieses Buchs präsentiere ich Ihnen natürlich eine Menge interessantere Programme.

Unter Linux und OS X gehen Sie im Prinzip wie unter Windows vor: Zum Verfassen des Codes verwenden Sie Gedit, Kate, Vi, Emacs, TextEdit oder einen beliebigen anderen Texteditor. In einem Terminalfenster kompilieren Sie dann den Code und führen ihn aus.

Kompilieren und Ausführen in einem Kommando

Linux und OS X bieten eine unkomplizierte Möglichkeit, zwei Kommandos miteinander zu verknüpfen. Dazu geben Sie zwischen den beiden Kommandos die Zeichen && an. Dieser Operator bewirkt, dass das zweite Kommando nur ausgeführt wird, wenn das erste erfolgreich war, d. h., wenn der Java-Compiler keine Fehler geliefert hat.

```
javac HelloWorld.java && java HelloWorld
```

Nichts als Fehlermeldungen!

Wenn Ihnen auch nur ein winziger Fehler bei der Code-Eingabe unterläuft, liefert javac eine oder mehrere Fehlermeldungen. Oft ist nur
ein fehlender Strichpunkt oder eine vergessene Klammer schuld. Die
Fehlersuche gestaltet sich oft schwierig: Die englischsprachigen Fehlermeldungen sind schwer zu interpretieren und weisen nicht immer auf
die tatsächliche Ursache hin.

Grundsätzlich ist es zweckmäßig, wenn Sie sich bei der Fehlersuche auf
die *erste* Fehlermeldung konzentrieren. Ist der erste Fehler behoben, verschwinden oft auch alle daraus resultierenden Folgefehler. Suchen Sie
also den Fehler, beheben Sie ihn, speichern Sie die Code-Datei, und führen Sie dann javac Name.java neuerlich aus.

Der Hello-World-Code

Ich bin Ihnen noch die Erklärung schuldig, was die fünf Zeilen des Hello-
World-Codes eigentlich bedeuten. Schließlich geht es nicht an, dass bereits
die ersten Codezeilen unbegreiflich sind, oder? Leider ist eine exakte
Beschreibung von »Hello World!« komplizierter, als Sie vielleicht denken.
Erwarten Sie nicht, dass Sie die folgenden Absätze wirklich auf Anhieb ver-
stehen. In ihnen kommen viele Begriffe vor, die ich Ihnen erst im weiteren
Verlauf des Buchs in aller Ruhe erkläre.

```
class HelloWorld {
```

Das Schlüsselwort class leitet den Code für eine Klasse ein. Eine Klasse ist
ein abgeschlosser Code-Bereich. Die Strukturierung von Code in Klassen
bietet eine Menge Vorteile, sowohl bei der Nutzung dieser Klassen in anderen Code-Teilen als auch bei der Aufteilung des Codes in überschaubare
Code-Portionen.

Auf class folgt der Name der Klasse. Es ist üblich, dass der Klassenname
immer mit einem Großbuchstaben beginnt. Dem Klassennamen folgt
schließlich der Code, der die Funktionen der Klasse definiert. Damit der

Java-Compiler weiß, wo dieser Code beginnt und wo er endet, steht am Anfang die Klammer { und am Ende der Klasse die Klammer }.

```
public static void main(String[] args) {
```

Der eigentliche Code einer Klasse besteht aus sogenannten Methoden. Im Hello-World-Programm gibt es nur *eine* Methode mit dem Namen main. Diese Methode hat eine herausragende Bedeutung, weil sie als Startpunkt des Programms gilt. Die Ausführung eines Java-Programms beginnt also immer in main.

Die Methode main hat drei besondere Eigenschaften. Sie werden durch Schlüsselwörter ausgedrückt, die vor dem Methodennamen stehen:

▶ Die Methode ist public, also öffentlich bzw. von außen zugänglich und nicht innerhalb der Klasse versteckt.

▶ Sie ist static (statisch). Das bedeutet, dass der Code der Methode ausgeführt werden kann, ohne dass vorher ein Objekt der Klasse (eine Instanz der Klasse) erzeugt werden muss.

▶ Die Methode liefert kein Ergebnis. Darauf deutet das Schlüsselwort void hin (wörtlich übersetzt: »nichtig, leer«).

Dem Methodennamen main folgt schließlich in runden Klammern eine Liste von Parametern. main hat genau einen Parameter, den wir args genannt haben. String[] bedeutet, dass an diesen Parameter mehrere Zeichenketten übergeben werden können (genau genommen ein Array von Zeichenketten). Die Zeichenketten enthalten die Parameter, die beim Start eines Java-Programm angegeben werden können.

Unser Hello-World-Programm wertet den Parameter args gar nicht aus. Dennoch muss der Parameter samt dem Datentyp String[] angegeben werden! Vergessen Sie das, erkennt der Java-Compiler main nicht als Startmethode. Beim Versuch, das Java-Programm auszuführen, tritt dann die Fehlermeldung auf, dass eine (korrekte) main-Methode fehlt.

Der Code der Methode beginnt mit der Klammer { und endet mit der dazugehörenden Klammer }.

```
System.out.println("Hello World");
```

System.out.println gibt den nachfolgenden, in runden Klammen angegebenen Parameter auf dem Bildschirm aus. Bei unserem Beispielprogramm handelt es sich um eine Zeichenkette, die in Java in Anführungszeichen stehen kann. println kann aber auch Zahlen und andere Daten ausgeben.

println ist eine in der Java-Bibliothek vordefinierte Methode. Sie können diese Methode also nutzen, ohne sie vorher selbst definiert zu haben.

Methoden werden üblicherweise auf Objekte angewendet. Als *Objekt* gilt in diesem Fall die Standardausgabe, mit der Ausgaben auf den Bildschirm bzw. in das gerade aktive Terminal geleitet werden. Der Zugriff auf das Objekt erfolgt hier durch System.out. Dabei bezeichnet System den Namen der System-Klasse, die ebenfalls durch die Java-Bibliothek vorgegeben ist. out ist wiederum eine statische Variable (ein Attribut oder englisch *Field*) dieser Klasse, das auf das Standardausgabeobjekt verweist. Dieses Objekt wird von Java automatisch beim Start des Programms erzeugt.

Der Vollständigkeit halber sei noch erwähnt, dass sich die System-Klasse im Paket java.lang befindet. Weil dieses Paket besonders wichtige Klassen bzw. Typen enthält, dürfen diese verwendet werden, ohne java.lang voranzustellen. (Die Java-Bibliothek enthält viele weitere Pakete. Deren Verwendung erfordert aber eine import-Anweisung oder die explizite Nennung des Paketnamens.)

Die gesamte Anweisung endet wie alle Java-Anweisungen mit einem Strichpunkt. Diesen zu vergessen zählt zu den häufigsten Fehler, die Java-Einsteiger unweigerlich machen.

```
    }
}
```

Der Programmcode endet schließlich mit zwei geschwungenen Klammern. Die erste gibt an, dass an dieser Stelle die Definition der Methode main endet. Die zweite Klammer macht dem Compiler klar, dass nun auch der Code der Klasse zu Ende geht.

Die reine OO-Lehre

Es gibt zwei Ansätze, den Umgang mit Java zu vermitteln bzw. zu unterrichten. Die erste Variante ist das, was ich salopp als die *reine Lehre der Objektorientierung* (OO) bezeichne. Bücher, die nach diesem Schema aufgebaut sind, beginnen mit einem langen Theorieteil, der auf etwa 50 Seiten die Konzepte der objektorientierten Programmierung erläutert. Erst wenn das erledigt ist, folgen die ersten richtigen Code-Beispiele.

Ich bin ein Anhänger der zweiten Variante: Ich setze die fünf Zeilen des Hello-World-Programms im weiteren Verlauf des Buchs einfach als gottgegeben voraus und führe Sie zuerst in die (einfacheren) Grundlagen der Programmierung ein. Um die Beispiele der folgenden Kapitel auszuprobieren, verändern Sie nur den Inhalt der main-Methode. Wie Klassen und Methoden exakt funktionieren, ist vorerst unwichtig.

Sie werden sehen, dass man eine Menge interessante Beispiele entwickeln und noch mehr lernen kann, auch ohne zu wissen, wodurch sich Klassen von Objekten unterscheiden und wann statischen bzw. nichtstatischen Methoden der Vorzug zu geben ist!

Allerdings müssen Sie sich nun bis zum Kapitel 10, »Klassen«, gedulden, bis ich Ihnen die Grundzüge der objektorientierten Programmierung vorstelle und das Java-Schlüsselwort class endlich *richtig* erkläre. Erst dann werden Sie das scheinbar so simple Hello-World-Programm restlos verstehen.

Zulässige Codeänderungen

Ich habe Sie gebeten, das Programm möglichst exakt abzuschreiben. Sie müssen die Syntax von Java einhalten, sonst funktioniert das Programm nicht. Gewisse Freiheiten bleiben Ihnen aber:

▶ **Klassenname:** Sie können den Klassennamen frei wählen. Anstelle von HelloWorld funktioniert auch MeinErstesProgramm oder Xyz. Der Klassenname darf keine Leer- oder Sonderzeichen enthalten (mit der Ausnahme von _), und er sollte mit einem Großbuchstaben beginnen.

Wichtig: Der Dateiname *muss* mit dem Klassennamen übereinstimmen! Wenn Sie Ihr Programm mit `class Xyz` beginnen, dann müssen Sie die Datei unter dem Namen `Xyz.java` speichern.

Eine übliche Schreibweise für längere Namen ist die sogenannte Upper-Camel-Case-Notation: Dabei beginnt jedes neue Wort mit einem Großbuchstaben – also z. B. `MeineLangeKlasse`.

▶ **Parametername:** Es ist Ihnen auch freigestellt, wie Sie den Parameter in der `main`-Methode nennen. `main(String[] meineparameter)` ist also absolut korrekt. Wie im Klassennamen müssen Sie allerdings auf Leer- und Sonderzeichen verzichten. Parameternamen haben üblicherweise einen *kleinen* Anfangsbuchstaben.

▶ **Abstände und Einrückungen:** Sie dürfen den Code beliebig einrücken, leere Zeilen zwischen den Anweisungen einfügen und an gewissen Stellen sogar Leerraum innerhalb von Anweisungen verwenden. Umgekehrt können Sie möglichst viele Anweisungen, Klammern etc. in einer einzigen Zeile unterbringen.

Die folgenden beiden Listings zeigen zwei Varianten des Hello-World-Programms, die beide syntaktisch korrekt sind – auch wenn der Code merkwürdig aussieht, vor allem in den Augen erfahrener Programmierer.

Die zwei Listings zeigen Ihnen noch ein Sprachelement von Java: `//` leitet einen Kommentar ein, der bis zum Ende der Zeile reicht. Damit können Sie Erläuterungen in den Code einbauen, die vom Java-Compiler ignoriert werden.

```
// Syntaxfreiheiten in Java, Beispiel 1
class Xyz
{
    public static
    void main(String[] abc)
      {
        System . out . println ( "Hello World!" )
        ;
}}
```

```
// Syntaxfreiheiten in Java, Beispiel 2
class Kurz{public static void main(String[] x){
System.out.println("Hello World!");}}
```

Java-Interna

Losgelöst von der Syntax von Java, die in diesem Buch im Vordergrund steht, möchte ich Ihnen an dieser Stelle drei besonders wichtige Begriffe aus der vielschichtigen Welt der Java-Interna vorstellen. Diese Begriffe sind zwar für das eigentliche Programmieren nicht relevant, wenn Sie sie kennen, werden Sie aber besser verstehen, wie Java hinter den Kulissen funktioniert.

▶ **Byte-Code:** Das Kommando javac wandelt den Quelltext Ihres Programms in eine binäre Darstellung um, die *Byte-Code* genannt wird. Diese Umwandlung bezweckt mehrere Dinge:

   – Erstens stellt eine erfolgreiche Umwandlung in Byte-Code sicher, dass Ihr Code syntaktisch korrekt ist.

   – Zweitens kann die nachfolgende Ausführung des Codes dank der optimierten Darstellung des Programms effizienter erfolgen.

   – Und drittens ist der Byte-Code plattformunabhängig. Das bedeutet, dass beispielsweise ein unter Windows kompiliertes Java-Programm später auch unter Linux ausgeführt werden kann.

Java-Byte-Code wird immer in Dateien mit der Endung .class gespeichert.

▶ **Java Virtual Machine:** Für die eigentliche Ausführung des Byte-Codes ist das Kommando java verantwortlich. Es übergibt den Byte-Code an die sogenannte *Java Virtual Machine* (JVM). Der in der JVM integrierte *Just-in-Time-Compiler* (JIT-Compiler) wandelt den Byte-Code in Maschinen-Code der jeweiligen Hardware-Plattform um. Die JVM mit dem JIT-Compiler ist eine Grundkomponente des Java Runtime Environments (JRE).

Die JVM stellt dem Java-Programm Hilfsfunktionen zur Verfügung und kümmert sich beispielsweise darum, dass nicht mehr benötigte

45

Objekte durch den sogenannten *Garbage Collector* automatisch aus dem Speicher entfernt werden.

▶ **Java-Bibliothek:** Beim Programmieren in Java ist es nicht notwendig, das Rad ständig neu zu erfinden. Es existiert ein riesiges Fundament von oft benötigten Grundfunktionen, auf dem Sie aufbauen können. Unzählige Pakete mit Klassen und Methoden der von Sun bzw. Oracle entwickelten Java-Bibliothek warten darauf, von Ihnen entdeckt und eingesetzt zu werden. Die Methode `println` im Hello-World-Programm war dafür das erste Beispiel. Die vollständige Dokumentation der Java-Bibliothek finden Sie hier:

http://docs.oracle.com/javase/8/docs/api

Damit Sie die Dokumentation richtig deuten können, müssen Sie allerdings zuerst noch einige Grundkenntnisse in Java erwerben.

1.7 Hello World mit Eclipse

Dies ist ein Java-Buch, kein Eclipse-Buch! Auch wenn sich dieser Abschnitt primär um Eclipse-Kommandos, -Dialoge und -Fenster dreht, werde ich mich im weiteren Verlauf des Buchs auf Java konzentrieren und Eclipse nur noch am Rande erwähnen. Für alle, die Eclipse als Entwicklungsumgebung verwenden, fasst Anhang A, »Eclipse-Crashkurs«, die wichtigsten Begriffe und Techniken zusammen.

Lassen Sie sich nicht von der Länge dieses Abschnitts abschrecken. Die Beschreibung der Grundfunktionen von Eclipse nimmt zwar viel Platz in Anspruch, aber sobald Sie sich einmal ein wenig an Eclipse gewöhnt haben, können Sie das komplette Hello-World-Programm in 30 Sekunden erstellen und ausführen. (Nicht gelogen, ich habe es mit der Stoppuhr getestet!)

Projekt erzeugen

Beim ersten Start fragt Eclipse, welches Workspace-Verzeichnis Sie verwenden möchten. Das ist der Ort, in dem Eclipse in Zukunft Ihre Java-Projekte speichern wird. Grundsätzlich gilt jedes neue Java-Programm als eigenes

1

Projekt und bekommt in eigenes Verzeichnis für sich. All diese Projektverzeichnisse befinden sich wiederum im Workspace-Verzeichnis. Bestätigen Sie also einfach den vorgeschlagenen Pfad, und aktivieren Sie außerdem die Option USE THIS AS DEFAULT AND DO NOT ASK AGAIN. (Bei Bedarf können Sie das Workspace-Verzeichnis natürlich dennoch ändern, und zwar mit dem Menükommando FILE · SWITCH WORKSPACE.)

Ist die Workspace-Frage einmal geklärt, zeigt Eclipse einen Willkommensdialog, der uns aber nicht interessiert. Schließen Sie daher das Dialogblatt WELCOME. Damit wird zum ersten Mal die gewöhnliche Benutzeroberfläche von Eclipse sichtbar. Sie setzt sich aus mehreren Teilfenstern zusammen, die in der Eclipse-Nomenklatur *Views* heißen.

Dazu gleich ein Tipp: Wenn Sie ein Teilfenster irrtümlich gelöscht haben und keine Möglichkeit sehen, es wieder zu öffnen, führen Sie einfach WINDOW · SHOW VIEW · NAME aus.

Um das erste Projekt zu erzeugen, führen Sie FILE · NEW · JAVA PROJECT aus. Es erscheint ein Dialog mit vielen Eingabemöglichkeiten. Für unsere Zwecke reicht es aber aus, wenn Sie einfach nur den Projektnamen angeben – z. B. `HelloWorld`. Der Projektname darf alle Zeichen enthalten, die in Dateinamen erlaubt sind.

Klasse erzeugen

In das neue Projekt müssen Sie nun eine Klasse einfügen. Das aus dem vorigen Abschnitt schon bekannte Hello-World-Programm ist ja in einer Klasse definiert. Führen Sie also FILE · NEW · CLASS aus. Der nun erscheinende Dialog (siehe Abbildung 1.7) ist schon etwas interessanter: Unbedingt erforderlich ist hier nur die Angabe des Klassennamens. Dieser darf keine Leer- und Sonderzeichen enthalten und sollte mit einem Großbuchstaben beginnen. Für unser Programm bietet sich abermals `HelloWorld` an.

Nun zu den optionalen Einstellungen:

▶ Im Eingabefeld PACKAGE können Sie Ihre Klassen zu einem Package (Paket) schnüren. Bei großen Projekten ist das absolut empfehlenswert, um Namenskonflikte mit anderen Klassen zu vermeiden. Für Testpro-

Abbildung 1.7 Eine neue Klasse in Eclipse erzeugen

gramme im Stil von *Hello World!* ist die Organisation als Package aber überflüssig. Sie können die hartnäckige Warnung von Eclipse getrost ignorieren: *The use of the default package is discouraged.* (Im Default-Package landen alle Klassen, die nicht explizit einem eigenen Package zugeordnet sind.)

▶ Die MODIFIERS legen Klasseneigenschaften fest. Abermals spielen diese Optionen nur bei größeren Projekten mit mehreren Klassen und anderen Typen eine Rolle. Behalten Sie die Defaulteinstellungen bei.

▶ Die Bedeutung der Textfelder SUPERCLASS und INTERFACES lernen Sie in Kapitel 11, »Vererbung und Schnittstellen«, kennen.

▶ Von großer Bedeutung für uns ist hingegen die Option PUBLIC STATIC VOID MAIN … Wenn Sie die Option anklicken, fügt Eclipse in die neue Klasse gleich den Code für die Methode `main` ein. Unser Hello-World-Programm ist damit schon nahezu fertig.

▶ GENERATE COMMENTS versieht die neue Klasse mit recht weitschweifigen Kommentaren im Javadoc-Stil (siehe Kapitel 17). Einmal mehr gilt: Eine tolle Sache für *ernsthafte* Projekte, aber uninteressant für Testprogramme.

Code in Eclipse verfassen

Sobald Sie den Dialog mit FINISH abschließen, sehen Sie in Eclipse Ihr Projekt, das schon fast fertig ist (siehe Abbildung 1.8). Standardmäßig sind während der Code-Eingabe folgende Teilfenster sichtbar:

▶ PACKAGE EXPLORER (links): Im Package Explorer sehen Sie, aus welchen Dateien bzw. Komponenten sich Ihr Java-Projekt zusammensetzt. Unser Beispiel enthält nur eine einzige Code-Datei.

▶ PROBLEMS, JAVADOC, DECLARATION (unten): Diese drei Dialogblätter weisen auf Fehler im Programm hin und enthalten andere Informationen.

▶ OUTLINE (rechts): Das Outline-Dialogblatt enthält einen hierarchischen Baum aller Klassen, Methoden und anderer Komponenten Ihres Projekts. Beim Hello-World-Programm gibt es nur eine Klasse (eben `HelloWorld`) mit einer Methode (`main`).

▶ CODE (Zentrum): Im Zentrum des Eclipse-Fensters befinden sich die Dialogblätter der geöffneten Code-Dateien. Dort finden Sie jetzt den schon fast vollständigen Code unseres Hello-World-Projekts.

Viel ist nun nicht mehr zu tun, um den Code fertigzustellen: Sie markieren den Kommentar `Auto-generated method stub`, löschen ihn, und geben an seiner Stelle die einzige noch fehlende Code-Zeile an:

```
System.out.println("Hello World!");
```

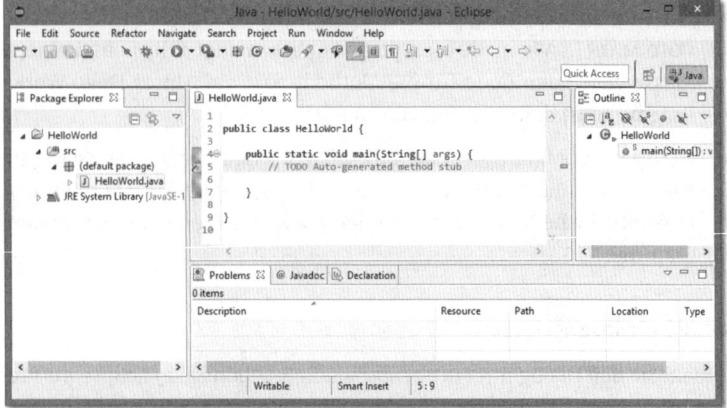

Abbildung 1.8 Eclipse mit dem fast fertigen Hello-World-Projekt

Bei der Eingabe werden Sie bemerken, dass Eclipse Sie zu unterstützen versucht. Sobald es Code-Teile erkennt, macht Eclipse Vorschläge zur sinnvollen Fortsetzung des Codes. Wenn Sie die Klammer (eingeben, fügt Eclipse automatisch die dazu passende Klammer) ein, und sobald Sie das erste "-Zeichen eintippen, erscheint wie von Zauberhand auch das zweite. Sollten Sie den abschließenden Strichpunkt vergessen, markiert Eclipse die Zeile mit einem roten X-förmigen Icon. Bewegen Sie die Maus auf dieses Icon, weist Eclipse Sie darauf hin, dass der Strichpunkt fehlt. (Leider sind die Korrekturvorschläge von Eclipse nicht immer so zielführend.)

Code ausführen

Sofern im Codefenster keine fehlerhaften Zeilen markiert sind, geht es nur noch darum, das Programm auszuführen. Dazu klicken Sie in der Symbolleiste auf den grünen RUN-Button bzw. führen RUN • RUN aus. Eclipse fragt, ob vorher alle Dateien gespeichert werden sollen. Das ist naturgemäß eine gute Idee. Aktivieren Sie gleich auch die Option ALWAYS SAVE RESOURCES BEFORE LAUNCHING. Eclipse kümmert sich um den Aufruf von javac und java und zeigt das Ergebnis des Programms im neuen Dialogblatt CONSOLE an.

1

Eclipse oder nicht – das ist hier die Frage ...

Zuletzt noch ein persönlicher Kommentar: Aus meiner Sicht ist Eclipse eher ein notwendiges Übel als eine ideale Umgebung für Java-Einsteiger. Klar, Eclipse bietet viele Eingabeerleichterungen und vermeidet eine Menge Fehler schon im Vorfeld. Eclipse ist aber für sich ein unglaublich komplexes Programm, und gerade Einsteiger verlieren sich leicht in den riesigen Menüs und den unzähligen Teilfenstern, die wie von Geisterhand auftauchen und verschwinden. Es besteht die Gefahr, dass Sie viel Zeit mit den Eigentümlichkeiten von Eclipse vergeuden und sich nicht auf das eigentliche Erlernen von Java konzentrieren.

Sie machen nichts verkehrt, wenn Sie Ihre ersten Progamme mit einem simplen Editor verfassen und manuell kompilieren! Wenn Sie etwas Vertrauen zu Java gefasst haben, ist es immer noch früh genug, auch Eclipse zu erlernen.

Dessen ungeachtet sind alle Beispiele auf der Verlagswebseite zu diesem Buch als Eclipse-Projekte ausgeführt. Die Readme-Datei erklärt, was Sie tun müssen, wenn Sie eines dieser Beispiele *ohne* Eclipse verwenden möchten.

1.8 Java-Crashkurs

Die folgenden Absätze fassen ganz knapp die wichtigsten Syntaxregeln und Eigenheiten der Sprache Java zusammen. Es kommen hier einige Begriffe vor, die erst in den weiteren Kapiteln näher erläutert werden. Insofern ist diese Zusammenfassung besonders gut für alle Leser geeignet, die schon etwas Erfahrung mit einer anderen Programmiersprache gesammelt haben.

Elementare Syntaxregeln

▶ Code wird durch die geschwungenen Klammern { und } strukturiert.

▶ Code-Einrückungen sind optional und nicht Teil der Java-Syntax.

► Jede Java-Anweisung muss mit einem Strichpunkt beendet werden.

► Java-Anweisungen dürfen über mehrere Zeilen reichen. Der Java-Compiler ist flexibel, was den Umgang mit Leerzeichen und Zeilenumbrüchen betrifft. So wird das folgende Kommando anstandslos akzeptiert:

```
System . out .
  println ("Hello World");
```

► Zeichenketten werden wie in "abc" in doppelte Anführungszeichen gestellt. Sie dürfen *nicht* über mehrere Zeilen reichen, können aber mit dem Operator + verbunden werden:

```
String s = "eine lange " +
           "Zeichenkette";
```

► Java unterscheidet zwischen Groß- und Kleinschreibung, sowohl bei Schlüsselwörtern als auch bei Klassen-, Methoden- und Variablennamen.

► Java ist eine stark typisierte Sprache. Das bedeutet unter anderem, dass jede Variable vor ihrer Verwendung mit ihrem Datentyp deklariert werden muss (int i).

► Der Zugriff auf Objekt- bzw. Klassenvariablen (*Felder*) erfolgt in der Form objekt.feld oder Klasse.statischesFeld.

► Jede öffentliche Klasse muss in einer eigenen *.java-Datei definiert werden. Der Dateiname muss mit dem Klassennamen übereinstimmen. Das betrifft auch die Groß- und Kleinschreibung!

► Methoden werden entweder in der Form objekt.methode() oder in der Form Klasse.statischeMethode() aufgerufen. Dem Methodennamen müssen runde Klammern folgen, auch wenn keine Parameter übergeben werden. Üblicherweise beginnen Methodennamen in Java mit Kleinbuchstaben.

► Java kennt keine *Funktionen*. Es ist immer von Methoden die Rede, egal ob diese ein Ergebnis zurückgeben oder nicht.

► Java kennt keine *Eigenschaften*. Anstelle von Eigenschaften müssen Sie entweder Felder oder get- und set-Methoden verwenden.

▶ In der Java-Standardbibliothek sind in Paketen unzählige Klassen vor-
definiert. Das Paket `java.lang` steht in allen Java-Programmen standardmäßig zur Verfügung, d. h., die dort enthaltenen Klassen können ohne
Angabe des Paketnamens genutzt werden.

Bei allen anderen Klassen müssen Sie entweder den Paketnamen
voranstellen (z. B. `java.util.Random`) oder zu Beginn Ihres Programms
einen sogenannten Import durchführen (`import java.util.Random` oder
`import java.util.*`). Vergessen Sie das, beklagt sich der Java-Compiler
darüber, dass er das Symbol `Random` nicht kennt. In Kapitel 18, »Pakete
und Bibliotheken«, gehe ich auf die Details dieser Mechanismen ein.

▶ Java kümmert sich selbst um die Speicherverwaltung. Der Speicherplatz von nicht mehr benötigten Objekten (d. h. von Objekten, auf
die keine Variable mehr verweist) wird automatisch durch einen Hin-
tergrundprozess der JVM, den sogenannten *Garbage Collector* freigegeben. Als Programmierer(in) müssen Sie sich daher nicht um die
Speicherverwaltung kümmern.

Ärger mit Strichpunkten

Strichpunkte verursachen nicht nur Ärger, wenn man sie vergisst. Mitun-
ter kann auch ein überflüssiger Strichpunkt schaden. Das liegt daran, dass
Java einen Strichpunkt für sich syntaktisch erlaubt und als eine Art leeres
Kommando betrachtet.

Im folgenden Beispiel wird die `for`-Schleife zwar korrekt durchlaufen; mit
jedem Schleifendurchgang wird aber nur das leere Kommando ; ausgeführt! Die `println`-Methode wird jedoch nur einmal nach dem Ende der
Schleife ausgeführt.

```java
// falsch; println wird nur einmal ausgeführt
// (Ausgabe 10)
int i;
for(i=0; i<10; i++); {
  System.out.println(i);
}
```

```
// richtig; println wird 10x ausgeführt
// (Ausgabe 0 bis 9)
for(i=0; i<10; i++) {
  System.out.println(i);
}
```

Regeln zur Benennung von Variablen, Klassen etc.

Für die Bildung von Variablennamen, Klassennamen etc. gelten die folgenden Regeln:

▶ Der Name darf aus beliebig vielen Buchstaben, Ziffern sowie den Zeichen _ und $ zusammengesetzt werden. Der Einsatz des Zeichens $ ist nur für automatisch generierten Code empfohlen.

▶ Der Name darf nicht mit einer Ziffer beginnen.

▶ Der Name darf nicht mit Java-Schlüsselwörtern wie if oder break übereinstimmen. Ebenfalls unzulässig sind die booleschen Literale true und false sowie das Null-Literal null.

▶ Internationale Zeichen wie äöüß sind erlaubt, können aber zu Problemen führen, wenn der Zeichensatz der Java-Codedatei nicht den Erwartungen des Java-Compilers entspricht. Abhilfe kann die javac-Option -encoding schaffen. Besser ist es, auf den Einsatz internationaler Zeichen gleich ganz zu verzichten.

▶ Java unterscheidet zwischen Groß- und Kleinschreibung!

Darüber hinaus gibt es einige Konventionen, deren Einhaltung zwar nicht zwingend erforderlich ist, aber doch dringend empfohlen wird:

▶ Typnamen, also Namen von Klassen, Aufzählungen (Enumerationen), Schnittstellen etc., beginnen mit einem Großbuchstaben.

▶ Namen von Methoden, Variablen, Parametern und anderen Elementen beginnen mit einem Kleinbuchstaben.

▶ Namen von Konstanten (final typ XXX = ...) und Enum-Elementen verwenden *ausschließlich* Großbuchstaben.

▶ Alle selbst gewählten Namen sollten entweder deutsch oder englisch sein. Beide Varianten für sich sind in Ordnung (außer natürlich in internationalen Projekten) – vermeiden Sie aber ein *denglisches* Sprachwirrwarr!

Java-Schlüsselwörter

Die folgenden Schlüsselwörter sind reserviert und dürfen nicht als Namen von Variablen, Klassen etc. verwendet werden:

abstract	continue	for	new	switch
assert	default	if	package	synchronized
boolean	do	goto	private	this
break	double	implements	protected	throw
byte	else	import	public	throws
case	enum	instanceof	return	transient
catch	extends	int	short	try
char	final	interface	static	void
class	finally	long	strictfp	volatile
const	float	native	super	while

Kommentare im Java-Code

Es gibt drei Möglichkeiten, um Kommentare in den Quellcode zu integrieren:

▶ Einzeilige Kommentare werden mit // eingeleitet und reichen bis zum Ende der Zeile.

▶ Mehrzeilige Kommentare beginnen mit /* und enden mit */.

▶ Javadoc-Kommentare (siehe Kapitel 17) werden mit /** eingeleitet und enden ebenfalls mit */. Diese Kommentare können vom Kommando javadoc ausgewertet und zu einem HTML-Dokument verarbeitet werden, das alle Klassen, Felder, Methoden, Parameter etc. eines Java-Projekts beschreibt. Innerhalb der Javadoc-Kommentare können zudem einzelne Textpassagen durch Schlüsselwörter wie @author name oder @param parametername beschreibung gekennzeichnet werden.

Klassen der Java-Klassenbibliothek nutzen

Die Java-Klassenbibliothek stellt Ihnen ein Fundament von Tausenden von Klassen zur Verfügung. Es ist nahezu unmöglich, Java-Programme zu verfassen, die nicht zumindest ein paar dieser Klassen verwenden. Das gilt sogar für das simple Hello-World-Programm, das über `System.out` auf ein Objekt der `PrintStream`-Klasse zugreift. Mit dessen Methode `println` zeigt das Hello-World-Programm Texte auf dem Bildschirm an.

Oder, um es anders zu formulieren: Wie Sie selbst Klassen *entwickeln* lernen, lernen Sie erst in Kapitel 10. Klassen bzw. deren Objekte *nutzen* müssen Sie in Java aber von Anfang an. Aus diesem Grund stelle ich Ihnen an dieser Stelle bereits einige Grundbegriffe der objektorientierten Programmierung vor – eben im Sinne eines Crashkurses und durchaus mit einigen Vereinfachungen!

▶ **Klassen:** Eine Klasse ist eine Art Datentyp. Klassen dienen in der Regel dazu, Daten eines bestimmten Typs zu verarbeiten bzw. Aufgaben für eine bestimmte Aufgabenstellung zu erledigen. Beispiele für Klassen sind z. B. `String`, `LocalDateTime` oder `Random`.

▶ **Objekte:** Klassen stellen nur die Infrastruktur, den Bauplan zur Verfügung. Sobald konkrete Daten gespeichert werden sollen, müssen von der entsprechenden Klasse neue Objekte erzeugt werden. Andere Begriffe für »Objekte« sind »Exemplare« oder »Instanzen«.

Beispielsweise dient die `String`-Klasse zur Verwaltung von Zeichenketten. `"abc"`, `"Hello World!"` und `"123"` sind drei Objekte dieser Klasse. Analog benötigen Sie zur Speicherung eines konkreten Datums ein `LocalDateTime`-Objekt. Bevor Sie die erste Zufallszahl ermitteln können, müssen Sie ein `Random`-Objekt erzeugen.

Der Unterschied zwischen Klasse und Objekt besteht also darin, dass die Klasse eine vorerst abstrakte Beschreibung ist, also Code, wenn Sie so wollen. Aber erst, wenn daraus Objekte erzeugt werden, liegen konkrete Daten vor, die bearbeitet werden können. Dabei gilt: Eine Klasse kann die Basis für viele Objekte sein. Ein Objekt muss aber immer von einer ganz bestimmten Klasse stammen.

Wie Objekte erzeugt werden, hängt von der jeweiligen Klasse ab. Bei der Mehrheit der Klassen erzeugen Sie mit `new Klassenname()` ein Objekt. Bei manchen Klassen gibt es auch andere Mechanismen, z. B. `getInstance`. Zwei wichtige Sonderfälle sind Zeichenketten und Arrays, die Sie einfach durch `String x = "abc"` bzw. `int[] x = {1, 2, 3}` erzeugen können.

Der Zugriff auf Objekte erfolgt zumeist über über Variablen. `x` ist also eine Variable, die auf ein Objekt der `String`-Klasse verweist.

▶ **Methoden:** Klassen stellen Methoden zur Verfügung – bei manchen Klassen nur ganz wenige, bei anderen viele. In der Regel dienen Methoden dazu, Objekte zu bearbeiten. Beispielsweise liefert die Methode `length` der `String`-Klasse die Länge einer Zeichenkette. In Fortsetzung des obigen Beispiels ergibt `x.length()` also 3. Die Zeichenkette `"abc"` besteht aus drei Zeichen.

Viele Methoden können nur verwendet werden, wenn es ein entsprechendes Objekt gibt. Sie werden in der Form `objvar.methodenname()` aufgerufen. Die runden Klammern sind zwingend vorgeschrieben, unabhängig davon, ob die Methode Parameter erwartet oder nicht.

Manche Klassen stellen *statische* Methoden zur Verfügung. Solche Methoden können ohne Objekt verwendet werden. Beispielsweise kennt die `Math`-Klasse die Methode `sqrt` zur Berechnung der Quadratwurzel. Diese Methode wird in der Form `Math.sqrt(2)` aufgerufen. Es ist nicht nötig (und in diesem Fall auch gar nicht möglich), vorher ein Objekt der `Math`-Klasse zu erzeugen.

▶ **Attribute/Klassenvariablen/Fields:** Zusätzlich zu den Methoden können Klassen auch sogenannte Attribute definieren. Über Attribute können Eigenschaften von Objekten gelesen bzw. gespeichert werden. Der Zugriff auf Attribute erfolgt wie auf Methoden, wobei aber die runden Klammern entfallen. Anstelle von Attributen ist oft auch von »Klassenvariablen« bzw. im Englischen von *Fields* die Rede.

Weniger Tippaufwand mit »import«

In der Java-Klassenbibliothek gibt es Tausende von Klassen. Diese Klassen sind wiederum zu Paketen zusammengefasst. Einige besonders wichtige Klassen befinden sich im Paket java.lang. Zu diesen Klassen zählt z.B. die bereits erwähnte String-Klasse. Die Besonderheit des java.lang-Pakets besteht darin, dass die darin enthaltenen Klassen verwendet werden können, *ohne* den Paketnamen jedes Mal explizit zu nennen.

Bei allen anderen Paketen muss der Paketname aber jedes Mal genannt werden. Die folgenden Zeilen zeigen, wie zunächst die Variable r vom Typ java.util.Random deklariert wird. Diese Variable kann also auf ein Random-Objekt verweisen.

In der nächsten Zeile wird das Random-Objekt mit new erzeugt, wobei nochmals der ganze Paketname angegeben wird. Schließlich werden mit der Methode nextInt der Random-Klasse zwei Zufallszahlen zwischen 0 und 99 erzeugt und mit println ausgegeben:

```
java.util.Random r;
r = new java.util.Random();
System.out.println("Eine Zufallszahl: " + r.nextInt(100));
System.out.println("Noch eine Zufallszahl: " +
                   r.nextInt(100));
```

Das ständige Schreiben des Paketnamens ist auf die Dauer mühselig. Deswegen sieht Java vor, dass Sie Klassen, die Sie in einer Code-Datei verwenden, vorweg *importieren* können:

```
import java.util.Random;
...
Random r;
r = new Random();
System.out.println("Eine Zufallszahl: " + r.nextInt(100));
```

Streng genommen wird dabei gar nichts importiert. Vielmehr sagen Sie dem Compiler, dass Sie jedes Mal, wenn Sie den Klassennamen Random im Code verwenden, in Wirklichkeit java.util.Random meinen.

Eine Variante zu import paket.Klasse ist import paket.*. Das macht *alle* in diesem Paket definierten Klassen zugänglich, ohne dass Sie jedes Mal den Paketnamen voranstellen müssen. Noch mehr Details zur Organisation von Klassen in Paketen sowie zur import-Anweisung können Sie in Kapitel 18 nachlesen.

»import« muss vor der Klassendefinition stehen!

Die import-Anweisungen müssen ganz am Beginn der Code-Datei stehen, also noch *vor* der Zeile class Xxx, die die Definition der Klasse mit Ihrem Code einleitet.

Als abschließendes Beispiel zeigt das folgende Listing den Umgang mit den Klassen LocalDate und DateTimeFormatter. Diese Klassen sind in den Paketen java.time bzw. java.time.format definiert. Die entsprechenden import-Anweisungen stehen vor class. Die Codeausführung beginnt in der main-Methode. Dort wird die Variable jetzt deklariert. Dort wird mit now ein LocalDate-Objekt erzeugt, das das aktuelle Datum angibt. Unter Zuhilfenahme eines DateTimeFormatter-Objekts wird das Datum in eine für Menschen gut lesbare Form umgewandelt.

```java
// Projekt kap01-klassenbibliothek
import java.time.LocalDate;
import java.time.format.DateTimeFormatter;
public class HelloClass {
  public static void main(String[] args) {
    // die Programmausführung beginnt hier
    LocalDate jetzt = LocalDate.now();
    DateTimeFormatter myformatter =
      DateTimeFormatter.ofPattern( "EEEE, d. MMMM yyyy" );
    System.out.println("Heute ist " +
                      myformatter.format(jetzt) + ".");
    // Ausgabe z. B.:
    // Heute ist Dienstag, 23. September 2014.
  }
}
```

Aus Platzgründen verzichte ich im weiteren Verlauf dieses Buchs zumeist darauf, den immer gleichen Code `public class xxx` und `public static void main` abzudrucken. Das verkürzte Listing sieht dann so aus:

```
import java.time.LocalDate;
import java.time.format.DateTimeFormatter;
...
LocalDate jetzt = LocalDate.now();
DateTimeFormatter myformatter =
  DateTimeFormatter.ofPattern( "EEEE, d. MMMM yyyy" );
System.out.println("Heute ist " +
                  myformatter.format(jetzt) + ".");
```

Das ändert aber nichts daran, dass Sie natürlich dennoch die Klasse und die Methode `main` definieren müssen, damit das Programm syntaktisch korrekt ist. Die Struktur jedes Java-Programms sieht also wie beim Hello-World-Programm aus!

1.9 Wiederholungsfragen

▶ **W1:** Welchen Vorteil bietet Java im Vergleich zu C#?

▶ **W2:** Wozu brauche ich Eclipse?

▶ **W3:** Worin besteht der Unterschied zwischen JRE und JDK?

▶ **W4:** Was ist der Unterschied zwischen `java` und `javac`?

▶ **W5:** Wo ist die EXE-Datei meines Java-Programms?

▶ **W6:** Wozu dient die Java Virtual Machine?

▶ **W7:** Wie werden Java-Kommentare formuliert?

▶ **W8:** Wie werden Java-Code-Dateien benannt?

▶ **W9:** Was ist der Unterschied zwischen Klassen und Objekten?

▶ **W10:** Wozu dienen Methoden? Wie werden sie aufgerufen?

▶ **W11:** Was bedeutet `import java.util.Arrays`?

Kapitel 2

Variablenverwaltung

Programmieren heißt, Daten einzulesen, zu verarbeiten und auszugeben. Dabei kann es sich um Zahlen, Namen, Adressen, Geburtsdaten, Uhrzeiten, IP-Adressen usw. handeln. Wie Sie im weiteren Verlauf dieses Buchs lernen werden, kann Java neben elementaren Datentypen ganz allgemein mit *Objekten* umgehen, also mit aus mehreren Komponenten zusammengesetzten Daten mit integrierten Bearbeitungsfunktionen (*Methoden*).

Solange Ihr Programm läuft, müssen all diese Daten gespeichert werden. Dazu dienen Variablen, die im Mittelpunkt dieses Kapitels stehen. Daneben lernen Sie auch einige Sonderfälle kennen, nämlich Konstanten, die in Java als unveränderliche (*finale*) Variablen realisiert sind, sowie Aufzählungen (Enumerationen).

Zu den weiteren Themen dieses Kapitels zählen die elementaren Datentypen von Java (`int`, `double` etc.), deren Boxing-Varianten (`Integer`, `Double` etc.) sowie die automatische und die explizite Typumwandlung.

2.1 Variablen

Einführungsbeispiel

Der Umgang mit Variablen wird sofort klar, wenn Sie sich das folgende Beispielprogramm ansehen. Das Ziel des Programms ist es, ausgehend von Länge und Breite den Umfang und den Flächeninhalt eines Rechtecks auszurechnen und anzuzeigen. Die ersten beiden und letzten beiden Codezeilen entsprechen exakt dem Hello-World-Programm aus dem vorigen Kapitel. Neu sind die restlichen Zeilen, in denen zuerst die Variablen `breite` und `laenge` deklariert und initialisiert werden. Der Datentyp `double` gibt an, dass in den Variablen Fließkommazahlen gespeichert werden. Achten

Sie darauf, dass Sie Fließkommazahlen mit einem Dezimalpunkt angeben müssen, nicht mit einem Komma!

```java
// Projekt kap02-intro
public class VarIntro {
  public static void main(String[] args) {
    double breite  = 10.5;
    double laenge  = 17.3;
    double umfang  = (laenge+breite)*2;
    double flaeche = laenge*breite;
    System.out.println("Umfang: " + umfang);
    System.out.println("Fläche: " + flaeche);
  }
}
```

Der berechnete Umfang und der Flächeninhalt werden in zwei weiteren Variablen gespeichert, in umfang und flaeche. Zwei System.out.println-Anweisungen, die Ihnen ebenfalls aus *Hello World!* bekannt sind, geben die Ergebnisse am Bildschirm aus.

Beispieldateien

Alle längeren Listings können Sie von der Verlagswebseite zu diesem Buch herunterladen. Der Kommentar // Projekt kap02-intro am Beginn des obigen Listings weist darauf hin, in welchem Verzeichnis der Beispieldateien Sie den Code finden.

Variablen deklarieren, initialisieren und verwenden

Das Einführungsbeispiel hat bereits deutlich gemacht, dass alle Variablen mit einer Typangabe deklariert werden müssen. Dabei gilt die folgende Syntax:

```
datentyp varname [ = wert ];
```

Es können auch mehrere Variablen auf einmal deklariert werden:

```
datentyp varname1 [ = wert1], varname2 [ = wert2 ], ...;
```

Die Regeln für die Benennung von Variablen habe ich bereits im vorigen Kapitel in Abschnitt 1.8, »Java-Crashkurs«, zusammengefasst.

Ob Sie Variablen sofort initialisieren oder erst später, bleibt Ihnen überlassen. Allerdings dürfen Sie eine Variable erst auslesen, nachdem sie bereits initalisiert wurde. Der folgende Code ist deswegen falsch und kann nicht kompiliert werden:

```
int x, y, z;
x = 3;
y = x + z;  // Fehler: variable z might not have
            //         been initialized
```

2.2   Elementare Datentypen

Java kennt acht elemantare Datentypen bzw. *Primitive Data Types* (siehe Tabelle 2.1).

Datentyp	Beschreibung
byte	ganze Zahl, 1 Byte, Zahlenbereich −128 bis +127
short	ganze Zahl, 2 Byte, Zahlenbereich −32.768 bis +32.767
int	ganze Zahl, 4 Byte, Zahlenbereich $\pm 2^{31}$ (ca. $\pm 2 \times 10^9$)
long	ganze Zahl, 8 Byte, Zahlenbereich $\pm 2^{63}$ (ca. $\pm 9 \times 10^{18}$)
boolean	true oder false
char	ein Unicode-Zeichen
double	Fließkommazahl, 8 Byte, 16 Stellen (max. ca. 2×10^{308})
float	Fließkommazahl, 4 Byte, 8 Stellen (max. ca. 3×10^{38})

Tabelle 2.1 Elementare Java-Datenypen

Die folgenden Abschnitte beschreiben sieben der acht elementaren Datentypen. Die einzige Ausnahme ist char: Dieser Datentyp wird zusammen mit String in Kapitel 6, »Zeichenketten«, ausführlich behandelt.

Ganze Zahlen

Wenn Sie mit ganzen Zahlen rechnen möchten, haben Sie die Wahl zwischen byte, short, int und long. In der Praxis werden Sie vermutlich zumeist int den Vorzug geben. long bietet sich dann an, wenn der int-Zahlenbereich nicht ausreicht. Die paar Byte, die Sie durch byte oder short sparen können, lohnen sich nur in Arrays, wenn Sie Hundertausende gleichartige Daten speichern möchten. Insbesondere ist bei Berechnungen mit byte- und short-Variablen keine höhere Geschwindigkeit zu erwarten.

Java unterscheidet sich beim Umgang mit ganzen Zahlen durch einige Besonderheiten von anderen Programmiersprachen:

▶ **Vorzeichen:** Im Gegensatz zu vielen anderen Programmiersprachen gibt es in Java keine vorzeichenlosen Integerzahlen. Es existiert allerdings der Operator >>>, mit dem eine Integerzahl bitweise so nach rechts verschoben wird, als würde es sich um eine Zahl ohne Vorzeichen handeln.

▶ **Überlaufkontrolle:** Java führt bei Berechnungen keine Überlaufkontrolle durch. Wenn der zulässige Zahlenbereich bei Integer-Berechnungen überschritten wird, kommt es zu falschen Ergebnissen, aber zu keiner Fehlermeldung!

```
int i=100000;
i=i*i;    // i enthält jetzt 1410065408 !!
```

▶ **Division durch null:** Bei Integer-Berechnungen löst eine Division durch 0 eine ArithmeticException aus, also einen Fehler, der abgefangen werden kann (siehe Kapitel 9, »Exceptions«).

Fließkommazahlen

Wenn Sie mit Fließkommazahlen rechnen möchten, werden Sie in der Regel den Datentyp `double` verwenden. Berechnungen mit `float`-Werten sind selten schneller als `double`-Berechnungen, und die vier gesparten Bytes sind selten von Nutzen. Abermals müssen Sie einige Besonderheiten beachten:

▶ **Überlaufkontrolle:** Java verzichtet auch bei Fließkommaberechnungen auf eine Überlaufkontrolle. Das Ergebnis lautet dann `Infinity` bzw. `-Infinity`. Es kommt aber zu keiner Fehlermeldung oder Exception!

▶ **Division durch Null:** Auch eine Division durch 0 wird ohne Exception hingenommen, das Ergebnis lautet `Infinity` bzw. `-Infinity`.

▶ **Rundungsfehler:** Bei Berechnungen mit Fließkommazahlen kommt es zu Rundungsfehlern. Das ist kein Java-Problem, sondern hat mit der binären Darstellung von Zahlen zu tun und ist unvermeidbar.

Erschwert wird die Situation allerdings dadurch, dass die Fließkommaarithmetik in Java ein wenig von der anderer Programmiersprachen abweicht, die zumeist konform zum IEEE-Standard 754/854 sind. Das betrifft insbesondere die oben schon erwähnte fehlende Überlaufkontrolle. Zwei Leseempfehlungen zu diesem Thema sind ein mittlerweile legendärer Artikel des Berkeley-Professors William Kahan (veröffentlicht 1998), andererseits eine Zusammenfassung der seither realisierten Verbesserungen (veröffentlicht 2008):

http://www.cs.berkeley.edu/~wkahan/JAVAhurt.pdf
https://blogs.oracle.com/darcy/entry/everything_old_is_new_again

Wenn Sie Rundungsfehler ausschließen möchten, z. B. beim Rechnen mit Geld, können Sie die `BigDecimal`-Klasse einsetzen. Deren Anwendung ist freilich sehr unhandlich, weil Sie dann Operatoren wie + und - nicht verwenden können und stattdessen Methoden wie `add` und `subtract` gebrauchen müssen.

Das folgende Listing demonstriert einige Sonderfälle. Beachten Sie insbesondere die Berechnung mit den Variablen `a` bis `d`. Eigentlich müssten `c`

65

und d jeweils exakt den Wert 0,8 enthalten. Aufgrund von Rundungsfehlern ist das aber nicht der Fall.

```
double x=10;
x=x/0.0;                    // x enthält Infinity
double y=1E250;
y=y*y;                      // y enthält Infinity
double a = 0.7;
double b = 0.9;
double c = a + 0.1;
double d = b - 0.1;
System.out.println(c == d); // liefert false
System.out.println(c - d);  // liefert -1.110223024625E-16
```

Rechnen mit »double«-Zahlen

Elementare mathematische Funktionen wie Sinus, Cosinus und die Quadratwurzel sind als statische Methoden in der Math-Klasse enthalten. Dort ist auch die Konstante PI definiert. Das folgende Listing zeigt einige Anwendungsbeispiele:

```
double x=2.4, y=0.7;
double sinus   = Math.sin(x);
double cosinus = Math.cos(0.3 * Math.PI);
double quadrat = Math.pow(x, 2);    // entspricht x*x
double qwurzel = Math.sqrt(x);
double minimum = Math.min(x, y);    // Minimum, liefert 0.7
double absolut = Math.abs(-0.3);    // liefert 0.3
long n1        = Math.round(2.3);   // liefert 2
long n2        = Math.round(2.5);   // liefert 3
```

Potenzieren

Die Schreibweise x^2 im Sinne von x*x ist in Java nicht zulässig. Der Operator ^ dient vielmehr zur Verknüpfung logischer Ausdrücke oder binärer Zahlen durch exklusives Oder. Zum Potenzieren verwenden Sie die Methode Math.pow(x, n).

Boolesche Werte

Variablen vom Typ boolean können nur die Wahrheitswerte true und false speichern. Eine simple Anwendung einer booleschen Variablen kann so aussehen:

```
int a=3, b=3;
boolean ok = (a==b);

if(ok) {
  System.out.println("a und b enthalten " +
                  "den gleichen Wert.");
}
```

Wie Sie Zahlen miteinander vergleichen und komplexe Bedingungen formulieren, erfahren Sie in Kapitel 3, »Operatoren«.

Zufallszahlen

Zur Erzeugung von Pseudozufallszahlen verwenden Sie ein Objekt der Klasse java.util.Random. Das folgende Beispiel gibt Ihnen einen ersten Vorgeschmack darauf, wie Sie vorgegebene Klassen aus der Java-Bibliothek anwenden: Sie deklarieren eine Variable mit dem vollständigen Klassennamen, erzeugen mit new ein Objekt dieser Klasse und können dann Methoden auf das Objekt anwenden. Die Random-Klasse stellt unter anderem die Methoden nextXxx zur Verfügung, um Zufallszahlen im gewünschten Datentyp zu erzeugen.

```
// Projekt kap02-zufall
java.util.Random r = new java.util.Random();

// Fließkommazahl zwischen 0.0 (inkl.) und 1.0 (exkl.)
double x = r.nextDouble();

// ganze Zahl zwischen 0 und 99
int i    = r.nextInt(100);
```

```
// ganze Zahl im gesamten long-Zahlenbereich
long n   = r.nextLong();

// normalverteilte Zufallszahl (Mittelwert 0,
// Standardabweichung 1)
double g = r.nextGaussian();
```

Typumwandlung (Casting)

Wenn bei Zuweisungen oder in Ausdrücken unterschiedliche Datentypen vorkommen, führt Java nach Möglichkeit eine automatische Typumwandlung durch (implizites Casting). So wird bei der Multiplikation von d1 mal i1 zuerst i1 in eine Fließkommazahl umgewandelt. Danach kann eine double-Multiplikation durchgeführt werden.

```
int    i1 = 3;
double d1 = 1.7;
double d2 = d1*i1;   // double-Multiplikation --> 5.1
long   l1 = i1;      // Casting int --> long
```

Die folgenden Code-Zeilen zeigen den Umgang mit Zeichenketten. Dabei gilt + als Operator zur Verkettung von Zeichenketten. i1 wird daher zuerst automatisch in eine Zeichenkette umgewandelt. Eine Menge weiterer Details zum Umgang mit Zeichenketten folgen in Kapitel 6.

```
String s1 = "abc";
String s2 = s1 + i1; // String-Verknüpfung --> "abc3"
```

Wenn die Gefahr besteht, dass es bei der Typumwandlung zu einem Genauigkeitsverlust (z. B. double → float) oder zu einem Überlauf kommt (z. B. long → int), produziert javac einen Fehler. Das Programm kann also nicht kompiliert werden.

```
long l = 10;
int  i = l;    // javac-Fehler: possible loss of precision
double d = 3.14;
float f = d;   // javac-Fehler: possible loss of precision
```

Abhilfe schafft in solchen Fällen eine explizite Typumwandlung. Dazu stellen Sie dem betreffenden Ausdruck in runden Klammern den gewünschten Datentyp voran. Sollte sich zur Laufzeit herausstellen, dass die Umwandlung unmöglich ist oder dass dabei ein Überlauf auftritt, kommt es zu einer Exception.

```
long   l = 10;
int    i = (int)l;
double d = 3.14;
float  f = (float)d;
```

Upcast und Downcast

Wenn Objekte unterschiedlicher Klassen im Spiel sind, unterscheidet Java zwischen *Upcasts* und *Downcasts*. Ein *Upcast* ist eine Verallgemeinerung. Sie können also beispielsweise in einer Variablen der Klasse Fahrzeug ein Objekt der abgeleiteten Klasse Auto speichern. Upcasts funktionieren automatisch, also ohne die Angabe eines expliziten Casting-Operators.

Ein Downcast ist eine Spezialisierung. Wenn die Variable f vom allgemeinen Typ Fahrzeug ein Auto-Objekt enthält (und nur dann!), können Sie mit Auto a = (Auto)f einen expliziten Downcast durchführen.

Bevor Sie Up- und Downcasts richtig verstehen können, müssen Sie wissen, was Vererbung ist und wie Schnittstellen eingesetzt werden. Details dazu folgen in Kapitel 11, »Vererbung und Schnittstellen«.

Modifizierer für die Variablendeklaration

Der Deklaration einer Variablen können verschiedene Schlüsselwörter vorangestellt werden, die die Eigenschaften bzw. die Erreichbarkeit der Variablen modifizieren (siehe Tabelle 2.2).

```
public int i=3;
final double PI=3.14;
```

Dazu einige Erläuterungen:

▶ Die Schlüsselwörter public, private, protected und static sind nur für Klassenvariablen (*Fields*) relevant, also für Variablen, die auf Klassenebene deklariert werden. Diese Schlüsselwörter werden in Kapitel 10, »Klassen«, genauer beschrieben.

▶ transient bewirkt, dass der Inhalt dieser Klassenvariablen bei einer Serialisierung des Objekts nicht gespeichert wird – ein Thema, das in diesem Buch nicht behandelt wird.

▶ volatile bewirkt, dass der Compiler darauf verzichtet, auf intern zwischengespeicherte Werte dieser Variable zuzugreifen. Stattdessen wird die Variable bei jedem Zugriff neu ausgelesen. Das ist zwar etwas langsamer, stellt in Multi-Threaded-Programmen aber sicher, dass das Lesen oder Schreiben der Variable ein atomarer Prozess ist, der nicht durch einen anderen Thread gestört werden kann.

Schlüsselwort	Bedeutung
public	öffentliche Variable
private	private Variable
protected	interne Variable
static	statische Variable
final	Konstante (siehe Abschnitt 2.6, »Konstanten und Enums«)
transient	wird bei der Serialisierung nicht gespeichert
volatile	Variable für Multi-Threaded-Programmierung

Tabelle 2.2 Schlüsselwörter, um das Verhalten von Variablen zu modifizieren

2.3   Literale

Wenn Sie in einem Java-Programm eine Anweisung wie `int i=27;` schreiben, dann muss der Java-Compiler die Zahl 27 korrekt als Integer-Zahl interpretieren. Solche Ausdrücke – sei es für Zahlen, Zeichen oder boolesche Werte – werden als *Literale* bezeichnet. Jeder elementare Datentyp von Java kennt eigene Literale.

In einfachen Fällen wie im obigen Beispiel `i=27` ist die Verwendung von Literalen so selbstverständlich, dass sich eine lange Beschreibung erübrigt. Sie werden aber gleich sehen, dass es diverse Sonderfälle gibt.

Literale für »String« und »char«

Noch mehr Spezialfälle als bei Zahlen gibt es bei Zeichenketten. Literale für den elementaren Datentyp `char` sowie für die `String`-Klasse sind in Kapitel 6, »Zeichenketten«, zusammengefasst.

Boolesche Literale

Das Thema »boolesche Literale« ist rasch erledigt: Es gibt nämlich nur zwei Literale, `true` (wahr, zutreffend) und `false` (falsch).

Ganze Zahlen

Im einfachsten Fall geben Sie die Zahl einfach dezimal an. Solange Sie den Zahlenbereich nicht überschreiten, funktioniert dies für alle ganzzahligen Datentypen außer `long`. `long`-Zahlen, die den `int`-Zahlenraum überschreiten, müssen Sie explizit durch ein nachgestelltes `l` oder `L` als `long`-Literal kennzeichnen. (Tipp: Verwenden Sie `L`! Der Kleinbuchstabe `l` ist sehr leicht mit der Zahl 1 zu verwechseln.)

```
int    i1 = 2000000000, i2 = -198765432;
short  s1 = 32000, s2 = -32000;
byte   b1 = -128, b2 = 127;
long   l1 = 12345678901234L;
```

Grundsätzlich betrachtet Java jede Zahl ohne einen Dezimalpunkt als `int`-Zahl. Wie das obige Listing gezeigt hat, ist es aber mitunter notwendig, den Datentyp explizit im Literal festzuschreiben. Diese Möglichkeit gibt es nicht nur für `long`, sondern auch für andere Zahlentypen (siehe Tabelle 2.3).

Literal	Datentyp
123	int
123L, 123l	long
123F, 123f	float
123D, 123d	double

Tabelle 2.3 Mitunter muss der Datentyp durch einen nachgestellten Buchstaben festgeschrieben werden.

Das dezimale Zahlensystem verwendet 10 als Basis. In der EDV haben Sie aber oft auch mit hexadezimalen, oktalen und binären Zahlen zu tun, die als Basis 16, 8 oder 2 verwenden. Im Java-Code stellen Sie hexadezimalen Zahlen `0x` voran, oktalen Zahlen einfach `0` (also eine Null) und binären Zahlen `0b`:

```
int i = 23;      // dezimal
i = 0xA0;        // hexadezimal, Wert 160
i = 023;         // oktal, Wert 19
i = 0b1001;      // binär, Wert 9
```

Um die Lesbarkeit langer Zahlen zu erhöhen, dürfen Sie seit Java 8 an beliebigen Stellen Unterstriche in die Zahlen einbauen:

```
int  i = 2_000_000_000;             // 2 Milliarden
long l1 = 0x1234_5678_9abc_def0L; // 1311768467463790320
```

Alle ganzzahligen Datentypen in Java haben Vorzeichen. In hardwarenahen Programmen müssen Sie aber mitunter in einer `byte`-Variablen einen Wert größer als 127 speichern oder in einer `int`-Variablen einen Wert größer als 2^{31}. Das gelingt, wenn Sie den Casting-Operator voranstellen:

```
byte   b = (byte)240;
short  s = (short)0xFF00;
int    i = (int)0xFFFF_FFFF_FFFF_FFFFL;
System.out.println(b);  // Ausgabe: -16
System.out.println(s);  // Ausgabe: -256
System.out.println(i);  // Ausgabe: -1
```

Fließkommazahlen

Sobald eine Zahl einen Dezimalpunkt oder den Buchstaben e oder E mit einer nachfolgenden Zahl enthält, betrachtet Java die Zahl als double-Literal. Die gleichwertigen Buchstaben e und E dienen dazu, sehr kleine oder große Zahlen in der Exponentialschreibweise anzuschreiben. 1.23e3 bzw. 1.23E3 bedeutet also $1{,}23 \times 10^3 = 1230$. Wenn Sie explizit eine float-Zahl mit verringerter Genauigkeit wünschen, müssen Sie den Buchstaben f oder F hintanstellen:

```
double d1 = 1.23;
double d2 = 1.23E3;
float  f  = 1.23f;
System.out.println(d1);  // Ausgabe: 1.23
System.out.println(d2);  // Ausgabe: 1230.0
System.out.println(f);   // Ausgabe: 1.23
```

2.4   Variablen im größeren Java-Kontext

Einige Aspekte im Umgang mit Variablen werden erst im Verlauf der weiteren Kapitel verständlich. Die folgenden Abschnitte befinden sich dennoch bereits in diesem Kapitel, weil sie unmittelbar mit Variablen zu tun haben und es mir ein Anliegen ist, grundlegende Themen (wie hier die Variablenverwaltung) nicht über mehrere Kapitel zu zerstückeln.

Deswegen setze ich hier Grundlagen voraus, die ich Ihnen erst später im Buch präsentiere. Bei Verständnisproblemen überblättern Sie die folgenden Seiten einfach vorläufig und greifen das Thema in ein paar Stunden oder Tagen nochmals auf.

Die Henne und das Ei

Als Autor kämpfe ich in diesem Buch häufig mit einem Henne-Ei-Problem: Viele Java-Konzepte greifen ineinander bzw. sind voneinander abhängig. An einer Stelle muss ich aber beginnen ...

Gültigkeitsebenen

Beginnen wir mit der Frage, in welchem Code-Bereich Variablen gültig sind. Etwas vereinfachend gilt die Regel: Variablen sind in allen Code-Ebenen *innerhalb* der Deklarationsebenen sichtbar, nicht aber in den Ebenen *außerhalb*. Code-Ebenen werden durch geschwungene Klammern gebildet, z. B. bei der Formulierung von Klassen, Methoden, Abfragen oder Schleifen. Syntaktisch ist es auch erlaubt, mit geschwungenen Klammern Ebenen ohne eine konkrete Funktion zu bilden.

Im folgenden Beispiel wird die Variable x in der zweiten Ebene deklariert. Die Variable kann in der inneren dritten Ebene sowie natürlich in der zweiten Ebene verwendet werden. In der äußeren, ersten Ebene ist sie hingegen nicht zugänglich. Der Java-Compiler liefert den Fehler *cannot find symbol*. Zur Behebung des Fehlers müssen Sie entweder in der Ebene 1 auf den Variablenzugriff verzichten oder Sie müssen die Deklaration von x von der zweiten in die erste Ebene verlagern.

```
{                             // Ebene 1
  {                           // Ebene 2
    int x=3;
    {                         // Ebene 3
      System.out.println(x);  // OK
    }                         // Ende Ebene 3
    System.out.println(x);    // auch OK
  }                           // Ende Ebene 2
  System.out.println(x);      // nicht zulässsig
                              // (cannot find symbol)
}                             // Ende Ebene 1
```

Objektvariablen

Häufig sollen in Variablen nicht elementare Datentypen (int, double etc.) gespeichert werden, sondern Objekte. Unser Problem an dieser Stelle ist, dass Sie noch nicht wissen, was Objekte eigentlich sind. Begnügen wir uns zunächst damit, dass Objekte komplexere Daten sind als elementare Datentypen. Beispiele für Objekte sind Datum und Uhrzeit, oder der Ort und die Geschwindigkeit eines Raumschiffs in einem Spiel. Abstrakter formuliert: Objekte sind konkrete Ausformungen (*Instanzen*) einer Klasse, wobei eine Klasse wiederum eine Art Bauplan für einen eigenen Datentyp ist.

Für den Umgang mit Variablen ändert sich dadurch auf den ersten Blick nicht viel: Anstelle eines elementaren Datentyps geben Sie nun bei der Deklaration eben den Klassennamen an. Als Beispiel dient hier die Klasse Point zur Speicherung zweidimensionaler Koordinaten. Diese Klasse ist in der Java-Bibliothek im Paket java.awt definiert.

```
java.awt.Point p1;
```

Natürlich haben Sie p1 deklariert, um darin einen Koordinatenpunkt zu speichern. Das entsprechende Objekt müssen Sie mit new ausdrücklich *erzeugen*:

```
p1 = new java.awt.Point(2, 3);
```

Weil Objekte von Klassen abgeleitet sind, stehen zur Bearbeitung der Objekte Felder und Methoden zur Verfügung. Beispielsweise können Sie mit x auf die X-Komponente des Koordinatenpunkts zugreifen. Das + innerhalb der println-Methode bewirkt, dass die X-Koordinate in eine Zeichenkette umgewandelt und dem Text X-Koordinate: hinzugefügt wird:

```
System.out.println("X-Koordinate: " + p1.x);
```

Der wohl grundlegendste Unterschied betrifft den Umgang mit den Daten. Bei elementaren Datentypen werden die Daten direkt in der Variablen gespeichert. Bei einer Zuweisung werden die Daten kopiert – ein Verhalten, das naheliegend ist:

```
int a=3;
int b=a;
b=4;
System.out.println(a + " " + b);  // Ausgabe: 3 4
```

In Objektvariablen wird hingegen eine *Referenz* auf die Daten gespeichert. Die Variable p1 ist gewissermaßen nur ein Zeiger auf den Ort im Speicher, in dem die Objektdaten tatsächlich gespeichert werden. Das hat große Auswirkungen auf Zuweisungen! Dabei wird nämlich nur die Referenz kopiert. Im folgenden Beispiel verweisen p1 und p2 somit auf *dieselben* Daten. Änderungen wirken sich daher auf beide Variablen aus. Im folgenden Beispiel verweisen p1 und p2 auf *dasselbe* Point-Objekt. Wenn Sie bei p2 die X-Koordinate verändern, gilt diese Änderung daher auch für p1!

```
// Projekt kap02-point
import java.awt.Point;
...
Point p1 = new Point(3, 3);
Point p2 = p1;
p2.x = 4;
System.out.println(p1.x + " " + p2.x);
// Ausgabe: 4 4
```

Wie Sie in Kapitel 8, »Methoden«, noch sehen werden, gilt dieser grundsätzliche Verhaltensunterschied zwischen Variablen für elementare Datentypen und Objektvariablen auch für die Parameter einer Methode.

Wenn Sie eine unabhängige Kopie eines Objekts benötigen, müssen Sie das Objekt kopieren bzw. duplizieren (klonen). Einige Klassen der Java-Standardbibliothek sehen hierfür die clone-Methode vor und implementieren die Schnittstelle Cloneable. Beachten Sie aber, dass clone nur das unmittelbare Objekt dupliziert (*shallow clone*). Wenn das Objekt auf weitere Objekte verweist und auch diese Objekte dupliziert werden sollen, ist ein *deep clone* erforderlich, was in Java z. B. durch Serialisierungsmethoden ermöglicht wird. Darauf gehe ich in diesem Buch allerdings nicht ein.

Generell haben weder die Methode clone noch die Schnittstelle Cloneable in Java-Kreisen einen guten Ruf. Der Java-Chefentwickler Joshua Bloch rät davon ab, `Cloneable` und `clone` in eigenen Klassen zu implementieren, und empfiehlt stattdessen die Entwicklung eines eigenen Copy-Konstruktors.

http://www.artima.com/intv/bloch13.html

Für den Umgang mit simplen `Point`-Objekten reicht `clone` aber vollkommen aus, um p3 unabhängig von p4 zu machen:

```
Point p3 = new Point(3, 3);
Point p4 = (Point)p3.clone();
p4.x = 4;
System.out.println(p3.x + " " + p4.x);
// Ausgabe: 3 4
```

Wrapper-Klassen elementare Datentypen

Zu allen elementaren Java-Datentypen gibt es in Java auch Wrapper-Klassen (siehe Tabelle 2.4). Dabei handelt es sich um Klassen, die elementaren Datentypen *verpacken*.

Datentyp	Boxing-Variante
byte	Byte
short	Short
int	Integer
long	Long
boolean	Boolean
char	Character
double	Double
float	Float

Tabelle 2.4 Die Wrapper-Klassen zu den elementaren Datentypen

Im Unterschied zu den elementaren Datentypen können ihre Wrapper-Varianten auch den Wert null annehmen. Das ist besonders dann praktisch, wenn zwischen dem Wert 0 und dem Zustand *nicht initialisiert* unterschieden werden soll. Wrapper-Datentypen bieten sich auch für Datenbankanwendungen an, weil sie den SQL-Wert NULL abbilden können. Schließlich können Sie Wrapper-Datentypen verwenden, wenn Sie elementare Daten in Collections speichern möchten (siehe Kapitel 14, »Collections«).

Verwenden Sie Wrapper-Klassen mit Bedacht!

Sie sollten die Wrapper-Datentypen nur einsetzen, wenn Sie diese wie in den vorhin aufgezählten Szenarien wirklich benötigen. In allen anderen Fällen sollten Sie den elementaren Datentypen aus Effizienzgründen den Vorzug geben.

Obwohl Wrapper-Klassen echte Klassen sind, können Zahlen ohne die Verwendung von new zugewiesen werden. Die Umwandlung zwischen elementaren Datentypen und ihren Wrapper-Varianten, also das *boxing* und das *unboxing*, erfolgt automatisch. Ein explizites Casting ist nicht erforderlich.

```
Integer i=3;
int j = i + 1;
i = j + 1;
```

Wrapper-Klassen können also weitgehend wie elementare Datentypen verwendet werden. Beachten Sie jedoch die Sonderfälle, die sich dadurch ergeben können, dass der Zustand null erlaubt ist:

```
Integer i=null;
int j = i + 1;   // löst NullPointerException aus
```

Die Wrapper-Klassen sind in der Java-Standardbibliothek java.lang definiert und stehen ohne import in allen Java-Programmen zur Verfügung. Sie enthalten eine Menge nützlicher Umwandlungsmethoden, die auch dann eingesetzt werden können, wenn Sie in Ihren Variablen gewöhnliche elementare Datentypen verwenden.

```
double d = Double.parseDouble("12.34");
String s = Long.toHexString(123);          // 7b
```

Klassenvariablen (Fields)

In allen bisherigen Beispielen wurden Variablen innerhalb einer Methode deklariert. Es besteht aber auch die Möglichkeit, Variablen auf Klassen- bzw. Typebene zu deklarieren. Solche Variablen werden im Englischen als *Fields* bezeichnet, in diesem Buch *Klassenvariablen*.

Viele Details und Beispiele zur Deklaration und Verwendung solcher Variablen folgen in Kapitel 10, »Klassen«. Dort werden Sie auch die Schlüsselwörter `private`, `public` und `protected` näher kennenlernen. Sie legen fest, ob und unter welchen Umständen durch Code außerhalb der Klasse ein Zugriff auf die Klassenvariablen zulässig ist.

Lesbarkeit versus Exaktheit

Eine wirklich optimale deutsche Übersetzung von *Fields* gibt es leider nicht. *Felder* ist ein zu allgemeingültiger Begriff, der oft nicht *Fields*, sondern *Arrays* meint. Üblich ist stattdessen die nicht ganz exakte Bezeichnung *Klassenvariable*.

Allerdings können *Fields* nicht nur in Klassen deklariert werden, sondern z. B. auch in Enumerationen. Der Oberbegriff für Klassen, Enumerationen, Schnittstellen usw. lautet *Typ*. Damit würden aus Klassenvariablen *Typenvariablen*. Das hilft uns aber auch nicht weiter, weil dieser Begriff üblicherweise die Variablen in generischen Klassen bezeichnet; dort ist der Datentyp selbst variabel. Und so bleibe ich in diesem Buch beim Begriff *Klassenvariable*.

2.5 Variablen einlesen und ausgeben

Das Einführungsbeispiel dieses Kapitels, also die Berechnung von Umfang und Flächeninhalt eines Rechtecks, hat einen gravierenden Mangel: Länge und Breite werden im Programm fix eingestellt. Um den Umfang und die Fläche eines anderen Rechtecks auszurechnen, muss das Programm verändert und neu kompiliert werden. Wesentlich eleganter wäre es, wenn der Benutzer bei der Ausführung des Programms nach Länge und Breite gefragt würde und diese Daten selbst eingeben könnte.

Das klingt trivialer, als es in Wirklichkeit ist, und führt zum vielschichtigen Thema »Ein- und Ausgabe«, das wir in Kapitel 15, »Dateien und Verzeichnisse«, ausführlich behandeln werden. Dieser Abschnitt ist lediglich ein Vorgriff, der ohne detaillierte Hintergrunderklärungen zeigt, wie Sie Daten in einem simplen Java-Programm einlesen und ausgeben können.

Datenausgabe

Beginnen wir mit der Ausgabe von Daten, die uns bereits aus *Hello World!* bekannt ist: Mit der Methode println, die auf das Objekt System.out angewendet wird, schreiben Sie Zeichenketten in das Fenster, in dem Ihr Java-Programm ausgeführt wird. Unter Eclipse ist das das Teilfenster Console, sonsten ein Eingabeaufforderungs- oder Terminal-Fenster.

println akzeptiert als Parameter auch Zahlen, die es automatisch in Zeichenketten umwandelt. Es ist auch zulässig, eine Zeichenkette mit weiteren Ausdrücken durch + zu verbinden. Dann werden alle Ausdrücke zuerst in Zeichenketten umgewandelt; diese Zeichenketten werden miteinander verbunden und dann ausgegeben.

```
System.out.println("Hello World!");
int i=3;
System.out.println(i);
double x=1.3323;
System.out.println("x hat den Wert " + x);
```

Eine Alternative zu println ist print. Der wesentliche Unterschied besteht darin, dass print die Ausgabe nicht mit einem Zeilenendezeichen abschließt. Somit werden mehrere print-Anweisungen in einer Zeile dargestellt. Einen Zeilenumbruch können Sie erzwingen, wenn Sie die Zeichenkette \n ausgeben.

Natürlich gibt es eine Menge Möglichkeiten, um Zahlen und andere Daten zu formatieren, z. B. um bei Fließkommazahlen nur die ersten zwei Nachkommastellen anzuzeigen. Derartige Methoden lernen Sie in Abschnitt 6.3, »Formatierung und Konvertierung«, kennen.

Dateneingabe

So, wie System.out auf ein Objekt zur Standardausgabe verweist, bezieht sich System.in auf die Standardeingabe. Von dort kann ein Java-Programm Eingaben verarbeiten. Dabei muss das Programm die Methode next der Klasse java.utils.Scanner zu Hilfe nehmen. Vor der ersten Eingabe muss ein derartiges Scanner-Objekt mit new erzeugt werden. next liest dann eine Zeichenkette, deren Eingabe mit ⏎ abgeschlossen werden muss.

Damit die Anwender des Programms wissen, dass sie etwas eingeben sollen, ist es zweckmäßig, mit print eine Eingabeaufforderung auszugeben:

```
java.util.Scanner scan = new java.util.Scanner(System.in);
System.out.print("Geben Sie hier etwas ein: ");
String s = scan.next();
```

Spätestens zum Ende des Programms sollten Sie das Scanner-Objekt, auf das die Variable scan verweist, explizit schließen. In unserem Programm ist das zwar nicht zwingend erforderlich, es empfiehlt sich aber, *alle* Objekte, die auf Dateien oder andere Ressourcen zugreifen, möglichst bald explizit mit der Methode close zu schließen. Wenn Sie es vergessen und in Eclipse arbeiten, zeigt die Entwicklungsumgebung eine entsprechende Warnung an.

Jetzt bleibt noch das Problem, dass wir mit Zeichenketten nicht rechnen können. Wir müssen die eingegebenen Zeichenketten zuerst in Fließkommazahlen umwandeln. Dabei hilft uns die Methode Double.parseDouble.

```
double x = Double.parseDouble(s);
```

Die Methode setzt allerdings voraus, dass die Zeichenkette wirklich eine Fließkommazahl mit einem Punkt vor dem Nachkommaanteil ist. Geben die Benutzer unseres Programms *1,4* oder *abc* ein, bricht die Programmausführung mit einer unschönen Fehlermeldung ab (java.lang. NumberFormatException). Wie Sie derartige Fehler vermeiden können, lernen Sie in Kapitel 9, »Exceptions«.

Beispiel

Das folgende Listing zeigt das fertige Java-Programm. Bei seiner Ausführung müssen Sie zuerst die Länge und die Breite eingeben. Sofern es sich um für Java erkennbare Zahlen handelt, liefert das Programm anschließend den Umfang und die Fläche des Rechtecks.

```
// Projekt kap02-rechteck
public class Rechteck {
  public static void main(String[] args) {
    java.util.Scanner scan =
      new java.util.Scanner(System.in);
    String eingabeLaenge, eingabeBreite;
    System.out.print("Geben Sie die Länge an: ");
    eingabeLaenge = scan.next();
    System.out.print("Geben Sie die Breite an: ");
    eingabeBreite = scan.next();
    scan.close();

    double laenge = Double.parseDouble(eingabeLaenge);
    double breite = Double.parseDouble(eingabeBreite);
    double umfang = (laenge+breite)*2;
    double flaeche = laenge*breite;
    System.out.println("Umfang: " + umfang);
    System.out.println("Fläche: " + flaeche);
  }
}
```

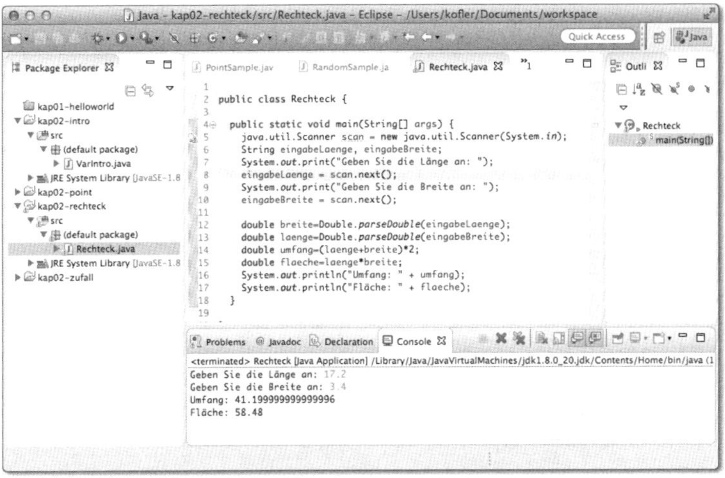

Abbildung 2.1 Testlauf des Beispielprogramms in Eclipse unter OS X

2.6   Konstanten und Enums

Konstanten

Java sieht keine direkte Definition von Konstanten vor. Stattdessen kann der Deklaration von Variablen das Schlüsselwort `final` vorangestellt werden:

```
final double PI = 3.1415927;
```

Es bewirkt, dass die Variable nach der erstmaligen Initialisierung nicht mehr verändert werden kann. Versuchen Sie es dennoch, liefert `javac` beim Kompilieren eine Fehlermeldung.

Wenn `final` für eine Objektvariable verwendet wird, kann die Objektreferenz nicht mehr verändert werden. Aber aufgepasst: Die Daten des Objekts können sehr wohl modifiziert werden! Insofern verhält sich ein finales Objekt *nicht* wie eine Konstante.

```
import java.awt.Point;
...
final Point p = new Point(3, 3);
p = new Point(4,4);    // nicht zulässig
p.x = 4;               // erlaubt!
p.y = 4;               // erlaubt!
```

Für Fortgeschrittene ...

In Klassen werden finale Variablen zumeist auch als static deklariert. Damit teilen sich mehrere Objekte die Konstanten. final kann auch bei der Deklaration von Klassen verwendet werden, hat dort aber eine andere Bedeutung: Finale Klassen können durch Vererbung nicht erweitert werden (siehe Kapitel 11, »Vererbung und Schnittstellen«).

Konstantenaufzählungen (Enums)

Mit dem Schlüsselwort enum definieren Sie eine Aufzählung von Konstanten. Das folgende Listing demonstriert sowohl die Definition als auch die Anwendung einer solchen Konstantenaufzählung:

```
// Projekt kap02-enum
public class EnumSample {
  enum Color {
    RED, GREEN, BLUE, YELLOW, BLACK, WHITE }

  public static void main(String[] args) {
    Color c = Color.GREEN;
    if(c == Color.BLACK)
      System.out.println("schwarz");
  }
}
```

enum hat im Vergleich zur Definition einiger final-Variablen mehrere Vorteile:

▶ Sie müssen sich keine Gedanken darüber machen, welche Werte Sie Ihren Konstanten zuweisen. Der Java-Compiler erzeugt selbstständig eindeutige Werte.

▶ Bei Zuweisungen und Vergleichen erfolgt eine Typenkontrolle. Nehmen wir an, Sie definieren zwei Enumerationen: eine für Farben (Color) und eine für Formen (Geometry – rund, dreieckig, viereckig). Der Java-Compiler stellt sicher, dass Sie nicht irrtümlich eine Variable des Typs Color mit einer Konstanten aus der Enumeration Geometry vergleichen.

---

enum für Fortgeschrittene

Hinter den Kulissen erzeugt enum ähnlich wie class einen neuen Typ. Insofern bietet enum ungleich mehr Möglichkeiten zur Definition von Enumerationen als eine simple Aufzählung von (intern durchnummerierten) Konstanten. Auf diese eher selten genutzten Möglichkeiten gehen wir in diesem Buch aber nicht ein.

2.7   Wiederholungsfragen und Übungen

▶ **W1:** Bleibt der Inhalt von Variablen erhalten, wenn ein Java-Programm endet?

▶ **W2:** Sie wollen ganze Zahlen im Bereich zwischen 0 und 1000 speichern. Welchen Datentyp verwenden Sie?

▶ **W3:** Welche Ausgabe liefert der folgende Code?

```
double x=2, y=0;
System.out.println(x/y);
```

▶ **W4:** Welche Ausgabe liefert der folgende Code?

```
int x, y, z;
x=3;
y=x+z;
z=5;
System.out.println("x=" + x + " y=" + y + " z=" + z);
```

▶ **W5:** Welche Ausgabe liefert der folgende Code?

```
short  s=3;
int    i=4;
s = s + i;
System.out.println(s);
```

▶ **W6:** Speichern Sie die hexadezimale Zahl AA00 und die binäre Zahl 10101111 in zwei int-Variablen.

▶ **W7:** Definieren Sie die eulersche Zahl e = 2,71828182845904 als Java-Konstante.

▶ **W8:** Entwickeln Sie ein Programm, das eine ganze Zahl einliest und das Quadrat dieser Zahl ausgibt.

Kapitel 3

Operatoren

Im Ausdruck a = b + c gelten die Zeichen = und + als Operatoren. Dieses Kapitel stellt Ihnen alle Java-Operatoren vor – von den simplen Operatoren für die Grundrechenarten bis hin zu etwas diffizileren Operatoren zur Bitarithmetik.

3.1 Überblick

Java kennt Operatoren zur Zuweisung von Variablen, zum Vergleich von Werten, zur Berechnung mathematischer Ausdrücke etc. (siehe Tabelle 3.1). Neu in Java 8 sind die Zeichenkombinationen -> zur Formulierung von Lambda-Ausdrücken sowie :: für Referenzen auf Methoden. Diese Operatoren stelle ich Ihnen in Kapitel 13, »Lambda-Ausdrücke«, näher vor.

Priorität	Operator	Bedeutung
1 →	()	Methodenaufruf
	[]	Zugriff auf Felder (Arrays)
	.	Zugriff auf Objekte, Methoden etc.
2 →	++ --	Inkrement/Dekrement (Postfix, z. B. a++)
3 ←	++ --	Inkrement/Dekrement (Präfix, z. B. --b)
	+ -	Vorzeichen
	! ~	logisches Nicht, binäres Nicht (*NOT*)
	(typ)	explizite Typumwandlung (Casting)
	new	Objekte erzeugen

Tabelle 3.1 Java-Operatoren

Priorität	Operator	Bedeutung
4 →	`* / %`	Multiplikation, Division, Restwert
5 →	`+ -`	Addition, Subtraktion
	`+`	Verbindung von Zeichenketten
6 →	`<< >>`	Bits nach links/rechts schieben
	`>>>`	Bits ohne Vorzeichen nach rechts schieben
7 →	`> >=`	Vergleich größer bzw. größer-gleich
	`< <=`	Vergleich kleiner bzw. kleiner-gleich
	`instanceof`	Typenvergleich
8 →	`== !=`	Vergleich gleich bzw. ungleich
9 →	`&`	bitweises/logisches Und (AND)
10 →	`^`	bitweises/logisches Exklusiv-Oder (XOR)
11 →	`|`	bitweises/logisches Oder (OR)
12 →	`&&`	logisches Und (*Short-circuit Evaluation*)
13 →	`||`	logisches Oder (*Short-circuit Evaluation*)
14 ←	`a ? b : c`	Auswahloperator (*Ternary Operator*)
15 ←	`=`	Zuweisung
	`+= -=`	Grundrechenarten und Zuweisung
	`*= /= %=`	Grundrechenarten und Zuweisung
	`<<= >>= >>>=`	Bit-Shift und Zuweisung
	`&= |= ^=`	Bit-Operationen und Zuweisung

Tabelle 3.1 Java-Operatoren (Forts.)

Die erste Spalte der Operatorentabelle gibt die Priorität und Assoziativität an:

▶ Die **Priorität** bestimmt, in welcher Reihenfolge ein Ausdruck verarbeitet wird. Beispielsweise wird beim Ausdruck a * b + c zuerst das Produkt aus a mal b berechnet und erst dann c addiert. Die Operatoren * und / haben also eine höhere Priorität als + und -.

▶ Die **Assoziativität** gibt an, ob gleichwertige Operatoren von links nach rechts oder von rechts nach links verarbeitet werden sollen. Beispielsweise ist - (Minus) ein linksassoziativer Operator. Die Auswertung erfolgt von links nach rechts. 17 - 5 - 3 wird also in der Form (17 - 5) - 3 verarbeitet und ergibt 9. Falsch wäre 17 - (5 - 3) = 15!

Der Zuweisungsoperator = ist dagegen rechtsassoziativ. Beim Ausdruck a = b = 3 wird zuerst b=3 ausgeführt. Das Ergebnis dieser Zuweisung (also 3) wird dann auch a zugewiesen, so dass schließlich die Variablen a und b beide den Wert 3 enthalten.

In den weiteren Abschnitten dieses Kapitels folgen Detailinformationen zu einzelnen Operatoren. Beachten Sie, dass Java keine Möglichkeit bietet, Operatoren neu zu definieren. Einige andere Programmiersprachen kennen dieses Konzept unter dem Namen *Operator Overloading*.

> **Tipp**
>
> Verwenden Sie im Zweifelsfall Klammern, um die Reihenfolge festzulegen. Das macht Ihren Code klarer und für andere Programmierer lesbarer!

3.2   Details und Sonderfälle

Natürlich müssen Sie die Operator-Tabelle aus dem vorigen Abschnitt nicht auswendig können – zumal sie Operatoren enthält, deren richtige Anwendung Sie erst nach dem Studium der weiteren Kapitel so richtig verstehen werden. Vielmehr soll diese Tabelle auch für die Zukunft als zentrale Referenz dienen. Die folgenden Abschnitte erläutern den Einsatz einiger Operatoren und weisen auf Sonderfälle hin.

Zuweisungen

Mit dem Zuweisungsoperator = speichern Sie elementare Daten bzw. Referenzen auf Objekte in Variablen. Die Zuweisung kann wahlweise direkt bei der Deklaration der Variablen oder später erfolgen.

```
int a = 3;
java.awt.Point p;
p = new java.awt.Point(2, 5);
```

Java unterstützt Mehrfachzuweisungen:

```
a = b = 3;     // weist a und b den Wert 3 zu
a = b = c = d; // weist a, b und c den Inhalt von d zu
```

Es ist auch möglich, eine Zuweisung mit einem Vergleich zu kombinieren. Die Zuweisung muss dabei in Klammern gestellt werden! Im folgenden Code wird eine Datei zeilenweise mit der Methode ReadLine ausgelesen. Die gerade aktuelle Zeile wird in der Variablen line gespeichert. Wenn das Ende der Datei erreicht ist, liefert ReadLine den Zustand null und die Schleife wird abgebrochen.

```
String line;
while((line = breader.ReadLine()) != null) {
  ...  // Textzeile in line verarbeiten
}
```

Mathematische Operatoren

Die Anwendung der Operatoren +, -, * und / für die Grundrechenarten bedarf keiner weiteren Erklärung. Beachten Sie, dass Java automatisch Integer-Berechnungen durchführt, wenn alle Operanden ganze Zahlen sind, so dass z. B. der Term 5/3 den Wert 1 ergibt. Wenn die Berechnung mit Fließkommaarithmetik durchgeführt werden soll, müssen Sie entweder eine Typumwandlung durchführen (z. B. (double)i) oder Zahlen explizit als Fließkommazahlen angeben (z. B. 2.0 statt 2).

Der Restwertoperator % berechnet den Rest einer Division mit einem ganzzahligen Ergebnis. Der Operator kann auch für Fließkommaberechnungen verwendet werden. Im zweiten Beispiel ergibt die Division von 22.3 / 3.5 das Ergebnis 6. Der Rest wird mit 22.3 - 6 * 3.5 errechnet.

```
int i = 22;
System.out.println(i % 5);    // liefert 2
double d = 22.3;
System.out.println(d % 3.5);  // liefert 1.30000
```

Hinweis

Bei negativen Argumenten gibt es verschiedene Möglichkeiten, den Rest einer Division auszurechnen. Bei Java, C, C# und vielen anderen Programmiersprachen stimmt das Vorzeichen des Ergebnisses immer mit dem des Dividenden überein. -7 % 3 liefert somit -1. Das entspricht aber *nicht* der euklidschen Modulo-Operation! Weitere Details zu diesem Thema können Sie in der Wikipedia nachlesen:

http://en.wikipedia.org/wiki/Modulo_operation

Die Grundrechenarten können mit einer Zuweisung kombiniert werden, was bei langen Variablennamen den Tipp- und Platzaufwand minimiert:

```
a+=1;  // entspricht a = a + 1;
a-=2;  // entspricht a = a - 2;
a*=3;  // entspricht a = a * 3;
a/=2;  // entspricht a = a / 2;
a%=2;  // entspricht a = a % 2;
```

Java kennt keinen Operator zum Potenzieren. a^b müssen Sie unter Zuhilfenahme der Methode Math.pow berechnen:

```
double d = Math.pow(2, 3);    // ergibt 8.0
```

In der Math-Klasse sind unzählige weitere mathematische Funktionen wie sqrt, sin, cos sowie die Konstante PI enthalten.

Inkrement und Dekrement

Wie C kennt Java die Inkrement- und Dekrement-Operatoren ++ und --:

```
a++;  // entspricht a = a + 1;
a--;  // entspricht a = a - 1;
```

Diese Operatoren können wahlweise nach oder vor dem Variablennamen angegeben werden (Postfix- bzw. Präfix-Notation). Im ersten Fall liefert der Ausdruck den Wert vor der Veränderung, im zweiten Fall den Wert nach der Veränderung. Das gilt gleichermaßen für Zuweisungen sowie für Berechnungen.

```
int n = 7;
int a = n++;  // a = 7, n = 8
int b = ++n;  // b = 9, n = 9
```

Vergleiche

Zwei Zahlen können Sie mit ==, !=, <, <=, > und >= vergleichen (gleich, ungleich, kleiner, kleiner-gleich, größer, größer-gleich). Derartige Vergleiche benötigen wir in Kapitel 4, »Verzweigungen und Schleifen«. Vorweg ein Beispiel:

```
int a=3, b=5;
if(a == b) {
  System.out.println("a und b sind gleich groß.");
} else {
  System.out.println("a und b sind unterschiedlich.");
}
```

Bei Objektvariablen testet ==, ob beide Variablen auf das gleiche Objekt verweisen. != liefert true, wenn die Variablen auf unterschiedliche Objekte zeigen. Der Inhalt der Objekte wird in beiden Fällen nicht berücksichtigt. Details zum Umgang mit Klassen und Objekten folgen in Kapitel 10.

Die Operatoren <, <=, > und >= stehen für allgemeine Objekte nicht zur Verfügung. Wenn eine Klasse die Schnittstelle Comparable implementiert, können Sie mit a.compareTo(b) feststellen, welches Objekt *kleiner* bzw. *größer* ist. Was eine Schnittstelle ist und wie Sie selbst Comparable implementieren können, lernen Sie in Kapitel 11, »Vererbung und Schnittstellen«.

```
if(a.compareTo(b)==0) { ... }  // wenn a und b gleich
                               // groß sind
if(a.compareTo(b)<0)  { ... }  // wenn a kleiner b gilt
if(a.compareTo(b)>0)  { ... }  // wenn a größer b gilt
```

Vorsicht

Zeichenketten werden wie Objekte behandelt. Um zu testen, ob zwei Zeichenketten übereinstimmen, müssen Sie s1.equals(s2) ausführen. Vermeiden Sie unbedingt s1 == s2! Dieser Vergleich ist syntaktisch erlaubt, aber fast immer falsch. Der Inhalt der Zeichenketten wird dabei nicht berücksichtigt. Es ist durchaus möglich, dass zwei Zeichenketten (String-Objekte) dieselben Zeichen enthalten, sich aber an unterschiedlichen Orten im Speicher befinden.

```
String s1 = "abc";
String s2 = "abc".toUpperCase();
System.out.println(s2 == "ABC");       // liefert false
System.out.println(s2.equals("ABC"));  // liefert true
```

Boolesche Ausdrücke (verknüpfte Bedingungen)

Wenn Sie Bedingungen für Schleifen oder Abfragen formulieren, wollen Sie oft mehrere Ausdrücke miteinander verknüpfen. Beispielsweise soll eine bestimmte Reaktion Ihres Programms nur erfolgen, wenn a größer als drei *und* b größer als fünf ist:

```
if(a>3 && b>5) { ... }
```

Operator	Bedeutung
!	logisches Nicht, binäres Nicht (NOT)
&	logisches Und (AND)
|	logisches Oder (OR)
^	logisches Exklusiv-Oder (XOR)
&&	logisches Und (*Short-circuit Evaluation*)
||	logisches Oder (*Short-circuit Evaluation*)

Tabelle 3.2 Verknüpfung von Bedingungen

Java sieht für die Verknüpfung mehrerer Bedinungen eine ganze Palette boolescher Operatoren vor (siehe Tabelle 3.2). Sollten Sie noch nie mit logischen Operatoren zu tun gehabt haben, hier eine kurze Erklärung:

▸ **Logisches Nicht:** Entspricht einer Inversion. Aus true wird false und umgekehrt.

▸ **Logisches Und:** Bei a & b muss sowohl a als auch b den Wert true haben, damit das Ergebnis true lautet.

▸ **Logisches Oder:** Bei a | b reicht es aus, wenn a oder b, also zumindest ein Ausdruck, den Wert true hat, damit das Ergebnis true lautet.

▸ **Logisches Exklusiv-Oder:** Für a ^ b gilt ein strenges Entweder-Oder: Damit das Ergebnis true lautet, muss *genau ein* Ausdruck true und der andere false sein.

Besonders interessant sind die Und- bzw. Oder-Varianten && und ||, die eine sogenannte *Short-circuit Evaluation* unterstützen: Dabei wird die Auswertung abgebrochen, sobald das Ergebnis feststeht:

▸ Bei && endet die Auswertung beim ersten false-Teilergebnis. Das Gesamtergebnis ist dann zwingend false.

▸ Bei || endet die Auswertung beim ersten true-Teilergebnis. In diesem Fall ist das Gesamtergebnis zwingend true.

Beispielsweise spielt der Inhalt von b im folgenden Beispiel überhaupt keine Rolle. Da a nicht zutrifft, wird b gar nicht mehr ausgewertet.

```
boolean a = false;
boolean b = true;
if(a && b) { ... }
```

Wenn a und b nicht einfach boolesche Variablen sind, sondern wenn an dieser Stelle komplexe Ausdrücke oder zeitaufwendige Methodenaufrufe stehen, dann spart die *Short-circuit Evaluation* Rechenzeit. Gleichzeitig vermeidet sie auch die Auswertung von Teilausdrücken, die Fehler verursachen können. Im folgenden Beispiel wird die Division a/b nur durchgeführt, wenn b ungleich null ist:

```
int a=3, b=5;
if(b!=0 && a/b > 3) { ... }
```

Rechnen mit Bits

Die logischen Operatoren &, |, ^ und ~ (AND, OR, XOR und NOT) können nicht nur für boolesche Ausdrücke verwendet werden, sondern auch für ganze Zahlen. In diesem Fall gilt ihre Wirkung jeweils bitweise. Wenn a und b zwei ganze Zahlen sind, dann wendet Java in a & b die Und-Logik für alle Bits von a und b an.

```
int a = 0b11100;               // 28 = 0b11100
int b = 0b01111;               // 15 = 0b01111
System.out.println(a & b);  // 12 = 0b01100
```

>> verschiebt die Bits eine Zahl um n Bits nach links (entspricht einer Division durch 2^n), << verschiebt entsprechend nach rechts (entspricht einer Multiplikation mit 2^n). >>> funktioniert wie >>, betrachtet die Zahl aber, als wäre sie vorzeichenlos.

```
int a=16;
int b=a << 2;  // entspricht b=a*4, Ergebnis b=64
int c=a >> 1;  // entspricht c=a/2, Ergebnis 8
```

Sonstige Operatoren

Beim Ausdruck a ? b : c testet Java, ob a zutrifft (true ergibt). Ist das der Fall, lautet das Ergebnis b, sonst c. Im Detail stelle ich Ihnen diesen Operator in Kapitel 4, »Verzeigungen und Schleifen«, vor.

```
int x=1, y=2, result;
result = (x<y) ? x : y;    // result enthält jetzt die
                           // kleinere der beiden Zahlen
```

Mit new erzeugen Sie neue Instanzen (Objekte) einer Klasse. instanceof ermöglicht einen Test, ob das Objekt eine Instanz der angegebenen Klasse oder Superklasse ist. Wenn javac feststellt, dass die Objektvariable sicher kein Objekt der angegebenen Klasse enthält, kann der Code nicht kompiliert werden. Mehr Details zu new und instanceof folgen in Kapitel 10, »Klassen«.

3.3 Wiederholungsfragen

▶ **W1:** Sie wollen den Rest der Division 225 / 17 ermitteln. Wie gehen Sie vor?

▶ **W2:** Welchen Wert haben a, b, c und d?

```
int a=7, b=12, c=20;
int d=a---b---c;
```

▶ **W3:** Was ist die *Short-circuit Evaluation*? Nennen Sie ein Beispiel!

Kapitel 4

Verzweigungen und Schleifen

Sie sind der Meinung, das Buch war bisher recht trocken und theoretisch? Das ist nun wirklich kein Kompliment für mich – aber im Prinzip gebe ich Ihnen recht. Bevor wir in diesem Kapitel *richtig* loslegen können, brauchten wir ein solides Fundament. Grundlagen sind nun mal selten spannend.

Aber keine Sorge, mit der Theorie ist es nun vorerst vorbei. In diesem Kapitel geht es erstmals um Sprachelemente, mit denen man ganz konkret programmieren und viele Aufgaben lösen kann:

► **Verzweigungen** ermöglichen es, abhängig von Bedingungen unterschiedliche Code-Teile auszuführen. Verzweigungen werden am häufigsten mit `if` formuliert. Alternativen sind `switch`-Konstruktionen und der im vorigen Kapitel kurz erwähnte Operator `ausdruck ? a : b`.

► **Schleifen** führen Code mehrfach aus, z. B. solange eine Bedingung erfüllt ist. In Java werden Schleifen oft mit `for` gebildet. Daneben stehen `while` und `do-while` zur Auswahl.

Mit Verzweigungen und Schleifen bis zum Mond

Eine letzte Anmerkung: Als die Software für das Apollo-Projekt entwickelt wurde, die die ersten Menschen auf den Mond brachte, gab es die Konzepte des objektorientierten Programmierens noch gar nicht. Verzweigungen und Schleifen waren in den 1960er-Jahren schon bekannt. Diese Sprachkonstrukte reichten aus, um die Menschheit bis zum Mond und wieder zurück zu bringen. Überspitzt formuliert heißt das: Alle weiteren in diesem Buch präsentierten Konzepte und Programmiertechniken sind zweifellos auch wichtig, aber letztlich Beiwerk!

http://en.wikipedia.org/wiki/Apollo_Guidance_Computer

4.1 »if«-Verzweigungen

Im einfachsten Fall sieht eine if-Verzweigung so aus:

```java
if(a>5)
  System.out.println("a ist größer als 5.");
```

Mit booleschen Operatoren können Sie auch wesentlich komplexere Bedingungen formulieren. Wenn beim Zutreffen der Bedingung mehr als ein Kommando ausgeführt werden soll, müssen die Kommandos in geschwungene Klammern gestellt werden. else leitet einen zweiten Codeblock ein, der ausgeführt wird, wenn die Bedingung nicht erfüllt war.

```java
if(a>5 && b<7) {
  ...
}
else {
  ...
}
```

Im Gegensatz zu einigen anderen Programmiersprachen kennt Java kein eigenes elseif-Schlüsselwort. Vielmehr werden mehrstufige Verzweigungen durch eine Kombination von else und if gebildet (d. h., das zweite if bildet den ersten else-Block).

```java
if(a<3) {
  ...
}
else if(a<7) {
  ...
}
else { // also wenn a>=7 gilt
  ...
}
```

Alle Java-Kontrollstrukturen, also if, switch, for, do etc., können verschachtelt werden. Bei mehreren verschachtelten if-Konstruktionen bezieht sich else immer auf das letzte, innerste if!

```
if(a<3)
  if(b>5)
    if(c<3) {
      ...
    }
    else {  // also wenn c>=3 gilt
      ...
    }
```

Wenn Sie eine andere Logik wünschen, müssen Sie die if-Struktur durch geschwungene Klammern exakt definieren:

```
if(a<3) {
  if(b>5)
    if(c<3) {
      ... }
} else {  // also für a>=3
  ... }
```

In diesem Zusammenhang lesenswert ist der Artikel *Dangling else* in der Wikipedia:

http://de.wikipedia.org/wiki/Dangling_else

Lieber ein Klammernpaar zu viel als eines zu wenig!

Wenn Sie die Listings auf den vorigen beiden Seiten exakt studiert haben, ist es Ihnen aufgefallen: Es ist zwar üblich, den nach if(bedingung) folgenden Code in geschwungene Klammern zu stellen, es ist aber nicht zwingend erforderlich.

Wenn Sie auf die Klammern { und } verzichten, hat das eine ganz simple Konsequenz: Nur die unmittelbar folgende Anweisung, die nach if(...) beginnt und die mit dem nächsten Strichpunkt endet, ist von der if-Bedingung abhängig. Der weitere Code wird *immer* ausgeführt, egal ob die if-Bedinung erfüllt war oder nicht.

Oft ist es so, dass anfänglich tatsächlich nur eine einzige Anweisung von if abhängig ist und insofern wirklich auf die Klammern verzichtet werden kann. Im folgenden Beispiel soll b der Wert 5 zugewiesen werden, wenn a den Wert 3 enthält:

```
if(a==3)
    b=5;
```

So weit, so einfach. Aber dann kommt eine zweite Anweisung hinzu, und die Gefahr ist groß, nun die Klammern zu übersehen. Der Code im folgenden Beispiel ist absichtlich falsch eingerückt, um den Denkfehler zu illustrieren:

```
if(a==3)
    System.out.println("a ist 3.");
    b=5;
```

Was passiert, wenn der obige Code ausgeführt wird? Ganz egal, ob a nun 3 enthält oder nicht – b wird auf jeden Fall auf 5 gesetzt! Von der if-Bedingung ist nur die nächste Anweisung abhängig, hier also der println-Aufruf. Richtig eingerückt, sieht der Code so aus:

```
if(a==3)
    System.out.println("a ist 3.");
b=5;
```

Beabsichtigt war aber vielmehr dieser Code, nun mit den korrekt platzierten geschwungenen Klammern:

```
if(a==3) {
    System.out.println("a ist 3.");
    b=5;
}
```

Nichtsdestotrotz werden Sie in diesem Buch viele Listings sehen, in denen if- oder for-Konstruktionen mit nur einer Anweisung ohne geschwungene Klammern formuliert sind. Der Grund: Die Code ist dann einfach besser lesbar.

Klare Logik durch richtiges Einrücken

Code-Einrückungen wie in diesem Buch sind optional. Java versteht Ihren Code auch, wenn Sie nichts einrücken – die Frage ist nur, ob Sie ihn selbst verstehen. Brutal formuliert: Solange Sie den Code nicht korrekt einrücken können, verstehen Sie ihn auch nicht (vollständig).

Solange Sie konsequent für jedes Java-Sprachkonstrukt geschwungene Klammern verwenden (was ich Ihnen sehr empfehle!), ist die Einrücklogik eigentlich denkbar einfach: Mit jeder geöffneten {-Klammer rücken Sie um eine Ebene weiter ein – in diesem Buch jeweils um ein Vielfaches von zwei Zeichen, bei vielen Editoren aber um vier oder acht Zeichen.

Eingerückt werden soll aber natürlich auch die jeweils erste Anweisung nach if, for etc., die *ohne* geschwungene Klammern formuliert wird. Und da if, for & Co. beliebig verschachtelt werden dürfen und Java-Anweisungen durchaus über mehrere Zeilen reichen dürfen, ergibt sich eine gewisse Komplexität.

Einrücken in Eclipse

Eclipse rückt Ihren Code automatisch korrekt ein. Bei größeren Code-Umbauten kann die Struktur allerdings verloren gehen. In solchen Fällen bringen Sie Ihren Code mit `Strg`+`A` und `Strg`+`I` wieder in Ordnung. Das erste Tastenkürzel markiert den ganzen Code, das zweite rückt ihn korrekt ein. Geübte Programmierer sehen dann auf Anhieb, wo die vom Compiler proklamierte Klammer zu viel ist bzw. fehlt.

Die Einrücktiefe, also die Anzahl der Leerzeichen pro Einrückebene, können Sie im Eclipse-Einstellungsdialog einstellen. Suchen Sie einfach nach *identation*.

Beispiel: Schaltjahrtest

Stellen Sie sich vor, Sie sollen ein Programm entwickeln, das ermittelt, ob ein Jahr ein Schaltjahr ist oder nicht. In der Wikipedia sind die für den Test anzuwendenden Regeln detailliert beschrieben. Die Kurzfassung:

▶ Durch vier ohne Rest teilbare Jahre sind normalerweise Schaltjahre.

▶ Durch 100 ohne Rest teilbare Jahre sind *keine* Schaltjahre.

▶ Durch 400 ohne Rest teilbare Jahre sind *doch* Schaltjahre.

http://de.wikipedia.org/wiki/Schaltjahr

In unserem Java-Programm befindet sich die Jahreszahl in der Variablen jahr. Nun geht es darum, aus den obigen deutschen Sätzen für Java verständliche if-Anweisungen zu machen. Es gibt viele Lösungen zu diesem Problem, aber am einfachsten ist es, die Reihenfolge der Regeln einfach auf den Kopf zu stellen und mit der wirksamsten Regel zu beginnen. Die resultierende Lösung sieht dann so aus:

```
// Projekt kap04-schaltjahr
int jahr = 2014; // ist dieses Jahr ein Schaltjahr?
boolean schaltjahr;

if(jahr % 400 == 0) {
  schaltjahr=true;
}
else if(jahr % 100 == 0) {
  schaltjahr=false;
}
else if(jahr % 4 == 0) {
  schaltjahr=true;
}
else {
  schaltjahr=false;
}

if(schaltjahr==true)
  System.out.println(jahr + " ist ein Schaltjahr.");
else
  System.out.println(jahr + " ist kein Schaltjahr.");
```

Im Code werden also zuerst zwei Variablen definiert, eine int-Variable für die Jahreszahl und eine boolean-Variable für das Ergebnis. Der Test, ob eine Jahreszahl ohne Rest teilbar ist, erfolgt mit dem Restwertoperator %. Die acht geschwungenen Klammern in der `if-else`-Konstruktion sind alle optional, d. h., der Code würde auch ohne sie funktionieren.

Bei der Ergebnisauswertung habe ich auf die geschwungenen Klammern verzichtet. Statt `if(schaltjahr==true)` hätte noch einfacher `if(schaltjahr)` funktioniert. `if` wertet dann einfach den Inhalt der Variablen `schaltjahr` aus.

4.2 »if«-Kurzschreibweise (ternärer Operator)

Oft werden `if`-Konstruktionen nur benötigt, um in Abhängigkeit von einer Bedingung mal den einen und mal den anderen Ausdruck zu berechnen. Für solche Fälle sieht Java eine Kurzschreibweise mit dem sogenannten *ternären Operator* vor. Dessen Syntax lautet `bedingung ? ausdruck1 : ausdruck2`. Wenn die Bedingung `true` ergibt, wird der erste Ausdruck ausgewertet, sonst der zweite:

```
// Schreibweise mit if
double a=2, b;
if(a<5)
  b=2*a;
else
  b=1.5*a;

// Kurzform (die Klammern sind optional)
b = (a<5) ? 2*a : 1.5*a;
```

Das zweite Beispiel zeigt die Auswertung einer Variablen mit der Nummer des Wochentags, wobei die Zahlen 1 bis 7 den Tagen Sonntag bis Samstag entsprechen. `println` soll ausgeben, ob es sich um einen Arbeitstag handelt oder ob Wochenende ist:

```
int tag = 3;        // 1=Sonntag, 2=Montag etc.
System.out.println(
  (tag==1 || tag == 7) ? "Wochenende" : "Arbeit");
```

4.3   »switch«-Verzweigungen

Zur Formulierung von Fallunterscheidungen bietet Java als Alternative zu
verschachtelten if-else-Konstruktionen die switch-Konstruktion an. Dabei
wird an switch ein Ausdruck übergeben – eine Zahl, ein boolescher Wert,
ein enum-Objekt oder eine Zeichenkette.

In der Folge wird der Code aller case-Blöcke ab der ersten zutreffenden
Konstante ausgeführt. break beendet die gesamte switch-Konstruktion.
Der optionale default-Block ist für den Fall vorgesehen, dass keine case-
Konstante zutrifft. Für die Anweisungen nach case bzw. default sind keine
geschwungenen Klammern erforderlich. Die folgenden Zeilen verdeutli-
chen die Syntax:

```
// switch-Syntax
switch (ausdruck) {
    case konstante1:
        anweisung1a;
        anweisung1b;
        break;
    case konstante2:
        anweisung2a;
        anweisung2b;
        break;
    default:
        anweisung3a;
        anweisung3b;
}
```

Vergessen Sie »break« nicht!

Ohne break werden *alle* Anweisungen ab dem ersten zutreffenden case-
Ausdruck bis zum Ende der switch-Konstruktion ausgeführt. Würden
im obigen Listing die break-Ausdrücke fehlen und würde ausdruck1 ==
konstante1 gelten, würde Java die Anweisungen 1a, 1b, 2a, 2b, 3a und 3b
ausführen. Das ist in den seltensten Fällen beabsichtigt. Vergessen Sie
also nicht, am Ende jedes case-Blocks break anzugeben!

Java bietet keine Möglichkeit, mehrere Konstanten oder Konstantenbereiche in einer case-Anweisung anzugeben. Sie können aber mehrere case-Anweisungen hintereinanderstellen. Die nachfolgenden Anweisungen bis zum nächsten break gelten dann für alle zuvor aufgezählten Konstanten.

Beispiel: Tage pro Monat

Das folgende Beispiel geht davon aus, dass die String-Variable monat den deutschsprachigen Namen eines Monats enthält. Dass wir Zeichenketten noch gar nicht richtig kennengelernt haben, stört nicht weiter. Das Ziel des Programms ist es, zu ermitteln, wie viele Tage der Monat hat.

```
// Projekt kap04-tage-pro-monat
String monat="März";
int tage=0;
switch(monat) {
  case "Januar": case "März":    case "Mai":
  case "Juli":   case "August":  case "Oktober":
  case "Dezember":
    tage = 31;
    break;
  case "April":    case "Juni":
  case "September": case "November":
    tage = 30;
    break;
  case "Februar":
    tage = 28; // oder 29, wenn Schaltjahr
    break;
  default:
    System.out.println("Ungültiger Monatsname!");
    tage = 0;
}
if(tage!=0) {
  System.out.println("Der " + monat +
                " hat " + tage + " Tage.");
}
```

Das Programm beginnt mit der Deklaration von zwei Variablen. Die Auswertung des Monatsnamens durch `switch` und `case` sollte auf Anhieb plausibel sein. Der Code im `default`-Block wird z. B. dann ausgeführt, wenn der Monatsname einen Tippfehler enthält.

4.4 »for«-Schleifen

Die *klassische* for-Schleife folgt unter Java der seit Jahrzehnten von der Programmiersprache C vertrauten Syntax:

```
for(initialisierung; bedingung; inkrement) {
  // Schleifenkörper
  kommando1;
  kommando2;
  ...
}
```

Die Ausführung der Schleife erfolgt in den folgenden Schritten:

▶ Am Beginn der Schleife wird die Initialisierung durchgeführt. An dieser Stelle können mehrere, durch Kommas getrennte Kommandos angegeben werden.

▶ Anschließend wird getestet, ob die Bedingung erfüllt ist. Wenn dies der Fall ist, werden die Kommandos des Schleifenkörpers ausgeführt. Andernfalls wird die Schleife abgebrochen. (Bei einer for-Schleife kann es also vorkommen, dass das Innere der Schleife nie erreicht wird.)

▶ Nach dem Schleifenkörper wird das Inkrement-Kommando ausgeführt. Normalerweise wird hier die Schleifenvariable vergrößert (i++) bzw. bei rückwärts formulierten Scheifen entsprechend verkleinert. Auch hier besteht die Möglichkeit, mehrere Kommandos durch Kommas zu trennen. Dann geht es weiter beim zweiten Punkt dieser Liste, also mit dem Test der Bedingung.

Ein einfaches Beispiel für eine Schleife sieht so aus:

```
int i;
for(i=0; i<10; i++)
  System.out.println(i);

// Ausgabe: 0, 1, 2 ... 9
```

Die obige Schleife gibt die Werte 0 bis 9 aus, aber nicht mehr 10! Die Bedingung lautet ja i<10. Daher wird die Schleife abgebrochen, sobald i 10 erreicht. Das obige Beispiel verzichtet auf die geschwungenen Klammern. Das ist hier zulässig, weil der Schleifenkörper nur aus einer einzigen Anweisung besteht. Wie schon bei if lautet meine Empfehlung aber: Gewöhnen Sie es sich an, *immer* geschwungene Klammern zu setzen!

Die folgende Schleife ist ebenfalls syntaktisch korrekt. Hier werden während der Initialisierung x und y initialisiert. Mit jedem Schleifendurchgang wird x um 10 und y um 20 vergrößert – und das so lange, bis die Summe der beiden Variablen erstmals größer oder gleich 1000 ist.

```
int x, y, summe=0;
for(x=100, y=200; x+y<1000; x+=10, y+=20) {
  summe += berechneEtwas(x, y);
  summe += berechneNochEtwas(x, y);
}
```

Die Ausdrücke für die Initialisierung, die Bedingung und das Inkrement sind optional. for(;;) ist somit erlaubt und liefert eine Endlosschleife, sofern sie nicht mit break beendet wird.

Achtung, Falle!

Auf for(...) folgt das Kommando, das in der Schleife ausgeführt werden soll. Mehrere Kommandos müssen mit { und } zu einem Block zusammengefasst werden. Passen Sie aber auf, dass Sie nach for(...) keinen Strichpunkt angeben! Java interpretiert den Strichpunkt als leeres Kommando, das gemäß der Schleife ausgeführt wird.

Die Ausgabe der folgenden Programmzeilen lautet daher einfach 10. Die Zahlen 0 bis 9 werden *nicht* ausgegeben. Der Grund: Zuerst wird die

Schleife für i=0 bis i=9 verarbeitet. Als Schleifenkörper gilt der Strichpunkt nach dem for – also ein leeres Kommando. Zuletzt wird i++ ausgeführt. i hat dann den Wert 10, die for-Schleife wird wegen der Bedingung i<10 abgebrochen. Erst jetzt wird erst- und einmalig println ausgeführt!

```
// Vorsicht, Falle!
int i;
for(i=0; i<10; i++); {
  System.out.println(i);
}
// Ausgabe: nur 10!
```

Variablendeklaration innerhalb der Schleife

Die in der Schleife vorkommenden Variablen müssen vorher wie alle anderen Variablen deklariert werden. Alternativ erlaubt Java aber auch die Deklaration direkt im Initialisierungsausdruck. In diesem Fall müssen alle Variablen mit demselben Typ deklariert werden:

```
for(int i=3, j=2; i+j<10; i++) {
  ...
}
```

Beachten Sie, dass die beiden folgenden Codes *nicht* gleichwertig sind:

```
int i;                      // Deklaration in for
for(i=0; i<10; i++) {       for(int i=0; i<10; i++) {
  machEtwas(i);               machEtwas(i);
}                           }
```

Zwar werden beide Schleifen korrekt und gleich verarbeitet. Allerdings steht beim linken Code-Beispiel die Variable i nach der Schleife weiterhin zur Verfügung. Sie hat jetzt den Wert 10. Beim rechten Beispiel können Sie i hingegen nur innerhalb der Schleife verwenden. Hinter der Klammer }, die den Schleifenkörper beendet, ist i nicht mehr zugänglich!

Tipp: Endlosschleifen abbrechen

Java-Einsteigern passiert es immer wieder, dass sie versehentlich eine Endlosschleife programmieren. (Profis passiert das auch, nur seltener.) Das einmal gestartete Java-Programm läuft und läuft und läuft …

Wenn Sie das Java-Programm in einem Eingabeaufforderungsfenster bzw. in einem Terminal ausführen, drücken Sie einfach [Strg]+[C], um das Java-Programm zu stoppen. In Eclipse beenden Sie das Java-Programm mit dem roten, quadratischen TERMINATE-Button des CONSOLE-Teilfensters, das standardmäßig im rechten unteren Viertel des Eclipse-Fensters sichtbar ist.

Mehr Hilfsmittel, um hängen gebliebene Java-Programme zu finden und zu stoppen, bietet die DEBUG-Perspektive. Dorthin gelangen Sie mit WINDOWS • OPEN PERSPECTIVE. Der Umgang mit den nun sichtbaren Werkzeugen ist allerdings nicht ganz einfach.

Beispiele

Die for-Schleife zählt zu den elementarsten und wichtigsten Sprachelementen von Java. Ihre Syntax muss Ihnen vollkommen vertraut werden. Sie müssen wissen, welcher der drei Parameter welche Bedeutung hat und ob Sie die Bedingung mit < oder > formulieren. Ich habe hier noch zwei Beispiele zusammengetragen, jeweils mit kurzer Erklärung. Die folgende Schleife zählt von 100 rückwärts bis nach 0, und das in Zehnerschritten:

```
for(int i=100; i>=0; i-=10) {
  System.out.println(i);
}  // Ausgabe: 100, 90, 80 .. 0
```

Wissen Sie, wie groß die Summe aller Zahlen von 1 bis 1000 ist, also 1 + 2 + 3 + … + 1000? Es gibt dafür eine schöne Formel (suchen Sie in der Wikipedia nach der *gaußschen Summenformel*), aber wenn Sie die Formel nicht auswendig kennen, können Sie ja Java rechnen lassen, oder? Beachten Sie, dass Sie die Variable summe vor der Schleife deklarieren und initialisieren müssen. summe+=i ist die Kurzschreibweise für summe = summe + i. Das Ergebnis wird erst nach dem Ende der Schleife mit println ausgegeben – wir wollen ja nicht alle Zwischenergebnisse sehen!

```java
int summe=0;
for(int i=1; i<=1000; i++) {
  summe+=i;
}
System.out.println(summe);  // 500500
```

»for«-Schleifen für Fließkommazahlen

Prinzipiell darf die for-Schleifenvariable auch vom Datentyp double sein:

```java
// Schleife von 0 bis 10
for(double x=0; x<=10; x++) {
  System.out.println(x);
}  // Ausgabe: 0.0, 1.0 ... 10.0
```

Allerdings sind Fließkomma-Schleifenvariablen äußerst problematisch. Ich habe bereits darauf hingewiesen, dass bei jeder Berechnung mit Fließkommazahlen winzige Rundungsfehler auftreten. Anders als bei einer for-Schleife ist es nicht im Vorhinein klar, welchen Endwert die Schleife erreichen wird.

Die folgende Schleife soll von 0 bis 2 zählen und die Schleifenvariable mit jedem Durchgang um 0,1 erhöhen. Es wäre also zu erwarten, dass die Schleife die Werte 0, 0,1, 0,2 bis hin zu 2,0 ausgibt. Das ist aber nicht der Fall. Die Schleife endet schon bei 1,9.

```java
// Schleife von 0 bis 2 in 0.1-Schritten
for(double x=0; x<=2 ;x+=0.1) {
  System.out.println(x);
}
// Ausgabe: 0.0, 0.1, 0.2, 0.30000000000000004 , ...
//    1.8000000000000005 , 1.9000000000000006
```

Dass x anstelle von 0,3 die Zahl 0.30000000000000004 annimmt, ist hier nicht das Problem – diese Abweichung ist so klein, dass sie selten stört. Aber dass die Schleife den anvisierten Endwert nie erreicht, kann gravierende Auswirkungen haben. Eine simple Lösung besteht darin, den Endwert einfach ein wenig großzügiger zu formulieren – hier mit 2,001 statt mit 2,0:

```
// Schleife von 0 bis 2 in 0.1-Schritten
for(double x=0; x<=2.001 ;x+=0.1) {
  System.out.println(x);
}
```

Persönlich ziehe ich es in nahezu allen Fällen vor, in for-Schleifen mit Integer-Variablen zu arbeiten. Die folgenden Zeilen zeigen zwei Varianten, mit denen garantiert alle Werte zwischen 0 und 2 in Schritten von 0,1 durchlaufen werden. Die erste Variante ist etwas rechenintensiver (eine Fließkommamultiplikation bei jedem Schleifendurchgang), dafür aber weniger anfällig für Rundungsfehler.

```
// Schleife von 0 bis 2 in 0.1-Schritten
double x;
for(int n=0; n<=20; n++) {
  x=n*0.1;
  System.out.println(x);
}
// zweite Variante
x=0;
for(int n=0; n<=20; n++, x+=0.1) {
  System.out.println(x);
}
```

Verschachtelte Schleifen

for-Schleifen können so wie alle anderen prozeduralen Sprachelemente (if, switch, while, do-while) verschachtelt werden. In diesem Fall beginnt Java mit der Ausführung der äußeren Schleife und führt dann bei jedem Schleifendurchgang die komplette innere Schleife aus.

Am einfachsten ist dies anhand eines Beispiels zu verstehen: Das folgende Programm gibt eine 1×1-Tabelle am Bildschirm aus. Die äußere Schleife für die Variable i wird für jede Zeile ausgeführt. Innerhalb jeder Zeile wird die innere Schleife für die Variable j ausgeführt. Darin werden spaltenweise die Multiplikationen ausgegeben, wobei print statt println verwendet wird, um Zeilenumbrüche zu vermeiden. Jede Ausgabe wird mit dem Tabulatorzeichen \t abgeschlossen, um eine einfache spaltenweise Formatierung zu erreichen.

```
// Projekt kap04-einmaleins
int i, j;
// Schleife über die Zeilen
for(i=1; i<=10; i++) {
    // Schleife über die Spalten in einer Zeile
    for(j=1; j<=10; j++) {
        System.out.print(i + "x" + j + "=" + i*j + "\t");
    }
    // am Ende der inneren Schleife eine neue Zeile beginnen
    System.out.println();
}
```

Die Ausgabe des Programms sieht wie folgt aus:

1x1=1	1x2=2	1x3=3	1x4=4	1x5=5	...	1x10=10
2x1=2	2x2=4	2x3=6	2x4=8	2x5=10	...	2x10=20
3x1=3	3x2=6	3x3=9	3x4=12	3x5=15	...	3x10=30
...						
10x1=10	10x2=20	10x3=30	10x4=40	10x5=50	...	10x10=100

4.5 »for-each«-Schleifen

Java kennt auch sogenannte for-each-Schleifen. Dabei nimmt die Schleifenvariable der Reihe nach alle Elemente einer Aufzählung an. Als Aufzählung kommen diverse Daten infrage, die Sie allerdings alle noch nicht kennengelernt haben: Arrays (siehe Kapitel 5), Collections sowie alle anderen Objekte, deren Klasse die Iterable-Schnittstelle implementiert (siehe jeweils Kapitel 14, »Collections«). Die Idee der for-each-Schleife werden Sie dennoch leicht verstehen. Im weiteren Verlauf des Buchs folgen dann noch diverse weitere Beispiele.

Im Gegensatz zu einigen anderen Programmiersprachen haben die Java-Entwickler das Schlüsselwort foreach vermieden. for-each-Schleifen werden wie herkömmliche Schleifen mit for gebildet und unterscheiden sich nur in der Syntax: Der Typ der Schleifenvariable *muss* angegeben werden. Es ist nicht zulässig, eine Schleifenvariable zu verwenden, die außerhalb der for-Schleife deklariert wurde. Dann folgen der Variablenname und schließlich nach einem Doppelpunkt das Aufzählungsobjekt:

```
for(typ schleifenvariable : aufzählung) {
  ...
}
```

Im folgenden Beispiel nimmt die Schleifenvariable der Reihe nach alle Werte des Arrays testme an:

```
int[] testme = {7, 12, 13, 29};
for(int item: testme) {
  System.out.println(item);
} // Ausgabe: 7, 12, 13, 29
```

> **Vorsicht**
>
> Bei mehrdimensionalen Arrays durchläuft eine for-each-Schleife nur die Array-Elemente der ersten Dimension. Dabei handelt es sich selbst wieder um Arrays. Das liegt daran, dass mehrdimensionale Arrays in Java einfach Arrays von Arrays sind.

»for« versus »for-each«

for-each-Schleifen sind ideal geeignet, um alle Elemente eines Arrays oder einer Aufzählung zu lesen und in irgendeiner Form weiterzuverarbeiten, also auszugeben, zu summieren etc. Vorsicht ist aber geboten, wenn Sie die Elemente eines Arrays oder einer Aufzählung verändern möchten. Bei elementaren Datentypen enthält die Schleifenvariable eine *Kopie* der Aufzählung. Veränderungen an der Schleifenvariablen haben daher keinen Einfluss auf den Inhalt der Aufzählung. Für derartige Aufgaben müssen Sie eine herkömmliche for-Schleife verwenden.

```java
int[] testme = {7, 12, 13, 29};
// for-each-Schleife: testme bleibt unverändert
for(int item : testme)
  item++;


// for-Schleife: jedes Element in testme wird
// um eins vergrößert
for(int i=0; i<testme.length; i++)
  testme[i]++;
```

4.6 »while«- und »do-while«-Schleifen

Java kennt zwei Varianten der while-Schleife, wobei im einen Fall die Schleifenbedingung vor dem Schleifenkörper überprüft wird, im anderen Fall danach.

»while«-Schleifen

Bei der while-Schleife wird der Schleifenkörper ausgeführt, solange die Bedingung erfüllt ist:

```java
// Syntax
while(bedingung) {
  schleifenkörper;
}

// Beispiel 1
int i=0;
while(i<10) {
  System.out.println(i);
  i++;
```

```
} // Ausgabe: 0, 1, 2 .. 9
```

Das zweite Beispiel ist ein Vorgriff auf Kapitel 15, »Dateien und Verzeichnisse«: br ist ein Objekt der Klasse BufferedReader. Dessen Methode readLine liest aus der entsprechenden Textdatei eine Zeile. Wenn das Ende der Datei erreicht ist, liefert readLine als Ergebnis null. Die folgende Schleife verarbeitet die Textdatei also zeilenweise:

```
// Beispiel 2: Textdatei zeilenweise auslesen
java.io.BufferedReader br = ...;
while((zeile = br.readLine()) != null) {
  machEtwas(zeile);
}
br.close();
```

»do-while«-Schleifen

Bei do-while-Schleifen steht die Bedingung am Ende der Schleife. Der Schleifenkörper wird ausgeführt, solange die Bedingung erfüllt ist. Beachten Sie, dass Sie nach while(bedingung) einen Strichpunkt angeben müssen!

Im Gegensatz zu allen anderen Java-Schleifentypen garantiert die do-while-Schleife, dass der Schleifenkörper auf jeden Fall mindestens einmal ausgeführt wird. Bei allen anderen Schleifen kann es vorkommen, dass die Bedingung schon beim ersten Versuch false ist und das Innere der Schleife somit nie erreicht wird.

```
do {
  schleifenkörper;
} while(bedingung);

// Beispiel
int i=0;
do {
  System.out.println(i);
  i++;
} while (i<10);
```

4.7 »break« und »continue«

Dieser Abschnitt beschäftigt sich damit, wie Sie Schleifen vorzeitig verlassen (break) bzw. den Rest des Schleifenkörpers überspringen können (continue). Außerdem fasst der Abschnitt zusammen, wie Sie Endlosschleifen bilden können.

break

break bricht eine Schleife vorzeitig ab. Das Programm wird mit dem ersten Kommando nach dem Ende der Schleife fortgesetzt. Der folgende Code führt in einer Schleife Berechnungen durch. Sobald das Ergebnis einer Berechnung erstmals kleiner als 0 ist, wird die Schleife abgebrochen.

```
for(int i=0; i<100; i++) {
  ergebnis = berechneEtwas(i);
  if(ergebnis < 0)
    break;
}
```

continue

continue überspringt die restlichen Anweisungen des Schleifenkörpers und setzt die Schleife dann fort. Bei einer for-Schleife wird nach continue die Inkrement-Anweisung ausgeführt und dann anhand der Bedingung getestet, ob der Schleifenkörper neuerlich durchlaufen wird. Im folgenden Beispiel wird in einer Schleife eine zweiteilige Berechnung durchgeführt. Wenn das erste Zwischenergebnis (n) kleiner als 0 ist, wird auf den zweiten Teil der Berechnung verzichtet. Die Schleife wird mit dem nächsten Wert für i fortgesetzt.

```
for(int i=0; i<100; i++) {
  n = berechneTeil1(i);
  if(n<0)
    continue;
  m = berechneTeil2(n);
}
```

»break« und »continue« in verschachtelten Schleifen

Bei verschachtelten Schleifen gelten break und continue standardmäßig nur für die innerste Schleife. Um aus mehreren Schleifenebenen zu springen bzw. das Programm mit der Inkrement-Anweisung einer äußeren Schleife fortzusetzen, muss die betreffende Schleife mit einer Marke (einem Label) gekennzeichnet werden. Dabei handelt es sich um einen Namen, auf den ein Doppelpunkt folgt. Die Marke muss *vor* der betreffenden Schleife angegeben werden. Sie kann nun bei break bzw. continue benutzt werden, um klarzustellen, für welche Schleife das Kommando gelten soll:

```
xloop:
for(x=0; x<10; x++) {
  for(y=0; y<10; y++) {
    if(berechneEtwas(x, y) < 0)
      break xloop; // beide Schleifen abbrechen
  }
}
```

Endlosschleifen

An sich erscheinen Endlosschleifen sinnlos und das Ergebnis eine Denkfehlers zu sein. Mit den nun bekannten Anweisungen break und continue kann es aber durchaus zweckmäßig sein, einen Algorithmus als Endlosschleife zu realisieren, um sich dann im Schleifeninneren um die Logik zu kümmern, die zu einem Ende der Schleife führt.

Das folgende Listing zeigt, dass Sie mit for, while und do-while ganz unkompliziert Endlosschleifen bilden können:

```
for(;;) { ... }        // Endlosschleife mit for

while(true) { ... }    // Endlosschleife mit while

do { ... } while(true); // Endlosschleife mit do-while
```

4.8 Wiederholungsfragen und Übungen

▶ **W1:** Ermitteln Sie mit nur einem if, ob ein Jahr ein Schaltjahr ist.

▶ **W2:** Schreiben Sie eine Schleife, um den Schaltjahrtest für alle Jahre zwischen 1999 und 2016 auszuführen.

▶ **W3:** Bei welchem Schleifentyp ist garantiert, dass der Schleifenkörper mindestens einmal durchlaufen wird?

▶ **W4:** Verwenden Sie for, while und do-while, um auf drei unterschiedliche Arten eine Schleife zu bilden, die in Fünferschritten von 100 nach 50 hinunterzählt.

▶ **W5:** Berechnen Sie in einer Schleife die Fakultät der Zahlen 1 bis 20. (Die Fakulät von 5 = 1 × 2 × 3 × 4 × 5.)

▶ **W6:** Berechnen Sie die Summe der Funktion $1/x^2$, wenn Sie für x alle Zahlen zwischen 2 und 30 einsetzen.

▶ **W7:** Formulieren Sie eine Schleife, um den Wertebereich zwischen 125 und 160 in elf Schritten zu durchlaufen. Das Programm soll alle elf Zahlen ausgeben, beginnend mit 125,0 und endend mit 160,0.

▶ **W8:** Was wird bei der Ausführung des folgenden Codes ausgegeben?

```
int i,j;
for(i=0; i<3; i++) {
  for(j=0; j<i; j++) {
    System.out.println(i+j);
  }
}
```

▶ **W9:** Was wird bei der Ausführung des folgenden Codes ausgegeben?

```
int i=0, j=6; do {
  System.out.println(i);
  if(i>=3)
    break;
  i++;
  j--;
} while(i<j);
```

Kapitel 5

Arrays

Bis jetzt haben Sie nur gewöhnliche Variablen kennengelernt, in denen Sie genau ein Datum speichern können – z. B. *eine* int-Zahl. In vielen Programmen ist es aber notwendig, viele gleichartige Daten zu verarbeiten, beispielsweise eine Million double-Zahlen mit Messergebnissen.

Um mit solchen Datenansammlungen effizient umgehen zu können, kennt Java wie die meisten anderen Programmiersprachen Arrays. Aus Sicht der objektorientierten Programmierung wurden Arrays leider nicht ganz glücklich implementiert. Würde man Java heute von Grund auf neu entwickeln, würde man viele Array-Funktionen sicher anders realisieren.

Dessen ungeachtet sind Arrays aber ein unverzichtbares Hilfsmittel, um große Datenmengen effizient zu verarbeiten. Eine interessante Alternative zu Arrays sind Collections, die ich Ihnen aber erst in Kapitel 14 vorstellen werde. Ihre Anwendung setzt weit mehr OO-Wissen voraus, als ich Ihnen bisher vermitteln konnte.

5.1 Syntax

Für die Verwendung von Arrays gelten eigene Syntaxregeln, die hier kurz zusammengefasst sind.

Arrays initialisieren

Arrays speichern mehrere gleichartige Daten, z. B. Zahlen, Zeichenketten oder Objekte einer bestimmten Klasse. Die übliche Syntax zur Deklaration von Arrays lautet datentyp[] var. Unüblich, aber ebenfalls erlaubt ist datentyp var[].

Im nächsten Schritt muss das Array erzeugt werden. Dazu verwenden Sie den Operator new, den Sie in Kapitel 10, »Klassen«, genauer kennenlernen werden, und geben dann nochmals den Datentyp und die gewünschte Elementanzahl in eckigen Klammern an, also z. B. new int[10]. Die Größe des Arrays muss beim Erzeugen festgelegt werden und kann nachträglich nicht mehr verändert werden!

Wenn von vornherein klar ist, welche Daten ein Array aufnehmen soll, können Sie auf new verzichten und stattdessen die Elemente in der Form {e1, e2, e3} einer Array-Variable direkt zuweisen. Der Java-Compiler kümmert sich dann selbstständig darum, das Array in der richtigen Größe zu erzeugen und die Elemente zu initialisieren.

```
int[] x;                        // x als int-Array deklarieren
x = new int[5];                 // Array erzeugen
double[] y = new double[5];     // y deklarieren und erzeugen
int[] z = {17, 19, 25, 12};     // z deklarieren und
                                //   initialisieren
```

Zugriff auf Array-Elemente

Der Zugriff auf die Array-Elemente erfolgt in der Form array[n], wobei n von 0 bis zur Elementanzahl -1 reicht. Die Anzahl der Array-Elemente geht aus dem Array-Feld (*field*) length hervor. Beachten Sie, dass length keine Methode ist! Sie dürfen daher nicht zwei runde Klammern hintanstellen, wie dies z. B. bei der gleichnamigen String-Methode erforderlich ist!

```
for(int i=0; i<x.length; i++)
  System.out.println(x[i]);
```

Java beginnt mit 0 zu zählen!

Eine Grundregel zieht sich durch dieses Buch: Wann immer Sie in Java Schleifen durch Arrays oder andere Aufzählungen bilden, muss die Schleife von 0 bis zur Elementanzahl minus 1 reichen. Anders als Menschen, die zumeist 1, 2, 3 … zählen, beginnt Java immer mit 0!

Arrays können auch in for-each-Schleifen durchlaufen werden. Die Array-Elemente können dann jedoch nur gelesen, nicht aber verändert werden:

```
for(int element: x)
  System.out.println(element);
```

Mehrdimensionale Arrays

Die Java-Syntax unterstützt auch mehrdimensionale Arrays. Dabei werden einfach mehrere eckige Klammernpaare aneinandergereiht, wie die folgenden Beispiele zeigen:

```
int[][] x;
x = new int[8][4];                      // Array mit 32
x[2][3] = 27;                           // Elementen

double[][] y = new double[100][100];    // Array mit 10.000
                                        // Elementen
int[][] z = { {1, 2, 3},
              {4, 5, 6} };
System.out.println(z[1][2]);            // Ausgabe: 6

// dreidimensionales Array mit 1.000.000 Elementen,
// ca. 2 MByte Platzbedarf im Arbeitsspeicher
short[][][] s = new short[100][100][100];
```

Nichtrechteckige Arrays

In Wirklichkeit verwaltet Java allerdings nicht echte mehrdimensionale Arrays, sondern Arrays von Arrays (von Arrays ...). Im obigen Beispiel verweist x[2] auf ein einfaches Array aus vier Elementen. Auch das length-Feld bezieht sich nur auf die Elemente der ersten Dimension. x.length liefert deswegen 8, nicht etwa 32.

Dieses Konzept ermöglicht die unkomplizierte Realisierung von nichtrechteckigen Arrays. Im folgenden Beispiel zeigt die Variable x auf ein zweidimensionales Array. Die Array-Elemente der ersten Dimension ver-

weisen wiederum auf einfache Arrays, die aber unterschiedlich groß sind:
x[0] ist ein Array mit einem Element, x[1] ein Array mit zwei Elementen
etc.

```
int[][] x = new int[10][];
for(int i=0; i<10; i++) {
  x[i] = new int[i+1];
}
```

Das folgende Beispiel zeigt zwei Schleifenvarianten, um alle Elemente des
obigen Arrays zu durchlaufen. Beachten Sie, dass bei der zweiten Variante
die Schleifenvariable subarr den Typ int[] aufweist. Jedes Element, das
diese Schleifenvariable durchläuft, ist also selbst ein Array.

```
// Schleifenvariante 1: Array initialisieren
for(int i=0; i<x.length; i++) {
  for(int j=0; j<x[i].length; j++) {
    [i][j] = i + j;
  }
}
```

```
// Schleifenvariante 2: Summe ausrechnen
int sum=0;
for(int[] subarr : x) {
  for(int itm : subarr) {
    sum += itm;
  }
}
System.out.println(sum);
```

Interna

Während lokale Variablen vor ihrer Verwendung initialisiert werden müssen, gilt diese Regel nicht für die Elemente eines Arrays sowie für Klassenvariablen (*Fields*). Diese werden beim Erzeugen des Arrays bzw. des Objekts
automatisch mit 0 bzw. null initialisiert (siehe Tabelle 5.1).

Datentyp	Defaultwert
Integerzahlen	0
Fließkommazahlen	0.0
boolean	false
char	\u0000 (also das Unicode-Zeichen 0)
Objekte inklusive String	null

Tabelle 5.1 Defaultwerte für Array-Elemente und Klassenvariablen

Java-intern sind Arrays Objekte. Es existiert allerdings nicht einfach eine Array-Klasse, deren Instanzen dann Array-Objekte sind. Vielmehr sind Arrays eine Sonderform von Klassen, die tief in der Java-Sprachdefinition verankert sind. Ihr Klassenname ergibt sich aus einer oder mehreren eckigen Klammern, je nachdem, ob es sich um ein ein- oder um ein mehrdimensionales Array handelt. Den Klammern folgt bei elementaren Datentypen ein Buchstabe, z. B. I für int oder D für double, oder der vollständige Klassenname plus einem Semikolon bei Objekt-Arrays:

```
import java.awt.Point;

int[] x = new int[5];
System.out.println(x.getClass().getName());

double[] y = new double[5];
System.out.println(y.getClass().getName());

Point[][] pts = new Point[7][2];
System.out.println(pts.getClass().getName());

// Ausgabe:
[I
[D
[[Ljava.awt.Point;
```

5.2 Mit Arrays arbeiten

Beim effizienten Umgang mit Arrays helfen diverse Methoden aus der Java-Klassenbibliothek. Dieser Abschnitt stellt einige Methoden und Arbeitstechniken vor.

Methoden

Die Array-Klasse ist unmittelbar von `Object` abgeleitet und bietet keine spezifischen Methoden. Deswegen ist es unmöglich, auf eine Array-Variable direkt eine Methode anzuwenden, etwa in der Art `pts.Sort()`. Stattdessen stellt die Klasse `java.util.Arrays` (beachten Sie die Endung `-s`!) statische Methoden zur Verfügung, mit denen Sie Arrays initialisieren, durchsuchen, sortieren etc. können (siehe Tabelle 5.2). Sämtliche `Arrays`-Methoden sind für eindimensionale Arrays konzipiert! Weitere Methoden können Sie in der Dokumentation der `Arrays`-Klasse nachlesen:

http://docs.oracle.com/javase/8/docs/api/java/util/Arrays.html

Methode	Funktion
binarySearch	durchsucht ein sortiertes Array.
sort	sortiert ein Array.
copyOfRange	bildet ein neues Teil-Array.
equals	vergleicht den Inhalt zweier Arrays.
fill	initialisiert die Array-Elemente mit einem Wert.
toString	liefert eine lesbare Zeichenkette des Arrays.

Tabelle 5.2 Ausgewählte Methoden der Klasse »java.util.Arrays«

Die folgenden Zeilen demonstrieren die Verwendung der Methoden `sort` und `toString`:

```
int[] x = {7, 12, 3, 9};
java.util.Arrays.sort(x);
System.out.println(java.util.Arrays.toString(x));
// Ausgabe: [3, 7, 9, 12]
```

Die Methoden sort und binarySearch setzen voraus, dass es sich bei den
Array-Elementen um elementare Datentypen oder um Objekte von Klassen handelt, die die Schnittstelle Comparable implementieren. Ist dies
nicht der Fall, müssen Sie ein zusätzliches Comparator-Objekt angeben, das
zwei Objekte vergleicht. Beispiele für die Implementierung der Comparable-
Schnittstelle bzw. für eine Comparator-Klasse finden Sie in Kapitel 11, »Vererbung und Schnittstellen«, und Kapitel 14, »Collections«.

Arrays duplizieren

Wenn Sie ein Array kopieren (duplizieren) möchten, verwenden Sie dazu
am besten die Methode clone:

```
int[] x = {1, 4, 189, 3};
int[] y = x.clone();
```

Beachten Sie aber, dass clone nur ein sogenanntes *Shallow Copy* durchführt und dabei nur die erste Dimension des Feldes berücksichtigt. Bei
Objekt-Arrays werden nur die Objektreferenzen geklont, nicht die Objekte
selbst. Eine clone-Kopie eines mehrdimensionalen Arrays liefert ein neues
Array, dessen Elemente in der ersten Dimension auf dieselben Subarrays
zeigen wie im ursprünglichen Array.

Beispiel 1: Array initialisieren

Arrays eignen sich wunderbar, um die bisher gelernten Konstrukte zu wie-
derholen. Im ersten Beispiel geht es darum, die Elemente eines double-
Arrays mit 1000 Elementen gemäß der Formel *sin(x/100)* zu initialisieren.
Der Code sollte auf Anhieb verständlich sein. Achten Sie darauf, dass Sie
in der sin-Methode nicht x/100 schreiben! Erst 100.0 zwingt Java dazu, eine
Fließkommadivision durchzuführen.

```
// Projekt kap05-java-sinus
double data[] = new double[1000];
for(int x=0; x<1000; x++) {
  data[x] = Math.sin(x / 100.0);
}
```

Beispiel 2: Minimum, Maximum und Mittelwert

Das Ziel des zweiten Beispiels ist es, das kleinste und größte Element eines Arrays zu finden sowie den Mittelwert aller Array-Elemente zu bilden. Die Suche nach dem Minimum beginnt damit, dass wir die Variable min mit dem ersten Array-Element initialisieren. Anschließend wird min in einer for-Schleife mit allen weiteren Array-Elementen verglichen. Ist das Array-Element kleiner, wird min entsprechend verändert. Ganz analog erfolgt die Ermittlung des größten Array-Elements.

```
// Projekt kap05-array-minmax
int x[] = {43, 6, 12, 8};

// Minimum
int i, min=x[0];
for(i=1; i<x.length; i++) {
  if(x[i]<min) {
    min=x[i];
  }
}
System.out.println("Minimum: " + min);   // 6

// Maximum
int max=x[0];
for(i=1; i<x.length; i++) {
  if(x[i]>max) {
    max=x[i];
  }
}
System.out.println("Maximum: " + max);   // 43
```

Alternativer Lösungsweg mit der »sort«-Methode

Mit weit weniger Tipp- und Denkaufwand verbunden ist es, das Array einfach zuerst mit `java.util.Arrays.sort` zu sortieren: Im sortierten Array ist das erste Element das Minimum, das letzte Element das Maximum.

Ich rate Ihnen von dieser Vorgehensweise aber ab. Nicht nur ist der Lerneffekt geringer (Sie sollen sich ja mit Schleifen und mit dem Umgang mit Variablen auseinandersetzen), auch die Effizienz ist *viel* geringer. Das Sortieren großer Arrays ist ein vergleichsweise aufwendiger Prozess. Eine simple Schleife über alle Array-Elemente ist hingegen schnell erledigt.

Zur Ermittlung des Durchschnitts summieren Sie in einer weiteren Schleife alle Array-Elemente. Bei der Berechnung des Durchschnitts müssen Sie die Summe durch (`double`) explizit in eine Fließkommazahl umwandeln; andernfalls würde Java eine Integer-Division durchführen, und das Ergebnis wäre entsprechend ungenau.

```
// Durchschnitt
long  summe=0;
for(i=0; i<x.length; i++) {
   summe+=x[i];
}
double durchschnitt = (double)summe / x.length;
System.out.println("Durchschnitt: " + durchschnitt);
// Ausgabe: 17,25
```

5.3 Wiederholungsfragen

▶ **W1:** Müssen Sie die Elemente eines Arrays initialisieren?

▶ **W2:** Wie lautet die korrekte Schreibweise, um ein `byte`-Array mit 16 Elementen zu erzeugen?

▶ **W3:** Wie sortieren Sie die Elemente des Arrays `x`?

▶ **W4:** Schreiben Sie ein Programm, das ein `long`-Array mit 10×10 Elementen erzeugt und jedes Element mit dem Produkt seiner Indizes initialisiert.

▶ **W5:** Geben Sie die Elemente des Arrays `int[] x = {7, 34, 3}` in einer `for-each`-Schleife am Bildschirm aus.

Kapitel 6

Zeichenketten

Computer rechnen schneller als Menschen – so viel ist bekannt. Dennoch werden Sie bald feststellen, dass Sie beim Programmieren viel öfter mit Zeichenketten zu tun haben als mit Zahlen. Der Umgang mit Zeichenketten zählt zu den Grundfertigkeiten aller Programmierer.

In Java gibt es zur Speicherung *eines* Zeichens den elementaren Datentyp char. In der Regel wollen Sie aber nicht mit einem Zeichen hantieren, sondern mit vielen. Dabei hilft die Klasse String, die tief in der Sprachdefinition von Java verankert ist.

In diesem Kapitel lernen Sie mit char- und String-Daten umzugehen. Dabei helfen viele Methoden, mit denen Sie Zeichenketten bearbeiten sowie von anderen bzw. in andere Datentypen umwandeln können. Das Kapitel geht außerdem kurz auf die Probleme ein, die sich durch unterschiedliche Zeichensätze ergeben (ANSI, Latin-1, Unicode etc.).

6.1 Der Datentyp »char«

Ein einzelnes Zeichen wird in Java durch den elementaren Datentyp char dargestellt. Intern kommt dabei der Unicode-Standard in der UTF-16-Codierung zur Anwendung: Jede char-Variable beansprucht damit 2 Byte Speicherplatz. Zeichenliterale müssen zwischen einfachen Anführungszeichen stehen. Zur Darstellung von Sonderzeichen gibt es Zeichensequenzen, die mit \ eingeleitet werden (siehe Tabelle 6.1).

```
char a    = 'X';
char tab  = '\t';
char euro = '\u20ac';
```

Sequenz	Bedeutung
\b	Backspace (Code 8)
\t	Tabulator (Code 9)
\n	Line Feed (Code 10)
\f	Form Feed (Code 12)
\r	Carriage Return (Code 13)
\'	das Zeichen '
\"	das Zeichen "
\\	das Zeichen \
\uxxxx	ein Unicode-Zeichen mit dem Hexcode xxxx

Tabelle 6.1 Escape-Sequenzen für Sonderzeichen

Seit Java 5 unterstützt Java auch neuere Unicode-Versionen, die vier Bytes zur Codierung eines einzelnen Zeichens vorsehen. Um mit derartigen Zeichen umzugehen, sind allerdings *zwei* char-Elemente erforderlich, die ein *Surrogate Pair* bilden und gemeinsam als 4-Byte-Integerzahl ausgewertet werden. In der Praxis ist diese Sonderform eines Zeichens in unserem Sprachraum aber nur von geringer Bedeutung, weswegen ich in diesem Buch nicht weiter darauf eingehe.

Die »Character«-Klasse und ihre Methoden

Die Klasse Character, also die Wrapper-Klasse zu char, enthält eine Menge statischer Methoden zur Bearbeitung von char-Elementen, z. B. isLetter, isDigit, isWhitespace, isLowerCase, isUpperCase, toLowerCase, toUpperCase und toString. Die folgenden Zeilen zeigen einige elementare Operationen mit char-Daten:

```
char c = 'a';
c = Character.toUpperCase(c);     // 'A'
boolean b = Character.isDigit(c); // false
```

Wenn Sie den numerischen Code eines Zeichens ermitteln möchten, stellen Sie einfach den Casting-Operator (int) voran. Um umgekehrt ein Zeichen mit einem bestimmten Code zu erzeugen, geben Sie vor dem numerischen Ausdruck den Casting-Operator (char) an:

```
int n = (int)c;                  // 65
c = (char)(n+1);                 // 'B'
```

6.2   Die »String«-Klasse

Zur Speicherung und Bearbeitung von Zeichenketten sieht Java die Klasse String vor. Theoretisch könnten Sie stattdessen auch mit char-Arrays arbeiten, in der Praxis ist dies aber zu umständlich.

Zeichenketten werden in Java in doppelten Anführungszeichen formuliert. Dabei dürfen dieselben Literale wie in einzelnen Zeichen verwendet werden:

```
String s1 = "abc";
String s2 = "Hello World!";
```

Mehrere Zeichenketten können mit dem Operator + verbunden werden. Java führt dabei für viele Datentypen ein implizites Casting durch. Zahlen und char-Elemente werden also automatisch in Zeichenketten umgewandelt, wie Sie dies bereits vielfach bei System.out.println gesehen haben:

```
char   c = 'A';
int    n = 5;
String s = "ABC" + n + c;  // "ABC5A"
```

Im Gegensatz zu vielen anderen Programmiersprachen dürfen Zeichenketten nicht über mehrere Zeilen im Programmcode reichen. Sie müssen mit + arbeiten:

```
String s = "Eine ganz lange Zeichenkette, " +
           "die über mehrere Zeilen reicht.";
```

Eine *raw*-Auswertung von Zeichenketten ist nicht vorgesehen. Sonderzeichen *müssen* mit \-Sequenzen formuliert werden (siehe Tabelle 6.1), und das Zeichen \ muss verdoppelt werden. Das folgende Beispiel zeigt nur die Syntax, soll aber nicht als Vorbild dienen. Vermeiden Sie die Verwendung von \\ beim Zusammensetzen von Dateinamen. Verwenden Sie File .separator als Trennzeichen zwischen Verzeichnissen oder setzen Sie die Methode Sie Paths.get(...) ein, um Verzeichnisse zusammenzusetzen! Nur dann kann I/O-Code über Plattformgrenzen hinweg funktionieren.

```
String winfilename = "C:\\verz\\name.txt";
```

»String«-Eigenheiten

Anders als der elementare Datentyp char ist String eine Java-Klasse. Sie ist im Paket java.lang der Klassenbibliothek definiert und steht allen Java-Programmen ohne import zur Verfügung. Im Vergleich zu anderen Klassen weisen Strings einige Besonderheiten auf:

► Neue Zeichenkettenobjekte werden einfach durch eine Zuweisung erzeugt, also ohne new.

► Mehrere Zeichenketten können mit den Operatoren + bzw. += verbunden werden.

► Zeichenketten sind Objekte. Nicht initialisierte Zeichenketten enthalten den Zustand null, keine leere Zeichenkette ""! Vorsicht: Zeichenkettenmethoden lösen eine NullPointerException aus, wenn die zu verarbeitenden String-Variablen nicht initialisiert wurden.

► Zeichenketten sind unveränderlich (*immutable*). Es ist daher nicht möglich, eine Zeichenkette zu verändern. Wenn Sie s = s + "xx" ausführen, wird ein neues Zeichenkettenobjekt erzeugt. Wenn das bisherige String-Objekt von nicht mehr benötigt wird, wird es automatisch aus dem Speicher entfernt.

Hinter den Kulissen ist hierfür die sogenannte *Garbage Collection* verantwortlich. Sie entfernt Objekte aus dem Speicher, auf die keine Variable mehr verweist. Aus Effizienzgründen sollten Sie Code wie s = s + ... möglichst vermeiden; wenn Sie Zeichenketten in vielen kleinen Schritten zusammensetzen müssen, verwenden Sie besser ein Objekt der StringBuilder-Klasse.

Zeichenkette vergleichen

Um zu testen, ob zwei Zeichenketten übereinstimmen, müssen Sie die Methode equals verwenden:

```
if(s1.equals(s2)) {
  ...
}
```

Achtung, Falle!

Zeichenketten dürfen nicht mit == verglichen werden. Syntaktisch ist s1 == s2 oder auch s1 == "abc" zwar erlaubt, der Vergleich funktioniert aber nicht so, wie Sie es vermutlich erwarten würden.

Bei Objekten testet der Operator == in Java, ob die beiden Objekte identisch sind, ob also s1 und s2 auf dasselbe Objekt im Speicher verweisen. Der Inhalt der Zeichenketten wird nicht berücksichtigt!

In den folgenden Zeilen wird s1 und s2 jeweils die Zeichenkette "abc" zugewiesen. Bei s2 wird die umständlichere Schreibweise "ABC".toLowerCase(); verwendet, um zu verhindern, dass der Compiler den internen Code dahingehend optimiert, dass s1 und s2 auf dasselbe Objekt verweisen.

s1 == s2 testet jetzt, ob die beiden Variablen auf dasselbe Objekt verweisen. Das ist nicht der Fall, weshalb das Ergebnis false lautet. Erst s1.equals(s2) berücksichtigt den *Inhalt* der Zeichenketten und liefert das erwartete Ergebnis true:

```
String s1 = "abc";
String s2 = "ABC".toLowerCase();
System.out.println(s1 == s2);        // false!!
System.out.println(s1.equals(s2));   // true
```

Wenn Sie feststellen möchten, ob eine Zeichenkette *größer* oder *kleiner* als eine andere ist (d. h. genau genommen, ob sie hinter oder vor der zweiten Zeichenkette einsortiert würde), verwenden Sie die Methode s1.compareTo (s2). Die Methode liefert die folgenden Ergebnisse:

▶ 0, wenn beide Zeichenketten übereinstimmen

▶ einen positiven Wert, wenn s1 *größer* als s2 ist

▶ einen negativen Wert, wenn s1 *kleiner* als s2 ist

Die Operatoren <, >, <= und >= können nicht verwendet werden; sie sind nur für Zahlen geeignet. Beachten Sie, dass compareTo einfach die Zeichencodes auswertet. compareTo unterscheidet also zwischen Groß- und Kleinbuchstaben, aber auch zwischen *a* und *ä* oder *s* und *ß*.

```
System.out.println("a".compareTo("b"));   // < 0, a < b
System.out.println("a".compareTo("ä"));   // < 0, a < ä
System.out.println("ä".compareTo("b"));   // > 0, b > ä
System.out.println("a".compareTo("a"));   // = 0, a = a
System.out.println("a".compareTo("A"));   // > 0, A > a
```

Als Variante zu compareTo können Sie auch compareToIgnoreCase einsetzen. Die obigen Ergebnisse sollten aber klarmachen, dass beide compare-Methoden keine vernünftige Basis bilden, um Zeichenketten nach den in verschiedenen Sprachen üblichen Regeln zu sortieren.

Zeichenketten korrekt ordnen und sortieren

Um Zeichenketten gemäß den Prinzipien unterschiedlicher Sprachen zu sortieren, enthält die Java-Standardbibliothek die Klasse Collator:

http://docs.oracle.com/javase/8/docs/api/java/text/Collator.html

Die folgenden Zeilen zeigen, wie Sie ein Array in der Sortierordnung sortieren, die auf dem Rechner eingestellt ist:

```
// Projekt kap06-collator
import java.text.Collator;
import java.util.Arrays;
...
String[] tst = {"Auto", "Ärger", "aber"};
Arrays.sort(tst, Collator.getInstance());
for(String s: tst) {
  System.out.println(s);
}
// Ausgabe im deutschen Sprachraum: aber, Ärger, Auto
```

Optional können Sie an die Collator.getInstance-Methode auch ein Locale-Objekt übergeben, z. B. new Locale("de", "DE"), wenn Sie deutsche Wörter sortieren wollen bzw. new Locale("sv", "SE"), wenn Sie schwedische Wörter sortieren möchten:

```
import java.text.Collator;
...
Arrays.sort(tst, Collator.getInstance(
                   new Locale("sv", "SE")));
```

> **Tipp**
>
> Wenn Sie große Zeichenketten-Arrays sortieren müssen, ist es effizienter, dafür ein CollationKey-Objekt zu verwenden:
>
> *http://docs.oracle.com/javase/tutorial/i18n/text/perform.html*

»String«-Methoden

Zur Bearbeitung von Zeichenketten gibt es unzählige Methoden, die zusammen mit der String-Klasse dokumentiert sind:

http://docs.oracle.com/javase/8/docs/api/java/lang/String.html

An dieser Stelle reicht der Platz nur zur Vorstellung einiger ausgewählter Methoden (siehe Tabelle 6.2 und Tabelle 6.3).

Methode	Bedeutung
s.length()	ermittelt die Anzahl der Zeichen.
s.isEmpty()	testet, ob die Zeichenkette leer ist.
s.charAt(n)	ermittelt das Zeichen (char) an der Position n.
s1.contains(s2)	testet, ob s1 die Zeichenkette s2 enthält.
s1.startsWith(s2)	testet, ob s1 mit s2 beginnt.
s1.endsWith(s2)	testet, ob s1 mit s2 endet.
s1.matches(reg)	testet, ob s1 dem Muster reg entspricht.
s1.indexOf(s2)	ermittelt die Startposition des Substrings s2.
s1.lastindexOf(s2)	ermittelt die letzte Position des Substrings s2.

Tabelle 6.2 Zeichenketten analysieren

Methode	Bedeutung
s.toUpperCase()	liefert lauter Großbuchstaben.
s.toLowerCase()	liefert lauter Kleinbuchstaben.
s.trim()	entfernt Whitespace am Beginn und Ende.
s.substring(n1, n2)	liest einen Teil aus s1 aus.
s1.replace(s2, s3)	ersetzt in s1 jedes Vorkommen von s2 durch s3.
s1.split(reg)	zerlegt reg in ein Array.

Tabelle 6.3 Neue, modifizierte Zeichenketten bilden

Das folgende Listing zeigt einige Anwendungsbeispiele für die Methoden. Beachten Sie, dass Java-typisch das erste Zeichen einer Zeichenkette immer die Position 0 hat. Einzig der zweite Parameter von substring weicht ein wenig von dieser Logik ab: n1 bezeichnet die Startposition (inklusive, 0 für

das erste Zeichen), n2 die Endposition (exklusiv). "abcdefg".substring(2, 4)
liefert somit die Zeichenkette "cd".

```
String s = "abcdefg";
System.out.println(s.length());              // 7
System.out.println(s.contains("de"));        // true
System.out.println(s.contains("DE"));        // false
System.out.println(s.endsWith("efg"));       // true
System.out.println(s.indexOf("de"));         // 3
System.out.println(s.charAt(5));             // f
System.out.println(s.toUpperCase());         // ABCDEFG
System.out.println(s.substring(2, 4));       // cd
System.out.println(s.replace("cde", "X"));   // abXfg
```

Reguläre Ausdrücke

Der Parameter reg in den Methoden matches und split (siehe Tabelle 6.2
und Tabelle 6.3) ist kein gewöhnliches Suchmuster, sondern ein soge-
nannter regulärer Ausdruck. Für solche Ausdrücke gilt eine eigene Syntax
zur Beschreibung des Suchmusters. Eine Einführung in den Umgang mit
regulären Ausdrücken in Java finden Sie auf dieser Seite:

http://java.kompf.de/regex.html

Die »join«-Methode

Neu in Java 8 ist die statische Methode join, die mehrere Zeichenketten mit einem gemeinsamen Verbindungszeichen zusammenhängt. Die
Methode wird nicht direkt auf eine Zeichenkette angewendet wird (wie bei
s.toUpperCase()), sondern ohne Objekt aufgerufen (String.join(...)). Die
zu verarbeitenden Daten werden somit als Parameter übergeben.

```
String s = String.join(";", "abc", "efg", "xyz");
// Ergebnis: "abc;efg;xyz"
```

Besonders praktisch ist join, wenn die zu verbindenden Zeichenketten
bereits als Array oder Collection vorliegen:

```
String[] array = {"Java", "macht", "Spaß!"};
String s = String.join(" - ", array);
// Ergebnis: "Java - macht - Spaß!"
```

6.3 Formatierung und Konvertierung

In diesem Abschnitt geht es darum, Umwandlungen zwischen Zahlen und anderen Daten auf der einen Seite und Zeichenketten auf der anderen Seite durchzuführen:

▶ Die Umwandlung in Zeichenketten wird oft »Formatierung« genannt; es geht z. B. darum, eine Fließkommazahl in ein bestimmtes Format mit drei Nachkommastellen zu bringen.

▶ Bei der umgekehrten Richtung soll eine Zeichenkette korrekt interpretiert werden. Kann "12A3" beispielsweise in eine Zahl umgewandelt werden? (Ja, aber nur, wenn die Zeichenkette als hexadezimale Zahl interpretiert wird.)

In beiden Fällen, also sowohl bei der Formatierung als auch bei der Konvertierung, müssen zudem landessprachliche Besonderheiten berücksichtigt werden. Kurzum, das Thema ist komplexer, als die Überschrift erahnen lässt.

Formatierung

Bei den elementaren Datentypen gelingt eine implizite Umwandlung in Zeichenketten, sofern der Compiler erkennen kann, dass das Ergebnis eine Zeichenkette werden soll. Oft hilft dabei der Ausdruck "" + ...

```
int i=3;
double d=1.25;
String s = "abc" + i + d;  // abc31.25
```

Mit mehr Tippaufwand verbunden ist der Aufruf der statischen valueOf-Methode der String-Klasse, mit der alle elementaren Datentypen in Zeichenketten umgewandelt werden können.

```
int i=123;
double d=1.0/7;
System.out.println(String.valueOf(i));   // 123
System.out.println(String.valueOf(d));   //
    0.14285714285714285
```

> **»toString« – Einfach alles in Zeichenketten umwandeln …**
>
> Objekte jeder Art können mit der von der Basisklasse Object stammen-
> den Methode toString in Zeichenketten umgewandelt werden. Wirklich
> brauchbare Zeichenketten resultieren aber nur dann aus dem Aufruf
> der Methode, wenn die jeweilige Klasse toString durch eine eigene
> Implementierung ersetzt wird. Andernfalls liefert die Methode nur Klas-
> sennamen und den Hashcode des Objekts.

Wenn Sie Einfluss darauf nehmen möchten, wie Zahlen in Zeichenketten umgewandelt werden, verwenden Sie am besten die Methode String.
format. An diese Methode übergeben Sie im ersten Parameter eine Formatierungszeichenkette. Die darin enthaltenen %-Codes werden dann durch
die Daten der weiteren Parameter ersetzt.

```
int i=3;
double d=1.25;
String s = String.format("i=%d, d=%f", i, d);
System.out.println(s);   // i=3, d=1,250000
```

Die Input/Output-Klassen stellen selbst eine format-Methode zur Verfügung, sodass Sie den obigen Code ein wenig vereinfachen können. Beachten Sie aber, dass Ausgaben durch format keinen Zeilenende-Code enthalten. Diesen müssen Sie nun explizit selbst durch \n in die Formatierungszeichenkette einbauen:

```
int i=3;
double d=1.25;
System.out.format("i=%d, d=%f\n", i, d);
```

Die Syntax der Formatzeichenkette entspricht jener der C-Funktion printf. Tatsächlich stellen viele IO-Klassen der Java-Bibliothek auch eine printf-Methode zur Verfügung, die exakt wie String.format funktioniert. Lassen Sie sich nicht von den unterschiedlichen Methodennamen irritieren.

```
int i=3;
double d=1.25;
// printf und format sind gleichwertig!
System.out.printf("i=%d, d=%f\n", i, d);
```

Zur Formatierung der Zeichenketten stehen unzählige Formatcodes zur Auswahl. Dieses Buch enthält nur eine Zusammenfassung der wichtigsten Varianten (siehe Tabelle 6.4). Weit mehr Details können Sie in der Online-Dokumentation bzw. in der Wikipedia nachlesen:

http://docs.oracle.com/javase/8/docs/api/java/util/Formatter.html
http://en.wikipedia.org/wiki/Printf_format_string

Code	Bedeutung
%d	ganze Zahl (dezimal)
%5d	ganze Zahl mit fünf Stellen, rechtsbündig
%-5d	ganze Zahl mit fünf Stellen, linksbündig
%x	ganze Zahl hexadezimal ausgeben
%f	Fließkommazahl (*float*)
%.2f	Fließkommazahl mit zwei Nachkommastellen
%s	Zeichenkette
\n oder %n	neue Zeile (Beide Codes sind gleichwertig.)

Tabelle 6.4 Ausgewählte Formatierungscodes (»printf«-Syntax)

Abschließend noch einige Beispiele:

```
double d=1.0/7;
System.out.format("%f\n", d);     // 0,142857
System.out.format("%.4f\n", d);   // 0,1429

int i=123;
System.out.format(">%d<\n", i);   // >123<
System.out.format(">%5d<\n", i);  // >  123<
System.out.format(">%-5d<\n", i); // >123  <
```

6

Alternativen zu »format« und »printf«

Zusätzlich zu den gewöhnlichen format- und printf-Methoden stellen auch die Klassen java.util.Formatter und java.text.NumberFormat spezielle format-Methoden zur Verfügung.

Konvertierung von Zeichenketten in Zahlen

Zur Umwandlung von Zeichenketten in Zahlen verwenden Sie die Methoden parseXxx (siehe Tabelle 6.5). Beachten Sie, dass die Methoden einen Fehler (eine NumberFormatException) auslösen, wenn die Zeichenkette nicht als reguläre Zahl interpretiert werden kann.

Methode	Ergebnis
Double.parseDouble(s)	double-Zahl
Float.parseFloat(s)	float-Zahl
Byte.parseByte(s)	byte-Zahl
Short.parseShort(s)	short-Zahl
Integer.parseInt(s)	int-Zahl
Long.parseLong(s)	long-Zahl

Tabelle 6.5 Zeichenketten in Zahlen umwandeln

Bei den Methoden parseByte, parseShort, parseInt und parseLong können Sie im optionalen zweiten Parameter die Basis des Zahlensystems angeben – z. B. 2 (binäre Zahlen), 8 (oktal) oder 16 (hexadezimal). Standardmäßig gilt 10, d. h., die Zeichenkette wird als dezimale Zahl interpretiert.

```
long l;
double d;
l = Long.parseLong("80");          // l=80
l = Long.parseLong("80", 16);      // l=128
d = Double.parseDouble("12.23"); // d=12.23
d = Double.parseDouble("12,23"); // NumberFormatException
```

Lokalisierung von Ein- und Ausgabe

format und printf berücksichtigen die Spracheinstellungen des Systems, auf dem das Java-Programm ausgeführt wird. Fließkommazahlen werden mit einem Komma zur Trennung zwischen Vor- und Nachkommaanteil versehen. Die Methoden valueOf und parseXxx verwenden dagegen immer einen Dezimalpunkt. Das gilt auch, wenn Zahlen durch Casting in Zeichenketten umgewandelt werden, z. B. in einer println-Ausgabe.

Wenn Ihr Java-Programm explizit die Gepflogenheiten einer bestimmten Sprache beachten soll (Entwickler sprechen in diesem Zusammenhang von der »Lokalisierung« des Programms), müssen Sie vor der Umwandlung ein java.util.Locale-Objekt der betreffenden Sprache erzeugen. Dabei gibt der erste Parameter die Sprache an, der zweite Parameter den Ländercode. Eine Referenz aller zulässigen Codes finden Sie hier:

http://www.oracle.com/technetwork/java/javase/
   java8locales-2095355.html

An die format-Methode übergeben Sie das Locale-Objekt als zusätzlichen ersten Parameter:

```
// Projekt kap06-locale
import java.util.Locale;
...
double d = 1.2345;
```

```
Locale locde = new Locale("de", "DE");
Locale locus = new Locale("en", "US");
System.out.format(locde, "%.3f\n", d); // 1,235
System.out.format(locus, "%.3f\n", d); // 1.235
```

Die parseXxx-Methoden der Klassen Double und Single sehen keinen Parameter zur Lokalisierung vor. Um dennoch Fließkommazahlen in der deutschen Schreibweise zu verarbeiten, verwenden Sie am besten ein NumberFormat-Objekt. Leider ist sein Einsatz umständlich: Seine parse-Methode liefert ein Number-Objekt, das in einem weiteren Schritt in eine double-Zahl umgewandelt werden muss. Außerdem zwingt die DecimalFormat.parse-Methode zu einer Fehlerabsicherung durch try-catch, die wir in diesem Buch erst in Kapitel 9, »Exceptions«, behandeln.

```
import java.util.Locale;
import java.text.NumberFormat;
import java.text.ParseException;
...
Locale locde = new Locale("de", "DE");
try {
  NumberFormat nf = NumberFormat.getInstance(locde);
  Number number = nf.parse("27,888");
  double d = number.doubleValue();
  System.out.println(d);  // 27.888
} catch(java.text.ParseException ex) {
  System.out.println("Ungültige Zahl");
}
```

Vorsicht mit Dezimalpunkt und -komma

Die Methode parse eines NumberFormat-Objekts mit deutscher Lokalisierung erwartet, dass Vor- und Nachkommaanteil durch ein Komma getrennt sind. Punkte werden einfach ignoriert, weil ja im deutschen Sprachraum sehr große Zahlen oft in der Form 1.000.000 geschrieben werden. Wenn Sie nun allerdings irrtümlich 23.45 anstelle von 23,45 eingeben, führt dies dazu, dass parse daraus die Zahl 2345 macht!

6.4   Die »StringBuilder«-Klasse

Aus Performance-Sicht ist die folgende Schleife nicht optimal:

```
String s = "";
for(int i=0; i<100000; i++) {
  s += "bla bla\n";
}
```

Hier werden der Reihe nach 100.000 String-Objekte erzeugt und anschließend wieder verworfen. Zeichenketten sind ja unveränderlich: Jedes Mal, wenn der Operator += ausgeführt wird, erzeugt Java ein neues String-Objekt und gibt das bisherige Objekt frei. Der Garbage Collector muss sich darum kümmern, den Speicher aufzuräumen.

Speziell für Fälle, in denen eine Zeichenkette in kurzer Zeit sehr oft verändert werden muss, sieht die Java-Klassenbibliothek die StringBuilder-Klasse vor. Für StringBuilder stehen zwar wesentlich weniger Methoden als für Strings zur Auswahl, das ist aber keine echte Einschränkung: Sobald das Zusammensetzen der Zeichenkette abgeschlossen ist, wandeln Sie das StringBuilder-Objekt in eine gewöhnliche Zeichenkette um. Die folgenden Zeilen zeigen die Anwendung der append-Methode eines StringBuilders:

```
StringBuilder sb = new StringBuilder();
for(int i=0; i<100000; i++) {
  sb.append("bla bla\n");
}
String s = sb.toString();
```

> **StringBuffer**
>
> Wenn in nebenläufigen Algorithmen mehrere Teilprozesse parallel Zeichenketten verändern, müssen Sie von der StringBuilder-Klasse auf die threadsichere StringBuffer-Klasse ausweichen. Das stellt sicher, dass parallel ausgeführte Threads nicht gegenseitig Daten überschreiben.

6.5   Zeichensatzprobleme

Java stellt Zeichenketten intern im Unicode-Format dar – und das schon seit Java-Version 1. Da sollte man meinen, dass es eigentlich keine Zeichensatzprobleme geben kann. Weit gefehlt! Das folgende Miniprogramm verursacht erstaunlich oft Probleme:

```
String s = "abcäöüß";
System.out.println(s);
// Ausgabe: abc????
```

Am ehesten sind Sie in Eclipse vor Zeichensatzproblemen gefeit – aber auch dort nur, solange Sie nicht Eclipse-Projekte von einer Plattform zu einer anderen übertragen, also z. B. von Linux nach Windows.

Am häufigsten werden Sie unter Windows mit dem Problem konfrontiert, dass Nicht-ASCII-Zeichen wie äöüß falsch ausgegeben werden. Aber auch wenn Sie Quellcode kompilieren, den ein anderer Programmierer entwickelt hat oder den Sie aus dem Internet heruntergeladen haben, kann es Zeichensatzprobleme geben. Warum? Die Interpretation und Verarbeitung von Zeichenketten muss auf mehreren Ebenen zusammenpassen.

Quellcode

Standardmäßig erwartet der Java-Compiler Quellcode unter Windows im Latin-1-ähnlichen Zeichensatz Cp1252. Für aktuelle Java-Versionen unter Linux und OS X gilt hingegen per Default die UTF-8-Codierung (siehe Tabelle 6.6).

Java-Version	Codierung/Zeichensatz
Java unter Windows	Cp1252
Java unter Linux	UTF-8
Java 6 unter OS X	MacRoman
Java 7 und 8 unter OS X	UTF-8

Tabelle 6.6 Java-Standardcodierung

Um den Default-Zeichensatz Ihrer Java-Version festzustellen, kompilieren Sie ein Java-Programm mit der folgenden Anweisung und führen es aus:

```
System.out.println(System.getProperty("file.encoding"));
```

Um Java-Quelltext zu kompilieren, der eine andere Codierung verwendet, als der Java-Compiler erwartet, müssen Sie die javac-Option -encoding verwenden:

```
javac -encoding UTF8 HelloWorld.java
```

Der größte gemeinsame Nenner heißt UTF-8

Egal, unter welchem Betriebssystem Sie arbeiten: Verwenden Sie für Ihre Quelltexte die Codierung UTF-8! Unter Linux und OS X ist dies ohnehin bei allen Editoren standardmäßig der Fall. Auch die meisten Windows-Editoren sind UTF-8-kompatibel, aber dort müssen Sie beim Speichern oder in den Programmeinstellungen explizit angeben, dass Sie Unicode in der UTF-8-Codierung verwenden wollen.

Textausgabe im Terminal

Mit dem Kompilieren des Quelltexts ist es aber noch nicht getan. Falls Sie Textausgaben im Terminal bzw. unter Windows im Eingabeaufforderungsfenster durchführen, müssen die Ausgaben mit dem im Terminal geltenden Zeichensatz übereinstimmen.

Unter Linux und OS X verwenden alle üblichen Programme standardmäßig UTF-8. Windows, dessen Eingabeaufforderungsfenster den antiken Zeichensatz CP850 vorzieht, tanzt hier aus der Reihe: Auch heute noch geht nichts über die maximale Kompatibilität zu DOS! Die aktuelle Java-Version ist zum Glück intelligent genug, um den Zeichensatz korrekt zu erkennen, und passt die Ausgaben entsprechend an (zumindest, soweit es in CP850 geeignete Zeichen gibt).

Zeichensatzeinstellung in Eclipse

Unbegreiflicherweise hält sich auch Eclipse an die Standardcodierung der jeweiligen Java-Version – und speichert somit unter Windows Code-Dateien im Cp1252-Zeichensatz. Warum nicht zumindest die Eclipse-Entwickler unter allen Betriebssystemen UTF-8 als Defaulteinstellung vorsehen, ist mir unverständlich. Nichts ist lästiger als Zeichensatzprobleme beim Austausch von Eclipse-Projekten zwischen verschiedenen Betriebssystemen!

Abhilfe: Suchen Sie im Eclipse-Einstellungsdialog nach *encoding*. Im Dialogblatt GENERAL • WORKSPACE können Sie nun den Default-Zeichensatz für das aktuelle Workspace-Verzeichnis einstellen. Wählen Sie UTF-8!

6.6 Beispiele

Ich habe es bereits betont: Der sichere Umgang mit Zeichenketten zählt zu den Grundfähigkeiten aller Programmierer – ganz egal in welcher Programmiersprache. Üben Sie den Umgang mit char- und String-Variablen! An dieser Stelle finden Sie zwei fertige Beispiele und im Anschluss daran einige Aufgabenstellungen zur selbstständigen Programmierung.

Groß- und Kleinbuchstaben zählen

Im ersten Beispiel geht es darum, die Anzahl der Kleinbuchstaben, Großbuchstaben, Leerzeichen und anderer Zeichen in einer Zeichenkette zu zählen. Dazu müssen wir eine Schleife über alle Zeichen der Zeichenkette bilden. Das gelingt am einfachsten, wenn die Zeichenkette zuerst mit toCharArray in ein char-Array umgewandelt wird. In der for-each-Schleife über alle Zeichen können wir nun mit Methoden wie isUpperCase feststellen, um welche Art von Zeichen es sich handelt. Deren Anzahl speichern wir in Variablen wie anzKlein.

```java
// Projekt kap06-beispiele
String satz = "Java ist eine tolle Programmiersprache.";
int anzKlein=0, anzGross=0, anzLeer=0, anzAndere=0;
```

```
for(char c : satz.toCharArray()) {
  if(c==' ')
    anzLeer++;
  else if(Character.isUpperCase(c))
    anzGross++;
  else if(Character.isLowerCase(c))
    anzKlein++;
  else
    anzAndere++;
}

System.out.format(
  "Der Satz enthält %d Kleinbuchstaben.\n", anzKlein);
System.out.format(
  "Der Satz enthält %d Großbuchstaben.\n", anzGross);
System.out.format(
  "Der Satz enthält %d Leerzeichen.\n", anzLeer);
System.out.format(
  "Der Satz enthält %d andere Zeichen.\n", anzAndere);
```

Pfad und Dateiname trennen

Im zweiten Beispiel enthält die Variable bilddatei den vollständigen Namen einer Datei. Unser Ziel ist es, den eigentlichen Dateinamen und den Pfad zu trennen. Wir nehmen an, dass Verzeichnisse, wie unter Linux und OS X üblich, durch das Zeichen / getrennt sind.

```
String bilddatei = "/home/kofler/Bilder/foto.jpeg";
```

Nun geht es darum, das letzte /-Zeichen in der Zeichenkette zu finden. Dabei hilft die Methode lastIndexOf. An dieser Stelle soll die Zeichenkette in Pfad und Dateinamen zerlegt werden. Zum Auslesen der Teilzeichenketten verwenden wir substring. Sollte es kein /-Zeichen geben, liegt ein Dateiname ohne Pfad vor und es ist keine Zerlegung notwendig.

```
String pfad, dateiname;
int pos=bilddatei.lastIndexOf("/");
if(pos>0) {
  pfad = bilddatei.substring(0, pos+1);
  dateiname = bilddatei.substring(pos+1);
} else {
  pfad = "";
  dateiname = bilddatei;
}
System.out.println("Pfad:  " + pfad);
System.out.println("Datei: " + dateiname);
```

Wenn Sie das Beispiel an Windows-Dateinamen mit einem \-Zeichen zur Trennung zwischen den Verzeichnissen anzupassen möchten, müssen Sie daran denken, dass Sie im Java-Code das Zeichen \ jeweils verdoppeln müssen. Noch besser ist es, stattdessen `File.separator` zu verwenden.

6.7   Wiederholungsfragen und Übungen

▶ **W1:** Formatieren Sie eine `double`-Zahl mit drei Nachkommastellen.

▶ **W2:** Wie stellen Sie fest, ob zwei Zeichenketten gleich sind?

▶ **W3:** Schreiben Sie ein Programm, das eine Zeichenkette umdreht, das also aus "`Abcd`" die Zeichenkette "`dcbA`" macht.

▶ **W4:** Schreiben Sie ein Programm, das die Qualität eines Passworts mit Punkten bewertet – je mehr Punkte, desto besser das Passwort. Für jede der folgenden Regeln erhält das Passwort einen Punkt:

   – Länge zumindest 8 Zeichen
   – enthält Klein- und Großbuchstaben
   – enthält Ziffern
   – enthält Sonderzeichen wie $%&()

Testen Sie Ihr Programm in einer Schleife über mehrere Passwörter.

Kapitel 7

Datum und Uhrzeit

Mit Zahlen und Zeichenketten haben Sie die grundlegendsten Datentypen bereits kennengelernt. Was noch fehlt, ist der Umgang mit Datum und Uhrzeit. Das klingt vorerst nicht besonders schwierig, ist in der Praxis aber mit einer endlosen Liste von Spezialfällen verbunden: Zeitzonen, Schaltjahre, verschiedene Kalendersysteme sowie sprachliche und länderspezifische Besonderheiten machen den wirklich exakten Umgang mit Daten und Zeiten zur Qual.

Das drückt sich auch in der Java-Bibliothek aus: Daten und Zeiten zählten nie zu den elementaren Datentypen von Java. Stattdessen gab es bereits in Version 1 die Klasse Date, deren Objekte gleichermaßen Datum und Uhrzeit speichern konnten. In Version 1.2 (umgangssprachlich: in Java 2) kam die Calendar-Klasse hinzu. Sie bietet besser durchdachte Methoden zum Auslesen und Verändern einzelner Zeitkomponenten und ersetzt viele Methoden der Date-Klasse.

Aufgrund vieler Probleme in den Date- und Calender-Klassen wurde in Java 8 im Rahmen des ThreeTen-Projekts eine vollkommen neue Bibliothek von Klassen geschaffen, um ein für alle Mal eine solide Basis für die Verarbeitung von Daten und Zeiten zu schaffen. Neue Programme sollten nach Möglichkeit ausschließlich diese Klassen verwenden.

Dieses relativ kurze Kapitel kann nur eine Einführung in das komplexe Thema »Datum und Zeit« geben. Das Kapitel beginnt mit den neu in Java 8 eingeführten Klassen, erklärt aber auch, wie Sie mit Calendar und Date-Objekten umgehen. Letzeres ist aus Kompatibilitätsgründen wichtig: Es gibt unzählige Java-Bibliotheken, die Datums- und Zeitangaben weiterhin als Date-Objekt ausdrücken. Daher ist es unumgänglich, dass Sie sich auch damit auskennen.

7.1   Datum und Zeit in Java 8

Die vielen in Java 8 neu eingeführten Datums- und Zeitklassen befinden sich in mehreren java.time-Paketen. Damit Sie die Klassen verwenden können, ohne jedes Mal den Paketnamen voranzustellen, müssen Sie am Beginn Ihres Java-Codes entsprechende import-Anweisungen einfügen:

```
import java.time.*;
import java.time.format.*;
import java.time.temporal.*;
```

7

Datums- und Zeit-Objekte sind unveränderlich

Daten und Zeiten, die in Objekte aus den java.time-Paketen gespeichert werden, sind *immutable*. Wie bei Zeichenketten kann ein einmal erzeugtes Objekt also nicht mehr verändert werden. Vielmehr werden bei Berechnungen mit Daten und Zeiten jeweils *neue* Objekte erzeugt.

»Machine Time Line« versus »Human Time Line«

Die neuen Datums- und Zeitklassen unterscheiden zwischen einer *Machine Time Line* und einer *Human Time Line*:

▶   In der *Human Time Line* geht es darum, Datum und Zeit so darzustellen, dass Menschen damit arbeiten können – also zum Beispiel mit einem Monatsnamen.

Dabei wird unterschieden zwischen lokalen Daten/Zeiten ohne Bezug zu einer Zeitzone (Klassen LocalDate, LocalTime, LocalDateTime), Daten/Zeiten mit einem fixen Offset (zum Beispiel +01:00; OffsetDate, OffsetTime und OffsetDateTime) sowie Zeitangaben mit voller Zeitzonenunterstützung samt Sommer-/Winterzeitumstellung (ZonedDateTime).

▶   Die *Machine Time Line* beschreibt Mechanismen, um einen Zeitpunkt (Klasse Instant) beziehungsweise eine Zeitspanne (Duration) durch den Computer auf Nanosekunden genau abzubilden.

Überblick über die Klassen und Methoden

Zur Verarbeitung von Daten und Zeiten in den beiden Zeitsphären gibt es eine Menge Klassen (siehe Tabelle 7.1). Standardmäßig verwenden die neuen Datums- und Zeitklassen den in Europa üblichen ISO-Kalender. Auf andere Kalendersysteme wie beispielsweise den in Taiwan geltenden Minguo-Kalender gehe ich hier nicht ein.

Klasse	Bedeutung
LocalDate	ein »gewöhnliches« Datum
LocalTime	eine Uhrzeit
LocalDateTime	Datum und Uhrzeit kombiniert
OffsetDate	ein Datum mit Zeitoffset
OffsetTime	eine Uhrzeit mit Zeitoffset
OffsetDateTime	Datum und Uhrzeit mit Offset
ZonedDateTime	Datum und Uhrzeit in einer Zeitzone
Period	Zeitspanne zwischen zwei LocalDates
Year	Jahr
Month	Monat
MonthDay	Monat und Tag
ChronoUnit	Zeiteinheiten (Enumeration)
Instant	Zeitpunkt in Nanosekunden (Machine Time Line)
Duration	Zeitspanne in Nanosekunden (Machine Time Line)

Tabelle 7.1 »java.time.xxx«-Klassenüberblick

Die vielen Klassen aus den `java.time`-Paketen sind mit noch mehr Methoden ausgestattet – weit mehr, als ich Ihnen hier präsentieren kann. Bei der Orientierung hilft aber eine gemeinsame Logik bei den Methodennamen:

▶ `atXxx` erzeugt ausgehend von einem vorhandenen Objekt ein neues Objekt einer anderen Klasse. Zum Beispiel macht `date.atStartOfDate()` aus einem `LocalDate`-Objekt ohne Zeitinformationen ein neues Objekt vom Typ `LocalDateTime` für das angegebene Datum um 0:00 Uhr.

▶ `getXxx` extrahiert aus einem Objekt eine Zeitkomponente. Die Methode `date.getDayOfMonth()` liefert den Monatstag (also 31 für den 31.12.2014).

▶ `isXxx` testet, ob eine bestimmte Eigenschaft zutrifft. `date.isLeapYear()` überprüft, ob es sich um ein Schaltjahr handelt.

▶ `minusXxx` und `plusXxx` addiert oder subtrahiert eine Zeitspanne und liefert ein entsprechendes neues Objekt.

▶ `ofXxx` erzeugt ein neues Objekt aus den angegebenen Daten. Die statische Methode `Month.of(3)` erzeugt das `Month`-Objekt für den März. `LocalDate.of(y, m, d)` erzeugt ein `LocalDate`-Objekt für das Datum *d.m.y*.

▶ `parse` interpretiert eine Zeichenkette als Datum und/oder Uhrzeit.

▶ `toXxx` wandelt ein Objekt in ein anderes bzw. in eine entsprechende Zahl um. Bei einem `Duration`-Objekt ermittelt `toHours` die Zeitspanne, gemessen in Stunden.

▶ `withXxx` erzeugt ausgehend von einem vorhandenen Objekt ein neues, wobei eine Eigenschaft verändert wird. Wenn `date` das Datum 31.12.2014 enthält, dann macht `date.withMonth(2)` daraus den 28.2.2014. Das Monat wird also auf den Februar gestellt, und der Tag wird bei Bedarf so angepasst, dass das Datum gültig bleibt.

Das eigentliche Kunststück bei der Anwendung der `java.time`-Klassen besteht darin, die für eine Aufgabe passenden Klassen und Methoden zu wählen. Da ich Ihnen hier nur einen Überblick geben kann, wird Ihnen in der Praxis die eine oder andere Web-Recherche nicht erspart bleiben. Ein guter Startpunkt ist das entsprechende Java Tutorial von Oracle:

http://docs.oracle.com/javase/tutorial/datetime/iso/index.html

Datum ermitteln, anzeigen und formatieren

Das aktuelle Datum in der lokalen Zeit, die auf dem Computer gilt, der Ihr Java-Programm ausführt, ermitteln Sie mit LocalDate.now(). Die Methode toString liefert das Datum dann in der Form 2014-12-31:

```
// Projekt kap07-java-time
LocalDate date = LocalDate.now();
System.out.println(date.toString());  // Format 2014-12-31
```

Wenn Sie eine andere Formatierung wünschen, können Sie mit diversen getXxx-Methoden das Jahr, die Nummer des Monats und des Tags extrahieren und selbst zu einer Ausgabe zusammenfügen. Komfortabler ist es in der Regel, ein DateTimeFormatter-Objekt einzusetzen. Ein derartiges Objekt erzeugen Sie mit der Methode ofPattern. Dabei geben Sie durch Buchstabencodes die gewünschte Formatierung an. yyyy bedeutet z. B., dass das Jahr als vierstellige Zahl angezeigt werden soll. Die vollständige Liste der Codes ist hier dokumentiert:

http://docs.oracle.com/javase/8/docs/api/java/time/format/
   DateTimeFormatter.html

```
System.out.format("%d.%d.%d\n",       // Format 31.12.2014
  date.getDayOfMonth(),
  date.getMonthValue(),
  date.getYear());
DateTimeFormatter myformatter =       // Format 31. Dez 2014
  DateTimeFormatter.ofPattern( "d. MMM yyyy" );
System.out.println(myformatter.format(date));
```

Alternativ können Sie beim DateTimeFormatter auch einige Fertigformate nutzen, beispielsweise so:

```
DateTimeFormatter myformatter =       // Format 31. Dez 2014
  DateTimeFormatter.ofLocalizedDate( FormatStyle.MEDIUM );
```

DateTimeFormatter generiert Monats- und Tagesnamen automatisch in der auf dem Rechner eingestellten Sprache. Wenn Sie eine andere Sprache wünschen, erzeugen Sie aus einem vorhandenen DateTimeFormatter-Objekt mit withLocale ein neues Objekt für eine andere Sprache.

Die folgenden Code-Zeilen geben alle zwölf Monatsnamen in französischer Sprache aus. Dazu werden innerhalb der for-Schleife Month-Objekte für alle zwölf Monate erzeugt. Bemerkenswert ist, dass Month.of(n) für den ersten Monat n=1 erwartet, nicht Java-typisch n=0.

```
Locale frloc = new Locale("fr", "FR");
DateTimeFormatter frformatter =
  DateTimeFormatter.ofPattern("MMMM").withLocale(frloc);
for(int m=1; m<=12; m++) {
  Month mn = Month.of(m);
  System.out.println(frformatter.format(mn));
} // Ausgabe: janvier etc.
```

Schaltjahr-spezifische Daten ermitteln

Erinnern Sie sich noch an das Schaltjahrbeispiel in Kapitel 4, »Verzweigungen und Schleifen«? Wenn wir damals die LocaleDate-Klasse gekannt hätten, wäre der Schaltjahrtest ganz einfach gewesen: Die Methode isLeapYear stellt fest, ob ein Schaltjahr vorliegt oder nicht:

```
// Projekt kap07-java-time
LocalDate date = LocalDate.now();
if(date.isLeapYear())
System.out.println(date.getYear() +
                   " ist ein Schaltjahr.");
```

Wenn Sie nun wissen möchten, wie viele Tage die Monate des Jahrs in date hat, erzeugen Sie mit date.withMonth(n) neue LocalDate-Objekte für alle zwölf Monate dieses Jahrs. Die Methode lengthOfMonth liefert dann die Anzahl der Tage eines Monats:

```
for(int m=1; m<=12; m++) {
  LocalDate mydate = date.withMonth(m);
  System.out.println("Monat " +
    mydate.getMonth() + " mit " +
    mydate.lengthOfMonth() + " Tagen.");
  }
```

155

Uhrzeit ermitteln und anzeigen

So wie LocalDate.now() ein LocalDate-Objekt mit dem aktuellen Datum liefert, so erzeugt LocalTime.now() ein LocalTime-Objekt mit der aktuellen Uhrzeit. toString macht daraus eine Zeichenkette in der Form 20:18:28.167, also mit Sekundenbruchteilen.

```
LocalTime time1 = LocalTime.now();
System.out.println(time1.toString());   // 20:18:28.167
```

Eine zweckmäßigere Formatierung erzielen Sie wieder mit einem DateTimeFormatter:

```
DateTimeFormatter timeformatter =
    DateTimeFormatter.ofPattern("H:m");
System.out.println(timeformatter.format(time1));   // 20:18
```

Daten und Zeiten einlesen (»parse«)

Relativ häufig müssen Sie Daten oder Uhrzeiten aus Dateien in Form von Zeichenketten lesen und wollen diese dann in LocalXxx-Objekte umwandeln. Den einfachsten Weg zur Verarbeitung von Zeichenketten bietet die parse-Methode der jeweiligen Klasse. An diese Methode übergeben Sie die einzulesende Zeichenkette sowie ein DateTimeFormatter-Objekt, das den Aufbau der Zeichenkette beschreibt. Beachten Sie, dass die parse-Methode eine DateTimeParseException auslösen kann, wenn die Eingabedaten nicht korrekt sind.

Das folgende Beispiel macht aus einer Zeichenkette mit Datum und Uhrzeit in einer im deutschen Sprachraum üblichen Notation ein entsprechendes LocalDateTime-Objekt:

```
// Projekt kap07-java-time
String s = "31.12.2014 23:55";
DateTimeFormatter informatter =
  DateTimeFormatter.ofPattern("d.M.yyyy H:m");
LocalDateTime dt1 = LocalDateTime.parse(s, informatter);
System.out.println(dt1);
```

Daten und Zeiten festlegen (»of«)

Wenn Ihnen beim Verfassen von Code bereits exakte Daten oder Zeiten für die Initialisierung bekannt sind, erzeugen Sie die entsprechenden Objekte am unkompliziertesten mit den of-Methoden. Auch hierzu einige Beispiele:

```
LocalDate geburtstag =            // 31.12.1970
   LocalDate.of(1970, 12,  31);
LocalTime kinostart =             // 20:30
   LocalTime.of(20, 30);
LocalDateTime pruefung =          // 20.7.2014 9:30
   LocalDateTime.of(2014, 7, 20, 9, 30);
System.out.println(pruefung);
```

Zeitspannen ermitteln und auswerten

Mit der Ein- und Ausgabe von Daten und Zeiten ist es selten getan. In der Regel wollen Sie diese Daten auch verarbeiten. Dieser Abschnitt enthält zwei Beispiele dafür, wie Sie Zeitspannen zwischen zwei Zeitpunkten ermitteln und auswerten.

Die erste Aufgabe besteht darin, die Arbeitszeit in Stunden auszurechnen, wenn die Start- und Endzeit bekannt sind. Dazu wird zuerst mit der between -Methode ein Duration-Objekt für die Zeitspanne erzeugt. Dessen Methode toMinutes liefert die Arbeitszeit in Minuten. (Es gäbe auch die Methode toHours, diese gibt aber einen long-Wert zurück und unterschlägt den Nachkommaanteil.)

```
// Projekt kap07-java-time
LocalDateTime arbeitsbeginn =  // 1.12.2014 8:00
   LocalDateTime.of(2014,  12, 1, 8, 00);
LocalDateTime arbeitsende =    // 1.12.2014 16:15
   LocalDateTime.of(2014,  12, 1, 16, 15);
Duration arbeitszeit = Duration.between(arbeitsbeginn,
      arbeitsende);
System.out.format("Arbeitszeit in Stunden: %.2f\n",
   arbeitszeit.toMinutes() / 60.0);
```

Für längere Zeitspannen verwenden Sie anstelle von Duration die Period-Klasse. Deren Objekte setzen Zeitspannen aus Jahren, Monaten, Tagen etc. zusammen.

Wenn Sie eine längere Zeitspanne nicht wie bei Period aus mehreren Zeiteinheiten zusammensetzen möchten, sondern das Ergebnis nur in *einer* Einheit haben möchten, müssen Sie auf die Aufzählung java.time.temporal.ChronoUnit zurückgreifen. Deren Elemente (wie MONTHS oder DAYS) stellen ebenfalls eine between-Methode zur Verfügung, um Zeitspannen in der gewünschten Einheit zu berechnen. Die folgenden Zeilen zeigen, wie Sie die Anzahl der Tage der Präsidentschaft von Thomas Jefferson ausrechnen:

```
LocalDate jeffStart = LocalDate.of(1801, 3, 4);
LocalDate jeffEnde  = LocalDate.of(1809, 3, 4);
long tage = ChronoUnit.DAYS.between(jeffStart, jeffEnde);
System.out.format(
  "Thomas Jefferson war %d Tage US-Präsident.\n", tage);
```

Rechnen mit Daten und Zeiten

Mit den plus- und minus-Methoden können Sie ausgehend von einem bekannten Zeitpunkt in einem XxxDate- oder XxxTime-Objekt einen neuen Zeitpunkt berechnen. Der Einsatz der Methoden ist denkbar einfach:

```
// Zeiten addieren und subtrahieren
LocalTime jetzt = LocalTime.now();
LocalTime demnaechst = jetzt.plusHours(1);
LocalTime vorher = jetzt.minusMinutes(30);
System.out.println("Jetzt: " + jetzt);
System.out.println("In einer Stunde: " + demnaechst);
System.out.println("Vor einer halben Stunde: " + vorher);

LocalDate heute = LocalDate.now();
LocalDate inEinerWoche = heute.plusDays(7);
LocalDate inEinemJahr = heute.plusYears(1);
```

Rechenzeit messen (Instant und Duration)

Instant-Objekte speichern die Anzahl der Nanosekunden seit dem 1.1.1970. Mit den Methoden der Instant-Klasse können Sie zwei Zeiten vergleichen sowie einfache Berechnungen durchführen. Um aus einem Instant-Objekt ein LocalDateTime-Objekt für die Zeitzone des Rechners zu bilden, führen Sie die Methode ofInstant aus und geben im zweiten Parameter die Default-Zeitzone an.

```
Instant in = Instant.now();
LocalDateTime ldt =
  LocalDateTime.ofInstant(in, ZoneId.systemDefault());
```

Duration-Objekte speichern nahezu unbegrenzt lange Zeitspannen mit Nanosekundenauflösung. Mit der Methode between können Sie die Dauer zwischen zwei Zeitpunkten ermitteln. Im folgenden Code wird gemessen, wie lange Java zur Berechnung von einer Million Sinus-Werten benötigt:

```
import java.time.*;
...
Instant instant1 = Instant.now();
for(int i=0; i<1_000_000; i++) {
  double x = Math.sin((double)i);
}
Instant instant2 = Instant.now();
Duration d = Duration.between(instant1, instant2);
System.out.println(d.toString());  // z. B. PT0.08S
System.out.println(d.toNanos());   // z. B. 80000000
```

Nanosekunden – Traum und Wirklichkeit

Lassen Sie sich nicht davon blenden, dass Instant und Duration Zeiten in Nanosekunden speichern können. Das ändert nichts daran, dass now die aktuelle Zeit nur in einer deutlich geringeren Auflösung liefert. Das hier beschriebene Verfahren misst die Laufzeiten bestenfalls im Millisekundenbereich genau.

---

d.toString liefert die Zeitdauer in der Schreibweise des ISO-Standards 8601. Ein vorangestellter Buchstabe P deutet an, dass es sich um eine Zeitspanne handelt (englisch *period*). Danach folgen jeweils Zahlen und Zeiteinheiten, z. B. P3M2D für 3 Monate und 2 Tage. Vor den Stunden-, Minuten- und Sekundenangaben wird noch der Buchstabe T eingeschoben. PT0.08S bedeutet also, dass die Ausführung der Schleife 0,08 Sekunden gedauert hat.

7.2   Veraltete Datums- und Zeitklassen (Date, Calendar)

Ich habe es in der Kapiteleinleitung ja schon erwähnt: Die im Folgenden kurz vorgestellten Klassen Date und Calendar gibt es schon seit den Java-Versionen 1 bzw. 2, und sie sind bis heute in vielen Java-Programmen allgegenwärtig. Sie sollten mit den Klassen also umgehen können – aber ihren Einsatz in neuen Programmen dennoch vermeiden!

Die »Date«-Klasse

Die Date-Klasse aus dem Paket java.util dient zur Speicherung von Zeitwerten. Der Zeitpunkt wird durch eine long-Zahl ausgedrückt, die die Anzahl der Millisekunden ab dem 1.1.1970 00:00 in der Zeitzone UTC misst. Alles, was vor diesem Zeitpunkt passiert ist, wird durch negative Werte ausgedrückt. Damit können Sie einen Zeitraum von ca. 290.000.000 Jahren vor Christi Geburt bis ca. 290.000.000 danach abbilden, was für die meisten Anwendungen ausreichen sollte.

```
import java.util.*;
Date d1 = new Date();  // aktueller Zeitpunkt
Date d2 = new Date(Long.MIN_VALUE);
Date d3 = new Date(Long.MAX_VALUE);
System.out.println(d1.getTime());
System.out.printf(d1 + "\n" + d2 + "\n" + d3 + "\n");
// Ausgabe:  1411543152749
//           Wed Sep 24 09:19:12 CEST 2014
//           Sun Dec 02 17:47:04 CET 292269055
//           Sun Aug 17 08:12:55 CET 292278994
```

Es gibt nur zwei Date-Konstruktoren, deren Einsatz heute noch empfohlen wird. new Date() liefert ein Date-Objekt mit dem aktuellen Datum samt Uhrzeit. new Date(longWert) initialisiert das neue Date-Objekt mit einer long-Zahl. Es gibt nur wenige Methoden der Date-Klasse, deren Einsatz noch empfohlen ist (siehe Tabelle 7.2).

Methode	Funktion
d1.after(d2)	testet, ob d1 nach d2 ist.
d1.before(d2)	testet, ob d1 vor d2 ist.
d1.compareTo(d2)	vergleicht d1 und d2.
d1.equals(d2)	testet, ob d1 und d2 gleich sind.
d.getTime()	liefert long-Wert von d (in Millisekunden).
d.setTime(longval)	stellt das Date-Objekt neu ein.
d.toString()	stellt d als Zeichenkette dar.

Tabelle 7.2 »Date«-Methoden

Im folgenden Beispiel werden zwei Date-Objekte verwendet, um auszurechnen, wie lange eine Million double-Additionen dauern:

```
Date start = new Date();
for(double x=0.0; x<1e6; x++); // 1.000.000 Additionen
Date end = new Date();
long interval = end.getTime() - start.getTime();
System.out.println(interval + " Millisekunden");
```

Die Date-Klasse stellt außerdem eine Menge Methoden zur Auswahl, um Zeitinformationen aus einem Date-Objekt zu extrahieren (getDay, getHour etc.) bzw. um diese Daten zu ändern (setMinutes, setYear etc.). Den Einsatz dieser Methoden sollten Sie aber unbedingt vermeiden! Sie gelten als veraltet (*deprecated*), weil sie in Sonderfällen fehlerhafte Resultate liefern können. Deswegen sollten Sie zum Auslesen von Detailinformationen entweder ein `SimpleDateFormat`- oder ein `Calendar`-Objekt verwenden, wie das folgende Listing und die weiteren Abschnitte zeigen.

```
Date d = new Date();
Calendar c = Calendar.getInstance();
c.setTime(d);
// Vorsicht! 0 = Jan., 1 = Feb. etc.
int month = c.get(Calendar.MONTH);
```

Formatierung mit »format« bzw. »printf«

Die Methoden `format` bzw. `printf` sehen Formatierungscodes für alle wichtigen Zeitangaben vor, z. B. `%ty` für eine zweistellige Jahreszahl, `%tY` für eine vierstellige Jahreszahl, `%tm` für die Monatsnummer, `%td` für die Tagesnummer etc.

```
Date d = new Date();  // z. B. 24.09.2014
System.out.format("%td.%tm.%tY\n", d, d, d);
```

`%tB` liefert den Monatsnamen in der aktuellen Sprache. Wenn Sie den Monatsnamen in einer bestimmten Sprache ausgeben möchten, müssen Sie die entsprechende Lokalisierung explizit durch einen zusätzlichen Parameter angeben.

```
Date now = new Date();
System.out.printf("%tB %tY\n",  now, now);
// Ausgabe: Februar 2015

Locale eng = new Locale("us", "EN");
System.out.printf(eng, "%tB %tY\n",  now, now);
// Ausgabe: February 2015
```

Formatierung mit der »SimpleDateFormat«-Klasse

Die Codes für `format` bzw. `printf` sind umständlich anzuwenden und unterliegen vielen Einschränkungen. Weit mehr Komfort beim Formatieren von Daten und Zeiten bietet die Klasse `java.text.SimpleDateFormat`. Sie hilft auch beim Einlesen von Date-Objekten in verschiedenen Formaten und Sprachen.

Um ein SimpleDateFormat in der Sprache des aktuellen Systems und in der Defaultformatierung zu erzeugen, verwenden Sie die getInstance-Methode der Basisklasse DateFormat. Wenn Sie viele Date-Objekte auf die gleiche Art und Weise verarbeiten müssen, sollten Sie aus Effizienzgründen auf ein einziges SimpleDateFormat-Objekt zurückgreifen und nicht für jede Ausgabe ein neues SimpleDateFormat-Objekt erzeugen. Die Formatierung erledigen Sie mit format, wobei Sie an die Methode ein Date-Objekt übergeben:

```
import java.util.*;
import java.text.*;

Date d = new Date();     // aktueller Zeitpunkt
// df ist ein SimpleDateFormat-Objekt
DateFormat df = DateFormat.getInstance();
System.out.println(df.format(d));
// Ausgabe: 24.09.14 09:46
```

Wenn Sie die Ausgabe in einem anderen Format oder in einer anderen Lokalisierung durchführen möchten, erzeugen Sie das SimpleDateFormat-Objekt mit getTimeInstance (nur Zeit), getDateInstance (nur Datum) oder getDateTimeInstance (beides). Für die Zeit- und Datumsangaben gibt es vier Formatierungsvarianten: SHORT, MEDIUM, LONG und FULL. Die gewünschte Sprache spezifizieren Sie durch ein Locale-Objekt, an dessen Konstruktor Sie die internationalen Länder- und Sprachcodes übergeben:

```
DateFormat df1 = DateFormat.getDateTimeInstance(
  DateFormat.LONG,
  DateFormat.LONG,
  new Locale("us", "en"));
System.out.println(df1.format(d));
// Ausgabe September 24, 2014 9:47:15 AM CEST
```

Oft brauchen Sie nicht eine vollständige Zeitangabe, sondern nur einzelne Komponenten, z. B. den Monatsnamen oder den Wochentag. Dazu erzeugen Sie das SimpleDateFormat-Objekt nicht mit getXxxInstance, sondern mit dem Konstruktor der SimpleDateFormat-Klasse. Dabei übergeben Sie eine Formatierungszeichenkette, deren Syntax in der JDK-Dokumentation beschrieben ist:

http://docs.oracle.com/javase/8/docs/api/java/text/
   SimpleDateFormat.html

```
Locale ital = new Locale("it", "IT");
DateFormat df2a = new SimpleDateFormat("M", ital);
DateFormat df2b = new SimpleDateFormat("MMM", ital);
DateFormat df2c = new SimpleDateFormat("MMMM", ital);
System.out.println(df2a.format(d));
// Ausgabe: Zahl, 1, 2, 3 für Jan, Feb etc.

System.out.println(df2b.format(d));
// Ausgabe: Kürzel, z. B. set

System.out.println(df2c.format(d));
// Ausgabe: ganzer Monatsname, z. B. Settembre
```

Wenn Sie ein Datum oder eine Zeit nicht ausgeben, sondern einlesen möchten, hilft Ihnen dabei die parse-Methode. Diese Methode löst eine ParseException aus, wenn das Format nicht stimmt. Hintergrundinformationen zu try-catch folgen in Kapitel 9, »Exceptions«.

```
DateFormat df3 =
  DateFormat.getDateInstance(DateFormat.MEDIUM);
try {
  Date parsedDate = df3.parse("10.2.2013");
  System.out.println(parsedDate);
  // Ausgabe: Sun Feb 10 00:00:00 CET 2013
} catch (ParseException e) {
  System.out.println("Ungültiges Format!");
}
```

Die »Calendar«-Klasse

Die Calendar-Klasse ist im Paket java.lang der Java-Standardbibliothek definiert. Im Gegensatz zur Date-Klasse ist die Calendar-Klasse so geplant, dass sie mit verschiedenen Kalendersystemen zurechtkommen soll. Tatsächlich unterstützt die Java-Standardbibliothek aber weiterhin nur den gregorianischen Kalender durch die von Calendar abgeleitete Klasse GregorianCalendar.

Um ein neues Calendar-Objekt mit dem gerade aktuellen Datum und der aktuellen Uhrzeit zu erzeugen, verwenden Sie die Methode getInstance. Sie berücksichtigt die aktuellen Systemeinstellungen (Sprache, Zeitzone) und liefert ein GregorianCalendar-Objekt, das die gerade aktuelle Zeit enthält. Eine simple Ausgabe der toString-Methode eines derartigen Objekts macht sofort klar, dass das Calendar-Objekt ungleich mehr Hintergrundinformationen enthält als ein Date-Objekt:

```
Calendar c = Calendar.getInstance();
System.out.println(c);
// Ausgabe:
// java.util.GregorianCalendar[time=1411545767302,
//    areFieldsSet=true, areAllFieldsSet=true,
//    lenient=true, zone=sun.util.calendar.
//      ZoneInfo[id="Europe/Vienna"...]],
//   firstDayOfWeek=2, minimalDaysInFirstWeek=4, ERA=1,
//   YEAR=2014, MONTH=8, WEEK_OF_YEAR=39, WEEK_OF_MONTH=4,
//   DAY_OF_MONTH=24, DAY_OF_YEAR=267, DAY_OF_WEEK=4,
//   DAY_OF_WEEK_IN_MONTH=4, AM_PM=0,
//   HOUR=10, HOUR_OF_DAY=10, MINUTE=2, SECOND=47,
//   MILLISECOND=302, ZONE_OFFSET=3600000,
//   DST_OFFSET=3600000]
```

Wenn Sie ein Date-Objekt mittels eines Calendar-Objekts auswerten möchten, wenden Sie die Methode setTime auf ein bereits existierendes Calendar-Objekt an:

```
Date d = ...
Calendar c = Calendar.getInstance();
c.setTime(d);
```

Um umgekehrt ein Calendar-Objekt in ein Date-Objekt umzuwandeln, verwenden Sie getTime:

```
Date anotherDate = c.getTime();
```

Datums- und Zeitkomponenten lesen Sie mit get aus. Das folgende Listing verwendet einen statischen Import von java.lang.System.out (siehe Abschnitt 18.1). Damit ist es möglich, System.out.println zu out.println zu verkürzen:

```
import static java.lang.System.out;
...
Calendar c = Calendar.getInstance();
out.println(c.get(Calendar.WEEK_OF_YEAR)); // Kalenderwoche
out.println(c.get(Calendar.MONTH));        // Monat (0-11)
out.println(c.get(Calendar.DAY_OF_MONTH)); // Tag (1-31)
out.println(c.get(Calendar.HOUR));         // Stunde (0-23)
out.println(c.get(Calendar.MINUTE));       // Minute (0-59)
```

getDisplayName liefert Wochentage, Monatsnamen etc. als Zeichenkette. Im ersten Parameter wählen Sie das gewünschte Feld aus, im zweiten Parameter die Kurz- oder Langschreibweise und im dritten Parameter die Sprache.

```
System.out.println(c.getDisplayName(
  Calendar.MONTH, Calendar.SHORT, Locale.GERMAN));
System.out.println(c.getDisplayName(
  Calendar.MONTH, Calendar.LONG,  Locale.ENGLISH));
System.out.println(c.getDisplayName(
  Calendar.MONTH, Calendar.LONG,  new Locale("sv", "SV")));
```

Wenn Sie die Namen aller Monate oder Wochentage benötigen, liefert die Methode getDisplayNames ein entsprechendes Map-Objekt (siehe Kapitel 14, »Collections«). Mit ergebnis.get("<name>") können Sie dann die zum Wochen- oder Monatsnamen passende Nummer ermitteln.

```
Map<String, Integer> weekdays =
  c.getDisplayNames(Calendar.DAY_OF_WEEK, Calendar.LONG,
                    Locale.FRENCH);
for(String s: weekdays.keySet())
  System.out.printf("Wochentag: %s Nummer: %d\n",
                    s, weekdays.get(s));
// Ausgabe:
// Wochentag: mardi Nummer: 3
// Wochentag: jeudi Nummer: 5
// Wochentag: vendredi Nummer: 6 ...
```

Zu den größten Vorzügen von Calendar gegenüber der Kombination Date und SimpleDateFormat zählen die vielen Möglichkeiten, Daten und Zeiten zu manipulieren:

▶ Die Methode set verändert eine Komponente des Datums, lässt die anderen aber unverändert.

▶ Mit add können Sie zu einem gegebenen Datum eine beliebige Anzahl von Zeiteinheiten (z. B. Monate) hinzufügen.

▶ roll ist eine Variante zu add. Der Unterschied besteht darin, dass auch bei einem Überlauf keine anderen Komponenten des Datums bzw. der Zeit verändert werden. Im folgenden Beispiel werden zum Datum 14 Monate hinzugefügt. Damit wird aus dem März der Mai, das Jahr bleibt aber unverändert:

```
Calendar c = Calendar.getInstance(); //  z.B. 10.2.2015
c.set(Calendar.DAY_OF_MONTH, 28);    //  --> 28.2.2015
c.add(Calendar.DAY_OF_MONTH, 3);     //  --> 3.3.2015
c.roll(Calendar.MONTH, 14);          //  --> 5.5.2015
```

Tipp

Die Calendar-Klasse stellt keine parse-Methode zur Verfügung. Verwenden Sie gegebenenfalls die parse-Methode eines SimpleDateFormat-Objekts, und wandeln Sie das resultierende Date-Objekt dann mit setTime in ein Calendar-Objekt um.

Umwandlung von »Date« zu »LocalDate«

Wenn Sie aus irgendeiner Java-Bibliothek ein `java.util.Date`-Objekt erhalten, die Zeitangabe aber mit den neuen `java.time`-Klassen weiterverarbeiten möchten, führen Sie die Umwandlung am besten wie folgt durch:

```
Date dt = new Date();  // Ausgangspunkt
LocalDate ld = dt.toInstant().
  atZone(ZoneId.systemDefault()).toLocalDate();
LocalDateTime ldt = dt.toInstant().
  atZone(ZoneId.systemDefault()).toLocalDateTime();
```

Eine kurze Erklärung: Die Methode `toInstant` (neu in Java 8) erzeugt ein `java.time.Instant`-Objekt. Es repräsentiert den Zeitpunkt in der *Machine Time Line*. `atZone` macht daraus ein `ZonedDateTime`-Objekt, das die aktuelle Zeitzone berücksichtigt. `toLocalDate` bzw. `toLocalDateTime` erzeugt schließlich das entsprechende `LocalDate` bzw. `LocalDateTime`-Objekt. Weitere Details können Sie hier nachlesen:

http://stackoverflow.com/questions/21242110

7.3 Wiederholungsfragen und Übungen

▶ **W1**: Geben Sie das heutige Datum in der Form *Montag, 31. 12.* aus, also mit Wochentag, aber ohne Jahreszahl. Verwenden Sie die `java.time`-Klassen!

▶ **W2**: Ein Kinofilm beginnt um 19:30 Uhr und dauert 132 Minuten. Wann ist die Vorstellung zu Ende?

▶ **W3**: Peter ist am 17. 3. 1984 geboren. Berechnen Sie mit `java.time`-Klassen, wie alt Peter heute ist und in wie vielen Tagen sein nächster Geburtstag stattfindet.

Kapitel 8
Methoden

Der ausführbare Code von Java-Programmen befindet sich in Methoden. In allen bisherigen Beispielprogrammen gab es nur *eine* Methode – nämlich main. Dort beginnt die Programmausführung von Java-Programmen.

Auch wenn es möglich ist, sehr komplexe Programme in einer einzigen Methode zu formulieren – empfehlenswert ist dies nicht. Spötter sprechen dann von »Spaghetti-Code«, also von undurchsichtigem und schwer wartbarem Code.

Vielmehr sollten Sie sich bemühen, Ihren Code in überschaubare Teile zu gliedern. Genau dabei helfen Methoden. Idealerweise formulieren Sie Ihren Code so, dass die einzelnen Methoden möglichst universell verwendbar sind und später auch in anderen Programmen genutzt werden können.

In diesem Kapitel lernen Sie, wie Sie selbst Methoden entwickeln und aufrufen, wie Sie Daten durch Parameter an eine Methode übergeben und wie Sie Ergebnisse zurückgeben. Das Kapitel schafft gleichzeitig eine gute Grundlage für die Einführung in das objektorientierte Programmieren, die in Kapitel 10, »Klassen«, beginnt. Dort werden Methoden nochmals eine große Rolle spielen – als das zentrale Gestaltungselement von Klassen. Dort werden Sie auch lernen, wozu Modifizierer wie protected oder default dienen und was Getter- und Setter-Methoden sind.

Methoden, Funktionen, Prozeduren und Eigenschaften

In anderen Programmiersprachen ist oft von Funktionen mit Rückgabewert, von Prozeduren ohne Rückgabewert und von Eigenschaften mit Lese- und Schreibzugriff die Rede. In Java gibt es nur Methoden, die all diese Aufgaben erfüllen.

8.1 Einführung

Die Grundidee von Methoden lässt sich am schnellsten anhand eines Beispiels verstehen. Das folgende Listing enthält außer der main-Methode, die es seit *Hello World!* in all unseren Beispielen gab, zwei weitere Methoden.

```
// Projekt kap08-intro

// Beginn der Intro-Klasse
public class Intro {

  // Startpunkt des Programms
  public static void main(String[] args) {
    System.out.println("In main()");
    m1();   // Aufruf der Methode m1
    System.out.println("Wieder in main()");
  }

  // Methode m1
  public static void m1() {
    System.out.println("In m1()");
    int ergebnis = m2(7, 12);
    System.out.println("Ergebnis: " + ergebnis);
  }

  // Methode m2
  public static int m2(int a, int b) {
    System.out.println("In m2()");
    if(a>b)
      return a*b;
    else
      return a+2*b;
  }

} // Ende der Intro-Klasse
```

Die Programmausführung beginnt auch in diesem Programm in main. Dort wird die Methode m1 aufgerufen. Im Code von m1 wird wiederum die Methode m2 aufgerufen, um eine simple Berechnung durchzuführen. Die Ausgaben des Programms sehen so aus:

```
In main()
In m1()
In m2()
Ergebnis: 31
Wieder in main()
```

Syntaxregeln

Das Beispiel verdeutlicht bereits die wichtigsten Syntaxregeln beim Umgang mit Methoden:

► Methoden werden innerhalb einer Klasse formuliert. (Sie werden im weiteren Verlauf dieses Kapitels sehen, dass es noch mehr zulässige Orte gibt, aber in erster Näherung stimmt die Regel so.)

► Bei der Definition jeder Methode muss der Rückgabe-Datentyp angegeben werden. m2 liefert also eine int-Zahl als Ergebnis. Bei Methoden, die kein Ergebnis zurückgeben, muss anstelle des Datentyps void angegeben werden.

► Wenn Methoden ein Ergebnis liefern, muss dieses mit return zurückgegeben werden. Die Code-Ausführung in der Methode endet an diesem Punkt und springt zurück an die Stelle, wo die Methode aufgerufen worden ist.

► Durch die optionalen Modifizierer public, private oder protected kann gesteuert werden, in welchem Kontext eine Methode genutzt werden darf. Für unsere nur aus einer Klasse bestehenden Beispielprogramme spielt es vorerst keine Rolle, ob die Methode öffentlich ist oder nicht. Interessant werden diese Modifizierer erst bei Programmen, die aus mehreren Klassen zusammengesetzt sind. Deswegen beschäftigen wir uns mit diesen Schlüsselwörtern in Kapitel 10, »Klassen«.

▶ Methoden dürfen Parameter haben. Die Parameter müssen in den runden Klammern der Methodendefinition aufgezählt werden. Dabei muss bei jedem Parameter ein Datentyp angegeben werden, genau wie bei der Deklaration von Variablen.

▶ Im Beispielprogramm werden Methoden einfach durch die Nennung ihres Namens aufgerufen. Das funktioniert so allerdings nur für statische Methoden, die innerhalb der aktuellen Klasse definiert sind. Im Allgemeinen werden statische Methoden mit `Klasse.methode()` aufgerufen, nichtstatische Methoden mit `objekt.methode()`.

Regeln für Methodennamen

Es ist zwar nicht syntaktisch vorgeschrieben, aber doch üblich: Methodennamen beginnen mit einem Kleinbuchstaben, und sie sollten nach Möglichkeit von einem Verb abgeleitet werden: `print`, `format`, `find`, `replace` etc. sind Beispiele für Methodennamen aus der Java-Klassenbibliothek. Wenn Sie lieber deutsche Begriffe verwenden, ist auch `drucke` oder `suche` in Ordnung. Nur wenn ein Verb nicht oder nur umständlich das ausdrücken kann, was die Methode tun soll, sollten Sie auf Substantive oder andere Wörter zurückgreifen. Bei längeren Begriffen empfiehlt sich die Camel-Case-Notation, also z. B. `printFormattedDate`.

Statisch oder nichtstatisch?

Jetzt bleibt noch die Frage offen, was statische und was nichtstatische Methoden sind:

▶ **Statische Methoden** können verwendet werden, ohne vorher ein Objekt der Klasse zu erzeugen. Sie werden im Code durch das Schlüsselwort `static` gekennzeichnet.

▶ **Nichtstatische Methoden** dienen zur Verarbeitung von Objekten bzw. deren Daten. Es ist daher unbedingt erforderlich, vorher ein Objekt der betreffenden Klasse zu erzeugen.

Der Unterschied zwischen statischen und nichtstatischen Methoden wird in dem Moment leichter verständlich werden, in dem wir selbst eigene Klassen definieren und daraus eigene Objekte erzeugen (siehe Kapitel 10, »Klassen«). Bis dahin gilt eine einfache Regel:

Sie müssen alle eigenen Methoden als `static` deklarieren.

Warum? Alle bisherigen Beispielprogramme entsprechen dem Hello-World-Schema: Die Programmausführung beginnt in der statischen Methode `main`, und wir erzeugen an keiner Stelle im Code ein Objekt der Klasse, die `main` enthält. Da wir somit keine Objekte unserer eigenen Klasse haben, können wir nur Methoden der Klasse nutzen, die wie `main` statisch definiert sind.

Sie werden sehen, dass wir trotz dieser Einschränkung schon eine ganze Menge mit Methoden anfangen können!

8.2   Parameterliste

An Methoden können Parameter übergeben werden. Das sind die Daten, die die Methode verarbeiten soll. Wenn Sie eine neue Methode verfassen, müssen Sie alle Parameter in der Parameterliste in den runden Klammern nach dem Methodennamen angeben. Jeder Parameter muss jeweils mit seinem Datentyp deklariert werden. Im Gegensatz zu anderen Programmiersprachen sieht Java keine Möglichkeit vor, Defaultwerte für Parameter anzugeben.

Parameter verhalten sich innerhalb der Methode wie Variablen. Ihre Gültigkeit beschränkt sich auf das Innere der Methode.

Parameter verändern

In Java werden Parameter *immer* als Werte übergeben (*Pass by Value*). Die Parameter dürfen innerhalb der Methode verändert werden. Bei elementaren Datentypen hat dies keine Auswirkungen auf die zugrunde liegenden Variablen, weil die Daten als Werte kopiert werden.

Betrachten Sie den folgenden Code: In der Methode m1 werden die zwei Variablen i und x deklariert und initialisiert. Dann erfolgt der Methodenaufruf m2(i, x). Damit werden die Werte 3 und 2.0 in die Parameter a und b der Methode m2 kopiert. Die Methode m2 kann mit den Parametern nun machen, was sie will – dies hat keinen Einfluss auf die Variablen i und x in m1. Deswegen wird println in m1 unverändert die Werte 3 und 2.0 ausgeben, obwohl innerhalb von m2 den Parametern a und b neue Werte zugewiesen wurden.

```
public static void m1() {
    int i=3;
    double x=2.0;
    m2(i, x);
    System.out.println(i + " " + x);  // Ausgabe: 3   2.0
}

public static void m2(int a, double b) {
    a=7;
    b=3.0;
}
```

Ganz anders ist das Verhalten bei Objekten: Zwar gilt auch in diesem Fall für die Parameterübergabe das Verfahren *Pass by Value*, aber der in den Parameter kopierte Wert ist eine *Referenz* auf das Objekt, also in der C-Nomenklatur ein Zeiger oder in HTML-Denkweise ein Link. Die referenzierten Objekte können deswegen innerhalb der Methode sehr wohl bleibend verändert werden!

Auch dazu ein Beispiel: In m1 wird ein Objekt der Klasse Point mit dem Koordinatenpunkt (0,0) erzeugt. Beim Aufruf m2(pt) wird an den Parameter p der Methode m2 eine Referenz auf das Objekt übergeben. m2 verändert nun die Attribute (Klassenvariablen) des Punkts. Zurück in m1 beweist println, dass diese Änderung bleibende Folgen für die in m1 deklarierte Variable pt hatte. Der Grund: sowohl pt als auch der Parameter p in m2 zeigen auf dieselben Daten!

```
import java.awt.Point;
...
public static void m1() {
  Point pt = new Point(0, 0);
  m2(pt);
  System.out.println(pt.x + " " + pt.y);  // Ausgabe 2 3
}

public static void m2(Point p) {
  p.x = 2;
  p.y = 3;
}
```

Beachten Sie aber, dass durch die Zuweisung eines *neuen* Objekts an einen Parameter die ursprüngliche Variable nicht verändert wird. Sobald Sie also in m2 die Zuweisung p = new Point(2, 3) durchführen, verweist p in m1 auf ein anderes Objekt als pt in m2! Deswegen bleibt die Variable pt unverändert.

```
import java.awt.Point;
...
public static void m1() {
  Point pt = new Point(0, 0);
  m2(pt);
  System.out.println(pt.x + " " + pt.y);  // Ausgabe 0 0
}

public static void m2(Point p) {
  p = new Point(2, 3);
}
```

Dies gilt insbesondere auch für Zeichenketten (Strings), die in Java unveränderlich (*immutable*) sind. Bei der Zuweisung p = p + "x" wird dem Parameter p eine *neue* Zeichenkette zugewiesen. Damit verweist p nun auf ein anderes Objekt als die zugrunde liegende Variable s, die unverändert bleibt!

```
public static void m1() {
  String s = "abc";
  m2(s);
  System.out.println(s);  // Ausgabe abc
}

public static void m2(String p) {
    p = p + "x";
}
```

Finale Parameter

An Parameter, die mit dem Schlüsselwort final gekennzeichnet sind, können innerhalb der Methode keine Zuweisungen erfolgen:

```
public static void m(final int p1, final Point p2) {
  p1 = 3;                 // nicht zulässig
  p2 = new Point(0, 0); // nicht zulässig
  p2.x = 3;               // OK (aber nicht empfehlenswert)
}
```

Vorsicht

Wie das obige Listing beweist, können die Klassenvariablen eines Objektes, das über einen finalen Parameter übergeben wird, sehr wohl verändert werden! Das entspricht aber nicht der Intention von final und sollte deswegen vermieden werden.

Overloading

Es ist zulässig, mehrere Methoden mit demselben Namen zu deklarieren, sofern sich diese Methoden anhand ihrer Parameter unterscheiden: eine Methode mit einem String-Parameter, eine mit einem int-Parameter, eine mit zwei int-Parametern etc. Der Compiler muss beim Aufruf anhand der Parameter eindeutig erkennen können, welche Variante der Methode gemeint ist. Dieser Mechanismus wird auch *Overloading* genannt.

```
public static void m1() {
  ... Code für die Methode
}
public static void m1(String s) {
  ... Code für die Methode
}
public static void m1(int a, int b) { ... Code }
public static void m1(int a, int b, int c) { ... Code }
```

Overloading kann dazu verwendet werden, um die in Java fehlende Möglichkeit von Defaultwerten für Parameter zumindest teilweise zu umgehen. Die Methode berechne aus dem folgenden Beispiel kann wahlweise mit einem, mit zwei oder mit drei Parametern aufgerufen werden. Für den Parameter p3 gilt somit der Defaultwert 0, für p2 der Wert -1.

```
public static int berechne(int p1, int p2, int p3) {
  ... Code für die Berechnung, der
      alle drei Parameter verarbeitet
  return ergebnis;
}
public static int berechne(int p1, int p2) {
  return berechne(p1, p2, 0);
}
public static int berechne(int p1) {
  return berechne(p1, -1);
}
```

Variable Parameterzahl

Der letzte Parameter einer Methode (und nur dieser) darf in der Form datentyp ... parametername angegeben werden. Beim Aufruf der Methode sind an dieser Stelle nun beliebig viele Parameter dieses Datentyps zulässig (auch null!). Alternativ kann an die Methode auch ein Array übergeben werden. Der Mechanismus typ... var ist in der Java-Welt als varargs bekannt, obgleich es kein derartiges Schlüsselwort gibt.

Innerhalb der Methode muss der Parameter als Array ausgewertet werden. Im folgenden Beispiel gibt m2 zuerst aus, wie viele optionale Parameter übergeben wurden. Die nachfolgende for-each-Schleife zeigt die Werte aller Parameter an.

```
public static void m1() {
  m2(1, "abc");
  m2(1, "abc", 2);
  m2(1, "abc", 2, 4.5, 7);
}
```

```
public static void m2(int p1, String p2, double ... p3) {
  System.out.println("Es wurden " + p3.length +
                     "optionale Parameter übergeben.");

  // alle optionalen Parameter in Schleife ausgeben
  for(double p: p3) {
    System.out.println("Parameter: " + p);
  }
}
```

»Object«-Parameter und generische Parameter

Wenn Sie als Datentyp Object verwenden, können Sie beliebig viele Argumente in beliebigen Datentypen übergeben. Das bietet einerseits unbegrenzte Flexibilität beim Aufruf der Methode, macht aber andererseits die Auswertung der Parameter im Code der Methode sehr aufwendig.

Die Verwendung von typ ... name in Kombination mit generischen Datentypen (siehe Kapitel 12) ist problematisch und löst deswegen eine Compiler-Warnung aus. Die Warnung kann durch das Voranstellen der Annotation @SafeVarargs unterdrückt werden. Die Hintergründe des Problems sind hier beschrieben:

http://docs.oracle.com/javase/8/docs/technotes/guides/language/
non-reifiable-varargs.html

8.3 Rückgabewert und »return«

Methoden, die mit void deklariert sind und somit keinen Rückgabewert haben, können jederzeit mit der Anweisung return verlassen werden. Gibt es kein return, wird der Code der Methode bis zur letzten Anweisung abgearbeitet.

Bei Methoden mit Rückgabewert *müssen* Sie die Methode mit return wert beenden. Der Compiler stellt sicher, dass jeder mögliche Ausführungszweig mit return endet. Der Rückgabewert muss mit dem Datentyp der Methode übereinstimmen. return verlangt keine Klammern, deren Angabe ist aber syntaktisch zulässig.

```
public static int m(int p) {
  if(p<0)
    return 0;    // return(0);   wäre auch OK
  else
    return 2*p;  // return(2*p); wäre auch OK
}
```

Alternativ kann der Code auch mit einer Ergebnisvariablen und nur einer return-Anweisung formuliert werden:

```
public static int m(int p) {
  int ergebnis;
  if(p<0)
    ergebnis = 0;
  else
    ergebnis = 2*p;
  return ergebnis;
}
```

Als Rückgabewert sind nicht nur elementare Datentypen wie int oder double zulässig, sondern auch Objekte und Arrays. Die folgende Methode liefert ein String-Array mit n Elementen zurück. Der Datentyp der Methode lautet also String[].

```
public static String[] m(int n) {
  if(n<=0) return null;
  String[] result = new String[n];
  for(int i=0; i<n; i++)
    result[i] = String.format("abc %d", i);
  return result;
}
```

8.4   Rekursion

Wenn sich Methoden selbst aufrufen, spricht man von Rekursion. Das klingt ganz einfach, und tatsächlich zeichnen sich viele rekursive Methoden durch verblüffend knappen Code aus. Dennoch ist die Programmierung rekursiver Methoden gerade für Einsteiger eine große Herausforderung. Das Hauptproblem ist dabei, sich den Ablauf des Codes in den verschiedenen Ebenen der Methode richtig vorzustellen.

Rekursive Algorithmen eignen sich besonders gut, um hierarchische Datenstrukturen zu verarbeiten, also z.B. um alle Verzeichnisse der Festplatte zu durchsuchen. Eine gute Einführung in die Denkweise der Rekursion gibt die Wikipedia:

http://de.wikipedia.org/wiki/Rekursion

Fakultät rekursiv berechnen

Das folgende Listing enthält zur Abwechslung wieder einmal den kompletten Code inklusive class und main. Dieses winzige Programm errechnet die Fakultät einer ganzen Zahl. Die Fakultät von n ist das Produkt aller Zahlen zwischen 1 und n. Demzufolge gibt das Programm 1*2*3*4*5=120 aus.

Wie aber funktioniert das Programm? Die Programmausführung beginnt in main. Dort wird die Methode fakultaet mit dem Parameter 5 ausgeführt. Innerhalb dieser Methode wird nun return 5 * fakultaet(4) aufgerufen. Bevor die Methode mit return verlassen werden kann, muss also schnell noch die Fakultät von 4 ermittelt werden.

An dieser Stelle passiert die Rekursion: Die fakultaet-Methode ruft sich selbst auf. Und – Sie haben es sicher schon erraten – zur Berechnung von fakultaet(4) muss wiederum fakultaet(3) aufgerufen werden etc. Der rekursive Aufruf endet erst mit fakultaet(1), wo ohne weitere Aufrufe direkt das Ergebnis 1.0 zurückgegeben wird.

```
// Projekt kap08-rekursion
public class Fakultaet {
  // hier beginnt die Progammausführung
  public static void main(String[] args) {
    System.out.println( fakultaet(5) );
  }

  // eine rekursive Methode zur Berechnung der Fakultät
  public static double fakultaet(int n) {
    if(n<=1)
      return 1.0;
    else
      return n * fakultaet(n-1);
  }
}
```

Der Stack

Damit Rekursion funktionieren kann, werden bei jedem Aufruf von Methoden alle lokalen Variablen (also Variablen, die innerhalb der Methode definiert wurden) sowie alle Parameter im Stack zwischengespeichert. Der Stack ist ein speziell für sie reservierter Pufferspeicher.

Die Stackgröße von Java ist versions- und betriebssystemabhängig. Java 8 verwendet unter Windows, Linux und OS X einen Stack von 1 MByte. Das reicht für sehr viele rekursive Aufrufe aus – aber eben nicht für unendlich viele. Sie müssen also bei rekursiven Algorithen immer darauf achten, dass die Aufruftiefe limitiert ist.

Die Stackgröße ist selten eine echte Beschränkung. Vielmehr deutet ein StackOverflowError fast immer darauf hin, dass Ihr Code fehlerhaft ist und Sie einen endlosen rekursiven Aufruf Ihrer Methode verursacht haben.

8.5 Beispiele

In zwei Beispielen möchte ich Ihnen nun den Umgang mit Methoden näherbringen. Dabei geht es weniger um den praktischen Nutzen dieser Methoden, sondern darum, wie Sie Ihren Code organisieren.

Array-Methoden: Minimum und Maximum ermitteln

Die Aufgabenstellung des ersten Beispiel ist es, das kleinste und größte Element eines int-Arrays zu finden. Erinnern Sie sich an Kapitel 5, »Arrays«? Dort hatten wir diese Aufgabenstellung schon einmal. Aber nun ist unser Ziel, den Code zur Ermittlung des Minimums bzw. Maximums in Methoden zu organisieren. Warum? Weil wir diese Methode dann an jeder beliebigen Stelle in unserem Programm nutzen können, weil der Code dadurch eigenständig und besser test- und wartbar wird und weil wir die Methoden vielleicht später auch in einem anderen Projekt wiederverwenden können.

Wenn Sie eine neue Methode entwickeln, müssen Sie sich zuerst zwei Fragen stellen:

▸ Welche Daten verarbeitet die Methode? Daraus ergibt sich die Parameterliste. Ab Kapitel 10, »Klassen«, befinden sich die Daten oft schon im Objekt. Parameter dienen dann dazu, *zusätzliche* Daten zu übergeben, die nicht schon vorhanden sind.

▸ Welches Ergebnis soll die Methode liefern (wenn überhaupt)? Daraus ergibt sich der Datentyp der Methode bzw. void, wenn die Methode nichts zurückgibt.

Die korrekte Deklaration einer Methode zur Ermittlung des Minimums eines int-Arrays sieht so aus:

```
public static int findMinimum(int[] data) { ... }
```

Die Methode erwartet also als Parameter ein Array von int-Zahlen, und sie gibt einen int-Wert zurück. Wenn Sie so weit gekommen sind, ist der eigentliche Code kein Problem mehr. Die Variable min wird mit dem ersten Element aus dem Array initialisiert. In einer Schleife werden alle Elemente des Arrays durchlaufen. Wenn ein Element kleiner ist, wird min entsprechend verändert. Zuletzt gibt return das Ergebnis zurück.

```
// Projekt kap08-minmax
public static int findMinimum(int[] data) {
  int min = data[0];

  for(int i : data) {
    if(i<min) {
      min=i;
    }
  }
  return min;
}
```

Die Methode findMaximum lässt sich analog realisieren, in dem Sie den Operator < durch > ersetzen. Um die Methoden zu testen, fügen Sie in main den folgenden Testcode ein:

```
public static void main(String[] args) {
  int[] tst = {7, 234, 74, -9, 0, 23};
  System.out.println( findMinimum(tst) );
  System.out.println( findMaximum(tst) );
}
```

Wir spielen Lotto

Dass sich Lotto spielen statistisch gesehen nicht lohnt, wissen Sie natürlich. Aber nichts geht über ein kleines Experiment! Wir lassen ein Java-Programm Lotto spielen. Wir nehmen an, dass wir pro Jahr an 100 Ziehungen teilnehmen und dass wir unser Glück immer mit einem gleichbleibenden Tipp versuchen. Wie viele Jahre vergehen bis zum ersten Lotto-Sechser?

Vereinfachtes Lotto

Das Beispiel bezieht sich auf das in Deutschland übliche Lottosystem
»6 aus 49«. Der Einfachheit halber berücksichtigen wir aber weder die
Superzahl noch Gewinne mit weniger als sechs übereinstimmenden
Zahlen. Mit anderen Worten: Uns interessiert nur, wie viele Versuche
notwendig sind, bis sechs zufällig gezogene Zahlen mit unserem Tipp
übereinstimmen.

Bevor wir zu programmieren beginnen, stellen wir uns einige Fragen:

► Wie speichern wir einen Tipp bzw. eine Ziehung?

► Wie simulieren wir eine Ziehung?

► Wie vergleichen wir unseren Tipp mit einem Ziehungsergebnis?

Die ideale Datenstruktur für sechs Lottozahlen ist ein Array. Prinzipiell ist
jeder ganzzahlige Datentyp geeignet. Wir bleiben hier bei int, weil es keinen zwingenden Grund gibt, ein anderes Format zu verwenden.

```
int[] tipp = {1, 4, 8, 22, 23, 48};
```

Um eine Ziehung zu simulieren, erzeugen wir einfach sechs Zufallszahlen
zwischen 1 und 49, speichern diese in einem Array und sortieren sie. Die
einzige Tücke besteht darin, dass wir es vermeiden müssen, dass in einer
Ziehung eine Zahl mehrfach vorkommt. Es bietet sich an, den Code in eine
Methode zu verpacken (sonst würde ich dieses Beispiel nicht in diesem
Kapitel präsentieren).

Unter der Voraussetzung, dass der Tipp und die Ziehung jeweils in einem
sortierten Array untergebracht sind, hilft uns Java beim Vergleich der Zahlen: Die Klasse Arrays enthält die Methode equals, die den Inhalt zweier
Arrays vergleicht.

Beginnen wir die Diskussion des Codes mit der Methode zur Erzeugung
von sechs Lottozahlen. Diese Methode ist sicherlich die größte Herausforderung. Die Methode soll ein int-Array zurückgeben und erwartet keine
Parameter – somit ergibt sich diese Deklaration:

```
public static int[] gewinnzahlen() { ... }
```

Zur Erzeugung von Zufallszahlen benötigen wir ein Random-Objekt. r.nextInt(49) erzeugt dann Zufallszahlen zwischen 0 und 48. Wir addieren 1 und erhalten somit Zahlen im Bereich zwischen 1 und 49.

In der do-Schleife generieren wir jeweils eine neue Zufallszahl. Bevor wir diese im Array ziehung speichern, vergleichen wir sie in der for-Schleife mit den bereits vorhandenen Zahlen. Sollten wir dabei einen Doppelgänger entdecken, wiederholen wir die Ziehung (also den Inhalt der äußeren Schleife) mit continue. Gibt es dagegen keinen Doppelgänger, speichern wir die Zahl und erhöhen unsere Schleifenvariable n um 1. Sobald alle sechs Zahlen vorliegen, sortieren wir das Array und geben es als Ergebnis zurück.

```java
// Projekt kap08-lotto
import java.util.Arrays;
import java.util.Random;
...
public static int[] gewinnzahlen() {
  int[] ziehung = new int[6];
  int zahl;
  Random r = new Random();
  int n=0;
  // Schleife für alle sechs Zahlen
  do_label:
  do {
    zahl = 1 + r.nextInt(49);
    // testen, ob Doppelgänger
    for(int i=0; i<n; i++) {
      if(ziehung[i] == zahl)
        continue do_label;
    }
    ziehung[n]=zahl;
    n++;
  } while(n<6);
  Arrays.sort(ziehung);
  return ziehung;
}
```

Jetzt müssen wir nur noch virtuell in main Lotto spielen. Abermals verwenden wir eine do-while-Schleife, die wir so lange ausführen, wie Array.equals das Ergebnis false liefert. Da wir annehmen, dass wir an 100 Ziehungen pro Jahr teilnehmen, dividieren wir den Schleifenzähler n durch 100.

```java
public static void main(String[] args) {
  int[] tipp = {1, 4, 8, 22, 23, 48};
  int[] ziehung;
  long n =0;

  // Schleife; so oft Lotto spielen,
  // solange Tipp und Ziehung nicht übereinstimmen
  do {
    n++;
    ziehung = gewinnzahlen();
  } while(Arrays.equals(tipp, ziehung) == false);

  System.out.format("Sechs richtige Zahlen " +
                    "nach nur %d Jahren!\n", n/100);
}
```

Auf einem typischen PC läuft das Programm einige Sekunden und liefert dann ein Ergebnis wie:

```
Sechs richtige Zahlen nach nur 196320 Jahren!
```

8.6 Wiederholungsfragen und Übungen

Sie haben nun genug gelernt, um sich mit richtig anspruchsvollen Übungen zu befassen. Nehmen Sie die Gelegenheit jetzt wahr, und investieren Sie für die folgenden Aufgaben ein paar Stunden, vielleicht sogar einen ganzen Tag! Dieser Grundkurs wird mit den kommenden Kapiteln zunehmend abstrakter, wenn wir Schritt für Schritt in die objektorientierte Programmierung einsteigen. Da wäre es gut, wenn die Grundkenntnisse sitzen!

▶ **W1:** Welche Ausgabe liefert dieser Code?

```
public static void main(String [] args) {
  double a=3.0, b=5.0, c;
  c = berechne(a, b);
  System.out.println(c);
  System.out.println( berechne(-2, 0.5) );
}
public static double berechne(double p1, double p2) {
  System.out.println(p1 + " " + p2);
  return p1*p2;
}
```

▶ **W2:** Welche Ausgabe liefert dieser Code?

```
public static void main(String[] args) {
  int i=3;
  System.out.println(i);
  verdopple(i);
  System.out.println(i);
}
public static void verdopple(int a) {
  a=a*2;
  System.out.println(a);
}
```

▶ **W3:** Implementieren Sie int berechne(int x, int y, int z). Sofern x, y und z alle größer als null sind, soll die Methode (x+y)/z zurückgeben, andernfalls den Wert 0.

▶ **W4:** Die Methode String randomstr(int n) soll eine Zeichenkette mit n zufällig ausgewählten Kleinbuchstaben (a-z) zurückgeben.

▶ **W5:** In Kapitel 4, »Verzweigungen und Schleifen«, habe ich Ihnen Code vorgestellt, mit dem Sie ermitteln können, ob ein Jahr ein Schaltjahr ist und wie viele Tage ein Monat hat. Organisieren Sie diesen Code neu:

– Die Methode boolean schaltjahr(int jahr) soll true oder false zurückgeben, je nachdem, ob das Jahr ein Schaltjahr ist.

– Die Methode `int tage(int jahr, int monat)` soll die Anzahl der Tage des angegebenen Monats zurückgeben (Januar = 1 etc.). Bei fehlerhaften Parametern (z. B. `monat<=0`) soll das Ergebnis 0 lauten.

Bauen Sie in Ihr Programm Test-Code ein, um die Methode `tage` für alle Monate des Jahrs 2015 sowie für den Monat Februar für alle Jahre zwischen 2000 und 2020 zu testen.

▶ **W6:** Programmieren Sie die Methode `buildArray` mit zwei `double`-Parametern `x0` und `x1` und einem `int`-Parameter `n`. Die Methode soll ein Array von `n` `double`-Zahlen zurückliefern. Die Werte im Array reichen in gleichmäßigen Schritten von `x0` bis `x1`. Geben Sie den Inhalt des Arrays in `main()` aus.

▶ **W7:** Schreiben Sie eine Methode, die testet, ob eine Zeichenkette ein Palindrom ist. Das ist ein String, der von vorne und von hinten gelesen dasselbe ergibt. Beispiele: »Lagerregal« oder »Trug Tim eine so helle Hose nie mit Gurt?«

Wichtig: Im Palindrom-Test werden Groß- und Kleinschreibung, Satzzeichen und Leerzeichen nicht berücksichtigt. Eine Menge Beispiele für Palindrome finden Sie in der Wikipedia:

http://de.wikipedia.org/wiki/Palindrom

Kapitel 9

Exceptions

Was passiert, wenn der Code in Ihrem Programm auf ein Array-Element zugreifen möchte, das es gar nicht gibt, die Zeichenkette "xy" in eine Zahl umzuwandeln versucht oder eine Datei öffnen möchte, auf die das Programm keine Leserechte hat? In all diesen Fällen reagiert Ihr Java-Programm mit einer Fehlermeldung.

Hinter den Kulissen geht Java freilich viel raffinierter vor: Es erzeugt ein Objekt, das den Fehler beschreibt, und wechselt in einen speziellen Ausnahmezustand, d. h. in eine sogenannte *Exception*. Umgangsprachlich ist meist die Rede davon, dass das Programm eine Exception auslöst oder *wirft* (wörtlich übersetzt aus der englischen Nomenklatur: *to throw an exception*).

Für Sie als Programmierer sind Exceptions eine feine Sache: Sie geben Ihnen nämlich die Möglichkeit, auf ungeplante Fehler zu reagieren und das Programm in vielen Fällen sogar fortzusetzen. Im weiteren Verlauf dieses Kapitels erkläre ich Ihnen, was Exceptions sind und wie man darauf mit try-catch-Code reagiert.

Sie werden auch lernen, dass das Absichern von fehleranfälligen Codes durch try-catch-Code oft keine freiwillige Zusatzaufgabe ist, sondern dass dies vom Java-Compiler erzwungen wird. Umgekehrt können Sie auch selbst beim Verfassen einer neuen Methode angeben, dass in dieser Methode bestimmte Exceptions auftreten können. Damit zwingen Sie jeden, der Ihre Methode nutzt, zu einer Fehlerabsicherung.

9.1 Exception-Klassen

Formal betrachtet werden die Informationen über einen Fehler in einem Objekt transportiert, dessen Klasse von Throwable abgeleitet ist. In der Java-Standardbibliothek sind Dutzende verschiedene Error- und Exception-Klassen definiert (siehe Abbildung 9.1).

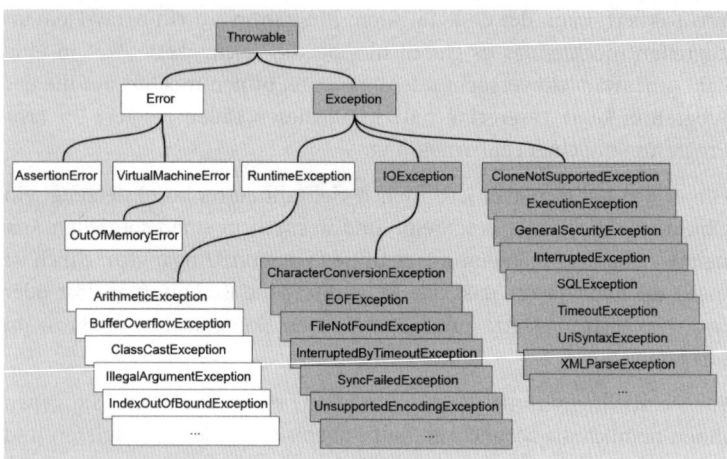

Abbildung 9.1 Die wichtigsten »Error«- und »Exception«-Klassen

Java unterscheidet zwischen Fehlern, die im Code abgesichert werden *müssen* (grau abgebildet), und solchen, bei denen die Absicherung optional ist (weiß). Welche Klasse in welche Gruppe fällt, hängt von der Erbfolge ab: Fehler, deren Klasse von Error bzw. von RuntimeException abgeleitet ist, müssen nicht abgesichert werden, alle anderen schon.

Die »Throwable«-Klasse

An der Spitze der Klassenhierarchie steht Throwable. Objekte der Throwable-Klasse enthalten eine Beschreibung des Fehlers sowie Informationen darüber, unter welchen Umständen der Fehler aufgetreten ist. Insbesondere enthält der sogenannte *Stack Trace* eine Liste aller Methoden, die aufgerufen wurden, bis es zum Fehler gekommen ist. Beim Auslesen dieser Daten helfen die Methoden der Throwable-Klasse (siehe Tabelle 9.1).

Methode	Bedeutung
getCause	gibt die Ursache des Fehlers an.
getLocalizedMessage	liefert eine übersetzte Fehlermeldung.
getMessage	liefert die englische Fehlermeldung.
getStackTrace	enthält die zuvor aufgerufenen Methoden.
printStackTrace	gibt die Stack-Trace-Daten in der Konsole aus.
toString	liefert eine kurze Fehlerbeschreibung.

Tabelle 9.1 Wichtige »Throwable«-Methoden

Die »Error«-Klassen

Die von der Error-Klasse abgeleiteten Klassen beschreiben schwerwiegende Probleme, z. B. dass der Java-Interpreter nicht genug Speicherplatz zur Ausführung des Programms findet. In den meisten Java-Programmen ist es nicht zweckmäßig und mitunter auch gar nicht möglich, auf solche Fehler in einer sinnvollen Art und Weise zu reagieren. Deswegen ist die Absicherung gegen solche Fehler optional.

Die »RuntimeException«-Klassen

Eine RuntimeException deutet in der Regel auf Programmierfehler (Flüchtigkeitsfehler) hin. Die Entwickler der Sprache Java sind davon ausgegangen, dass solche Fehler bereits während der Programmentwicklung im Code behoben werden. Daher ist auch für diese Fehlerklasse keine Absicherung vorgeschrieben.

Ein typischer Vertreter dieser Exception-Gruppe ist die ArrayIndexOutOf-BoundException: Diese tritt auf, wenn Sie beim Zugriff auf die Elemente eines Arrays einen zu großen Index verwenden, also z. B. wenn Sie die

Schleife für den Index mit `for(i=0; i<=ar.length; i++)` statt korrekt mit `for(i=0; i<ar.length; i++)` formulieren.

Hinweis

Die Bezeichnung `RuntimeException` ist denkbar unglücklich gewählt. *Jede* Exception tritt zur Laufzeit auf!

Gewöhnliche Exceptions

Alle Exceptions, die nicht von `Error` oder `RuntimeException` abgeleitet sind, gelten als gewöhnliche Exceptions. Methoden, die solche Exceptions auslösen können, müssen mit `throws` entsprechend markiert werden. Der Aufruf solcher Methoden muss entweder durch `try-catch` abgesichert werden, oder die übergeordnete Methode muss ebenfalls mit `throws XxxException` markiert werden. (Die Schlüsselwörter `try`, `catch` und `throws` lernen Sie im weiteren Verlauf dieses Kapitels noch kennen.)

Eine Gruppe von Fehlern, die in der Praxis besonders häufig vorkommt, ist `IOException`. Derartige Fehler treten auf, wenn Sie mit Dateien hantieren. Diese Art von Fehlern ist über die Basisklasse `IOException` zu einer eigenen Gruppe zusammengefasst. Die `IOException` weist gegenüber der normalen `Exception` keine weiteren Methoden auf; ihre Existenzberechtigung besteht darin, dass Sie mit ihr sämtliche Ein- und Ausgabefehler in einer einzigen `catch`-Anweisung verarbeiten können.

9.2   try-catch

Mit `try` leiten Sie einen Block ein, der Java-Anweisungen enthält, die eventuell einen Fehler auslösen können. Eine Reihe von `catch`-Blöcken enthält Code, in dem Sie auf Fehler reagieren. Wenn es mehrere `catch`-Blöcke gibt, zwingt der Java-Compiler Sie dazu, zuerst die speziellen und erst danach allgemeine `Exception`-Klassen anzugeben; wenn Sie diese Reihenfolge missachten, tritt ein Compile-Fehler auf.

Der finally-Block enthält schließlich Code, der *immer* ausgeführt wird, egal, ob vorher ein Fehler aufgetreten ist oder nicht. In diesem Codeblock werden üblicherweise Aufräumarbeiten durchgeführt; wenn Sie beispielsweise mit try das Lesen einer Textdatei abgesichert haben, ist finally der richtige Ort, um die Datei mit close wieder zu schließen.

Sowohl catch als auch finally sind für sich optional. Die gesamte try-Konstruktion muss aber zumindest eine dieser beiden Ergänzungen aufweisen. Nur try ohne catch und ohne finally ist nicht erlaubt. Das folgende Listing fasst die try-catch-Syntax beispielhaft zusammen:

```
try {
  ... // fehleranfälliger Java-Code (z. B. für I/O)
  ...
} catch(FileNotFoundException e) {
  ... // Datei konnte nicht gefunden werden
} catch(IOException e) {
  ... // anderer IO-Fehler
} catch(Exception e) {
  ... // anderer Fehler
} finally {
  ... // diesen Code immer ausführen
}
```

Sie können in einem catch-Block mehrere, durch | verbundene Exceptions gemeinsam verarbeiten:

```
// mehrere Exceptions in einem catch-Block
try {
  ...
} catch(FileNotFoundException|
        UnsupportedEncodingException e) {
  ...
}
```

»try-catch« für Ressourcen

Java bietet die Möglichkeit, in einem Parameter von try mehrere durch Kommata getrennte Ressourcen zu öffnen. Die dort definierten Variablen stehen in der gesamten try-catch-Konstruktion zur Verfügung. Java garantiert, dass die Ressourcen am Ende der try-catch-Konstruktion automatisch geschlossen werden – egal, ob bei der Code-Ausführung ein Fehler auftritt oder nicht.

Die einzige Voraussetzung besteht darin, dass die Klassen der in try(...) geöffneten Ressourcen die Schnittstelle AutoCloseable implementieren. Das ist bei vielen Klassen aus der Java-Standardbibliothek der Fall, die zum Zugriff auf Dateien dienen bzw. die Netzwerk- oder Datenbankverbindungen betreffen.

```
try(IOKlasse1 x = new IOKlasse1("dateiname1");
    IOKlasse2 y = new IOKlasse2("dateiname2")) {
  ... // x und y benutzen
} catch(IOException e) {
  ... // Fehlerbehandlung
}      // x und y werden automatisch mit
       // .close() geschlossen
```

Diese try-Variante darf ohne catch und finally formuliert werden, weil es ja einen impliziten finally-Code zum Schließen der geöffneten Ressourcen gibt.

Exception-Weitergabe

Sie müssen gewöhnliche Exceptions entweder durch try-catch absichern oder die übergeordnete Methode mit throws XxxException kennzeichnen. Für die Gruppe der RuntimeExceptions gilt dies aber nicht. Was passiert also, wenn eine RuntimeException in einem nicht durch try-catch abgesicherten Codeabschnitt auftritt?

In solchen Fällen bricht Java die Ausführung der aktuellen Methode ab und springt an die Stelle im Code zurück, an der die Methode aufgerufen wurde. Die Exception wird nun dort ausgelöst. Gibt es auch hier keine Fehlerabsicherung, wiederholt sich dieses Spiel durch die gesamte Liste der Methodenaufrufe (also durch den gesamten *Call Stack*). Sollte es bis zu main keine Fehlerabsicherung geben, wird das Programm letztlich mit einem Laufzeitfehler abgebrochen.

Im folgenden Beispiel ruft main die Methode m1 auf, und m1 ruft dann m2 auf. Dort tritt wegen einer schlampig programmierten Schleife eine ArrayIndex-OutOfBoundsException auf. Da weder m2 noch m1 abgesichert ist, wird die Exception schrittweise bis zu main zurückgereicht. Dort wird der Fehler abgefangen und eine Fehlermeldung ausgegeben.

```
// Projekt kap09-intro
public class Test {
  public static void main(String[] args) {
    try {
      m1();
    } catch(Exception e) {
      e.printStackTrace();
    }
  }

  public static void m1() {
    m2();
  }

  public static void m2() {
    int[] ar = {1, 2, 3};
    int sum = 0;
    for(int i=1; i<=3; i++)  // falsch, richtig wäre i<3
      sum += ar[i];
  }
}
// Ausgabe: java.lang.ArrayIndexOutOfBoundsException: 3
//     at testme.m2(testme.java:18)
//     at testme.m1(testme.java:11)
//     at testme.main(testme.java:4)
```

9.3 Fehleranfällige Methoden deklarieren (»throws«)

Methoden, die eine gewöhnliche Exception auslösen können (also keinen Error und keine RuntimeException), müssen mit throws XxxException deklariert werden. Es dürfen auch mehrere, durch Kommata getrennte Exceptions angegeben werden:

```
void m1() throws FileNotFoundException, TimeoutException {
    ... // Code, der die genannten Exceptions auslösen kann
}
```

Fehlerabsicherung für Input/Output-Methoden

In der Java-Klassenbibliothek sind unzählige Methoden auf diese Weise deklariert – besonders häufig in den java.io-Klassen. Das liegt daran, dass bei Dateioperationen alles Erdenkliche schiefgehen kann: fehlende Dateien, fehlende Schreib- oder Leserechte, volle Datenträger, Codierungsprobleme bei Textdateien etc. Dementsprechend werden Sie in Kapitel 15, in dem es um den Zugriff auf Dateien gibt, eine Menge try-catch-Beispiele finden.

Die Deklaration einer eigenen Methode mit throws Xxx hat zwei Konsequenzen:

▶ Zum einen dürfen Sie nun innerhalb der Methode auf die Absicherung der betreffenden Exceptions verzichten.

▶ Zum anderen zwingen Sie den Nutzer der Methode, sich selbst um die Fehlerabsicherung zu kümmern.

Selbst absichern oder die Absicherung delegieren?

Wenn Sie also eine Methode zum Schreiben einer Datei programmieren und dabei auf diverse java.io-Klassen und deren Methoden zurückgreifen, stehen Sie vor zwei Wahlmöglichkeiten: Sie können sich selbst um die Fehlerabsicherung kümmern (also try-catch), oder Sie können Ihre Methode mit throws IOException deklarieren und die Fehlerabsicherung an den Nutzer Ihrer Methode delegieren. In Entwicklungsumgebungen wie Eclipse können Sie sich per Mausklick für eine der beiden Varianten entscheiden.

Welcher Weg ist nun der bessere? Wenn es eine Möglichkeit gibt, die Methode dennoch mit einem vernünftigen Ergebnis abzuschließen, ist try-catch natürlich der richtige Weg. Andernfalls ist es ratsamer, den Fehler weiterzuleiten und den Nutzer der Methode entscheiden zu lassen, wie er mit dem Problem umgehen möchte.

In der Praxis werden Sie oft sogar beide Wege zugleich beschreiten: Einerseits verwenden Sie try-catch bzw. try-finally, um offene Ressourcen zu schließen und sonstige Aufräumarbeiten durchzuführen; andererseits geben Sie aber den Fehler auch an die übergeordnete Methode weiter, um diese so zu informieren, dass ein Problem aufgetreten ist.

Richtige Fehlerabsicherung

Vermeiden Sie eine Fehlerabsicherung im Stil try-catch(Exception e) mit einem catch-Block, der sich auf die Ausgabe des Fehlertexts in der Konsole beschränkt. Formal haben Sie damit Ihre Methode zwar gegen alle denkbaren Fehler abgesichert, tatsächlich kaschieren Sie die auftretenden Probleme aber nur. Ist Ihnen bei der Programmierung einer Methode die Absicherung gegen eine bestimmte Exception wichtig, dann geben Sie die betreffende Exception-Klasse explizit in catch an.

Wenn Sie in Ihrem Programm keine korrekte Möglichkeit sehen, auf einen bestimmten Fehler angemessen zu reagieren, ist es ehrlicher, die betroffene Methode mit throws XxxException zu deklarieren!

9.4 Selbst Exceptions werfen (»throw«)

Mit throw können Sie selbst eine Exception auslösen (werfen):

```
if(n<0)
  throw new IllegalArgumentException(
    "Parameter n darf nicht negativ sein!");
```

Bei nicht abgesichertem Code wird damit die aktuelle Methode verlassen und die Exception an die übergeordnete Methode weitergeleitet. Wenn Sie throw innerhalb einer try-catch-Konstruktion auslösen, wird der Code im ersten passenden catch-Block fortgesetzt.

Nach Möglichkeit sollten Sie versuchen, eine der vielen vordefinierten Exceptions aus der Java-Standardbibliothek zu verwenden. Bei Bedarf können Sie für Ihr Programm aber auch unkompliziert eine eigene Exception-Klasse definieren. Vorher müssen Sie sich freilich mit den Schlüsselwörtern class und extends vertraut machen, die in Kapitel 10, »Klassen«, und Kapitel 11, »Vererbung und Schnittstellen«, im Detail vorgestellt werden.

```
class MyException extends Exception {
    ...
}
```

9.5 Beispiel

Bereits in Kapitel 2, »Variablenverwaltung«, habe ich Ihnen ein Programm präsentiert, in dem ein Benutzer zwei Zahlen eingeben kann. Das Programm errechnet daraus dann den Umfang und die Fläche eines Rechtecks (Projekt kap02-rechteck).

Ich habe dort darauf hingewiesen, dass es bei ungültigen Zahleneingaben zu hässlichen Fehlermeldungen kommt. Greifen wir das Beispiel also nochmals auf, und vervollständigen wir es um eine Fehlerabsicherung!

Bei dieser Gelegenheit perfektionieren wir das Programm auch sonst: Zum einen sollen Ein- und Ausgaben von Kommazahlen mit Kommas erfolgen, nicht mit den im englischen Sprachraum üblichen Dezimalpunkten. Und zum anderen organisieren wir den Code zur Zahleneingabe als eigenständige Methode.

Das Programm beginnt mit einigen import-Anweisungen für Klassen aus der Java-Standardbibliothek, die wir nutzen. In main wird zweimal die neue Methode zahlenEingabe aufgerufen. Anschließend berechnet das Programm den Umfang und die Fläche eines Rechtecks und gibt die Daten mit format aus. Damit erreichen wir, dass die Ausgaben automatisch gemäß den Spracheinstellungen des Rechners formatiert werden.

```
// Projekt kap09-rechteck
import java.text.NumberFormat;
import java.text.ParseException;
import java.util.Locale;
import java.util.Scanner;

public class Rechteck {
  // hier beginnt die Programmausführung
  public static void main(String[] args) {
    Scanner scan = new Scanner(System.in);
    double breite =
      zahlenEingabe(scan, "Geben Sie die Breite an: ");
    double laenge =
      zahlenEingabe(scan, "Geben Sie die Länge an: ");
    scan.close();

    double umfang=(laenge+breite)*2;
    double flaeche=laenge*breite;
    System.out.format("Umfang: %.2f\n", umfang);
    System.out.format("Fläche: %.2f\n", flaeche);
  }

  // Methode zur Eingabe einer double-Zahl
  public static double zahlenEingabe(Scanner sc,
                                     String msg) {
    String input;
    double ergebnis=0;
    boolean fertig=false;
    NumberFormat nf =
      NumberFormat.getInstance(Locale.GERMAN);

    System.out.print(msg);
```

```
do {
  input = sc.next();      // Zeichenkette einlesen
  try {                   // in double umwandeln
    ergebnis= nf.parse(input).doubleValue();
    fertig=true;
  } catch (ParseException pex) {
    System.out.println("Das war keine gültige Zahl.");
    System.out.print("Versuchen Sie es nochmals: ");
  }
} while(fertig==false);

  return ergebnis;
  }
}
```

Aus Sicht der Exception-Verarbeitung ist die Methode zahlenEingabe interessant. An die Methode werden der anzuzeigende Text sowie ein Scanner-Objekt übergeben. Die Eingabe der Zeichenkette und die Umwandlung in eine double-Zahl ist in einer Schleife formuliert. Das gibt uns die Möglichkeit, die Eingabe unkompliziert so lange zu wiederholen, bis parse fehlerfrei ausgeführt und in der nächsten Anweisung die Variable fertig auf true gesetzt wird. Tritt hingegen ein Fehler auf, wird im catch-Block eine Fehlermeldung ausgegeben.

9.6 Wiederholungsfragen und Übungen

▶ **W1:** Wie sichern Sie Code-Passagen ab, in denen Fehler auftreten können?

▶ **W2:** Wie lösen Sie selbst Exceptions aus? Unter welchen Umständen ist das zweckmäßig?

▶ **W3:** Entwickeln Sie die Methode int summe(int n1, int n2). Wenn n1 und n2 beide größer 0 sind, soll die Methode n1+n2 zurückgeben. Ist hingegen ein Parameter kleiner oder gleich 0, soll die Methode eine IllegalArgumentException auslösen.

▶ **W4:** Welche Konsequenz hat es, wenn Sie eine Methode wie folgt deklarieren?

```
public static int m(...) throws
    java.text.ParseException {
  ... (Code der Methode)
}
```

9

Kapitel 10

Klassen

Seit dem ersten Kapitel nutzen wir vorgegebene Klassen aus der Java-Klassenbibliothek, erzeugen daraus eigene Objekte und arbeiten mit diesen. Mit diesem Kapitel machen wir den Schritt von der *Anwendung* fertiger Klassen zur *Programmierung* eigener Klassen. Sie werden sehen, dass die Definition eigener Klassen grundsätzlich ganz einfach ist. Unübersichtlich wird die Sache nur wegen der vielen Varianten und Sonderfälle.

Dieses Kapitel fasst die Syntax zur Definition eigener Klassen zusammen, wobei neben Top-Level-Klassen auch lokale und anonyme Klassen behandelt werden. Weitere Themen sind die Programmierung und Verwendung des Konstruktors, das Schlüsselwort this, die Unterscheidung zwischen öffentlichen und privaten Klassenelementen sowie zwischen statischen und nichtstatischen Methoden.

Sozusagen in einer logischen Fortsetzung zu diesem Kapitel behandelt Kapitel 11, »Vererbung und Schnittstellen«, alle Details zur Vererbung sowie zur Definition und Implementierung von Schnittstellen. Vererbung und Schnittstellen helfen bei der Strukturierung großer Klassenbibliotheken.

Vorteile der objektorientierten Programmierung

Warum brauchen wir überhaupt Klassen? Immerhin haben wir bisher schon recht interessante Programme entwickelt, ohne unseren eigenen Code über mehrere Klassen zu verteilen. Tatsächlich bieten bereits Methoden eine gute Möglichkeit, Code zu strukturieren. Bei großen Software-Projekten hat sich aber gezeigt, dass nur durch Methoden organisierter Code (früher sprach man von »Funktionen« oder »Prozeduren«) oft unübersichtlich und schwer wartbar wird.

Das war die Geburtsstunde der objektorientierten Programmierung. Nahezu alle modernen Programmiersprachen bieten heute die Möglichkeit, Code über mehrere Klassen zu verteilen und von Klassen abgeleitete Objekte zu erzeugen. Daraus ergeben sich folgende Vorteile:

▶ **Bessere Strukturierung des Codes:** Bei großen Projekten lässt sich der Code besser strukturieren und über mehrere Klassen und Dateien verteilen. Das macht es leichter, einzelne Code-Teile für sich zu testen. Außerdem können ganze Entwicklungs-Teams parallel an einem Projekt arbeiten.

▶ **Kapselung von Daten:** Eine Grundidee von Klassen besteht darin, dass Sie als Programmierer selbst entscheiden können, wie Daten gespeichert werden und welche Zugriffs- und Bearbeitungsmöglichkeiten es von außen gibt.

▶ **Bessere Wiederverwertbarkeit:** Die Organisation von Codes in Klassen, die konkrete Teilaufgaben lösen, erleichtert es, einmal entwickelten Code in anderen Projekten wiederzuverwenden.

▶ **Pakete und Klassenbibliotheken:** Java bietet ebenso wie viele andere objektorientierte Programmiersprachen die Möglichkeit, Code in Pakete bzw. in eigene Klassenbibliotheken zu verpacken. Damit kann z. B. eine große Firma ein gemeinsames (Klassen-)Fundament schaffen, auf dem dann alle weiteren Programme der Firma aufbauen.

10.1 Top-Level-Klassen

Der Begriff *Top-Level-Klasse* bedeutet, dass eine Klasse auf der höchsten Ebene in einer Java-Datei definiert wird, also nicht innerhalb einer Klammernebene. Die vereinfachte Syntax zur Definition einer Top-Level-Klasse, ohne Generics und Annotationen, sieht so aus:

```
[modifizierer] class Name
    [extends K1] [implements I1, I2, I3] {
  ... (Code der Klasse)
}
```

Bei öffentlichen Top-Level-Klassen muss der Name der Java-Datei mit dem Namen der Klasse übereinstimmen (MeineKlasse.java für public class MeineKlasse { ... }). Aus dieser Regel ergibt sich auch, dass pro Java-Datei nur eine öffentliche Top-Level-Klasse definiert werden kann.

Bei nichtöffentlichen Klassen (also Klassen ohne vorangestelltes public) ist der Java-Compiler toleranter. Es können beliebig viele derartige Klassen in einer Datei definiert werden, durchaus auch in Ergänzung zu einer öffentlichen Klasse.

Beachten Sie, dass Top-Level-Klassen weder als private noch als protected deklariert werden dürfen. Die Deklaration einer private class oder eine protected class ist nur für lokale Klassen *innerhalb* einer Top-Level-Klasse zulässig (siehe Abschnitt 10.2).

Es ist üblich, Klassennamen mit einem Großbuchstaben zu beginnen und – soweit sinnvoll – von einem Substantiv abzuleiten. Innerhalb der Klasse können Sie nun beliebig viele Variablen (*Fields*) und Methoden definieren.

extends und implements geben an, von welcher Basisklasse die aktuelle Klasse abgeleitet wird und welche Schnittstellen sie implementiert. Diese zwei Schlüsselwörter werden in Kapitel 11, »Vererbung und Schnittstellen«, ausführlich behandelt.

Beispiel: Rechteck-Klasse

Die Idee, die hinter eigenen Klassen steckt, verstehen Sie am einfachsten anhand eines ersten Beispiels. Die Klasse Rechteck dient dazu, Rechtecke zu speichern. Der Code der Klasse ist vorerst denkbar einfach:

```
// Projekt kap10-rechteck-intro, Datei Rechteck.java
public class Rechteck {
  // Klassenvariablen
  public double laenge, breite;
  // Methoden
  public double berechneUmfang() {
    return (laenge+breite)*2;
  }
```

```
  public double berechneFlaeche() {
    return laenge*breite;
  }
}
```

Die Klasse besteht zwei Klassenvariablen `laenge` und `breite` sowie aus zwei Methoden `berechneXxx`, um den Umfang und den Flächeninhalt auszurechnen – so weit, so trivial. (Wir werden diese Klasse aber schrittweise ausbauen, d. h., das Beispiel bleibt nicht so simpel, wie es momentan aussieht.)

Um die Rechteck-Klasse auszuprobieren, fügen Sie dem Eclipse-Projekt eine zweite Klasse hinzu bzw. verfassen in einem Editor eine zweite Datei, die wie folgt aussieht:

```
// Projekt kap10-rechteck-intro, Datei TestRechteck.java
public class TestRechteck {
  // die Programmausführung startet hier
  public static void main(String[] args) {
    Rechteck r1 = new Rechteck();
    r1.laenge=17;
    r1.breite=12;
    System.out.format(
      "Fläche: %f\n", r1.berechneFlaeche());
    System.out.format(
      "Umfang: %f\n", r1.berechneUmfang());
  }
}
```

Die Ausführung des Programms beginnt wie üblich in `main`. Im obigen Code wird ein Rechteck-Objekt erzeugt und die Referenz auf das Objekt in der Variablen `r1` gespeichert. Die prinzipielle Vorgehensweise ist Ihnen ja schon bekannt: Sie müssen die Variable vom Typ `Rechteck` deklarieren und das Objekt mit `new` erzeugen. Dem Operator `new` folgt nochmals der Klassenname mit runden Klammern.

Initialisierung von Klassenvariablen

Die Variablen einer Klasse (*Fields*) werden beim Erzeugen einer Klasse automatisch mit 0, false bzw. null initialisiert. Sobald Sie r1=new Rechteck() ausführen, können Sie die Variablen r1.laenge und r1.breite auslesen. Beide Variablen enthalten den Wert 0,0.

Wir können unsere Rechteck-Klasse dazu verwenden, um beliebig viele Rechteck-Objekte zu erzeugen und zu verwalten. Die folgenden Zeilen zeigen, wie Sie ein Array mit zehn Rechtecken erzeugen, initialisieren und dann deren Flächeninhalt ausgeben. Achten Sie darauf, new korrekt anzuwenden. Der erste new-Operator erzeugt nur das Array! Wir können darin zehn Rechteck-Objekte speichern; diese Objekte gibt es aber noch nicht. Die Rechtecke werden erst in der Schleife mit dem zweiten new erzeugt.

```
// ein Array mit vielen Rechtecken
Rechteck[] rechtecke = new Rechteck[10];
for(int i=0; i<10; i++) {
  rechtecke[i] = new Rechteck();
  rechtecke[i].laenge=12+i;
  rechtecke[i].breite=7+i;
  System.out.format(
    "Rechteck %d hat den Flächeninhalt %f\n",
    i, rechtecke[i].berechneFlaeche());
}
```

Wohin mit »main«?

Auch wenn Sie Ihr Programm objektorientiert organisieren, muss es *eine* Klasse geben, in der sich die statische Funktion main befindet. Diese Methode ist weiterhin der Startpunkt des Programms. Grundsätzlich ist es möglich, main einfach in irgendeiner Klasse des Projekts unterzubringen – und so hätten wir es in diesem Beispiel in die Klasse Rechteck integrieren können. Ich rate Ihnen aber davon ab!

Die Klasse Rechteck dient zur Verwaltung von Rechtecken. main dient hingegen dazu, das Programm zu starten und die Klasse zu testen. Diese beiden Dinge haben inhaltlich nichts miteinander zu tun. Klassen geben uns die Möglichkeit, unseren Code nach inhaltlichen Kriterien zu trennen. Nutzen Sie diese Möglichkeit, und platzieren Sie main wie in diesem Beispiel in einer eigenen Klasse. Der einzige Zweck dieser Klasse besteht darin, das Programm zu starten und zu testen!

Gültigkeitsebenen (»public«, »private« und »protected«)

Bei der Deklaration von Variablen (*Fields*), Methoden, lokalen Klassen, Schnittstellen und Enumerationen *innerhalb* einer Klasse können die Modifizierer public, private und protected vorangestellt werden. Sie geben an, auf welcher Gültigkeitsebene die Elemente genutzt werden können. Wenn kein Gültigkeitsmodifizierer angegeben wird, gilt ein Mittelding zwischen protected und private, das in der Java-Literatur oft als *paketsicher* bezeichnet wird, weil ein Elementzugriff nur innerhalb des Pakets möglich ist. Mitunter ist auch von package private die Rede, obwohl diese Schlüsselwortkombination nicht als Modifzierer erlaubt ist.

Die Modifizierer steuern, auf welcher Ebene die Elemente einer Klasse zugänglich sind (siehe Tabelle 10.1). *Innerhalb* des Codes einer Klasse ist jedes Element zugänglich, ganz egal, welcher Modifizierer verwendet wird.

Modifizierer	im Paket	abgeleitete Klasse	außerhalb
public	×	×	×
protected	×	×	–
– (default)	×	–	–
private	–	–	–

Tabelle 10.1 Modifizierer steuern, in welchem Kontext die Elemente einer Klasse in anderem Code zugänglich sind.

Die zweite Spalte *im Paket* bezeichnet Code, der zum selben Paket gehört wie die Klasse. Was Pakete sind und wie sie verwendet werden, erfahren Sie in Kapitel 18. Solange Sie keine Pakete deklarieren, gelten alle Java-Dateien, die Sie gemeinsam kompilieren, als ein Defaultpaket. In der vierten Spalte bezeichnet *außerhalb* den Code, der sich weder in derselben Klasse noch im selben Paket noch in einer abgeleiteten Klasse befindet.

Gegenwärtig haben wir weder mit Pakete noch mit abgeleiteten Klassen (also mit Vererbung) zu tun. Deswegen gibt es aus unserer noch etwas einfachen Sicht nur zwei Fälle: `public` oder `private`. Würden wir also in unserer Rechteck-Klasse eine Variablen oder Methode hinzufügen und mit `private` kennzeichnen, dann könnten wir dieses Element nur im Code der Klasse nutzen (also in `Rechteck.java`), nicht aber in anderen Klassen (z. B. in `TestRechteck.java`).

Eine Top-Level-Klasse kann nicht »private« sein!

Die Schlüsselwörter `protected` und `private` können Variablen, Methoden und andere Elemente *innerhalb* einer Klasse kennzeichnen. Die Top-Level-Klasse kann dagegen nur mit `public` deklariert werden. Fehlt `public`, gilt der Defaultkontext, d. h., die Klasse kann innerhalb ihres Pakets verwendet werden. Lokale Klassen können jedoch sehr wohl mit `private` oder `protected` deklariert werden (siehe Abschnitt 10.2).

Statische Klassenvariablen und Methoden

Normalerweise gelten in einer Klasse deklarierte Variablen für eine konkrete Instanz einer Klasse. Die in den Variablen bzw. Feldern gespeicherten Daten gehören also zum jeweiligen Objekt und sind vollkommen unabhängig von anderen Objekten derselben Klasse. Auch in der Klasse definierte Methoden können nur verwendet werden, nachdem zuerst eine Instanz der Klasse erzeugt wurde.

Genau das trifft auf die vorhin vorgestellte Rechteck-Klasse zu: Sie können mehrere Rechteck-Objekte erzeugen. Deren Daten werden vollkommen unabhängig voneinander gespeichert. Die Methoden `berechneUmfang` und `berechneFlaeche` können nur verwendet werden, *nachdem* ein Rechteck-Objekt erzeugt wurde. In der Fachsprache heißen alle Klassenvariablen und Methoden von Rechteck »nichtstatisch«.

Ganz anders ist das Verhalten von statischen Variablen und Methoden, denen bei der Deklaration das Schlüsselwort static vorangestellt wird. Statische Variablen gelten für alle Instanzen einer Klasse *gemeinsam*. Auch wenn Sie hundert Objekte dieser Klasse erzeugen, wird die statische Variable nur einmal im Speicher abgelegt. Der Zugriff auf solche Variablen sollte in der Form Klassenname.varname erfolgen; objvar.varname funktioniert auch, führt aber zu einer Compiler-Warnung.

Statische Methoden können aufgerufen werden, ohne vorher ein Objekt dieser Klasse zu erzeugen. Eine logische Konsequenz daraus ist, dass statische Methoden *nicht* auf gewöhnliche Variablen oder Methoden derselben Klasse zugreifen können; diese sind ja an eine konkrete Instanz gebunden! Statische Methoden werden in der Form Klassenname.methodenname() aufgerufen.

10

In der Praxis werden statische Variablen eher selten eingesetzt. Oft können sie durch Enums ersetzt werden.

Wesentlich populärer sind statische Methoden: Sie werden häufig eingesetzt, um Funktionen anzubieten, die keine konkrete Klasseninstanz benötigen. Das vielleicht anschaulichste Beispiel sind die zahllosen Methoden der Klasse java.lang.Math: Damit können Sie alle erdenklichen mathematischen Funktionen berechnen; es wäre vollkommen sinnlos, wenn Sie dazu vorher ein Math-Objekt erzeugen müssten.

```
double result1 = Math.sin(0.2);  // Sinus-Funktion
double result2 = Math.sqrt(7);   // Quadratwurzel
```

Es ist erlaubt, in einer Klasse sowohl statische als auch gewöhnliche Klassenvariablen und Methoden zu definieren. Die folgenden Zeilen zeigen die Definition einer eigenen Klasse mit einer statischen Klassenvariable und einer statischen Methode:

```
// Definition der Klasse
public class TopLevel {
  int instancedata = 0;
  static int shareddata = 0;
  static int m1() {
    return 17;
  }
  int m2() {
    return 12;
  }
}

// Anwendung der Klasse
TopLevel t1 = new TopLevel();
TopLevel t2 = new TopLevel();
t1.instancedata = 3;
t2.instancedata = 4;
t1.shareddata = 5;              // Compiler-Warnung!
System.out.println(t2.shareddata); // Ausgabe 5
int result = TopLevel.m1();
```

Exakter und klarer ist der Code wie folgt – dann ist sofort ersichtlich, dass shareddate eine statische Variable ist:

```
TopLevel.shareddata = 5;    // OK, keine Compiler-Warnung
System.out.println(TopLevel.shareddata);
```

Tipp

Java-Einsteiger schreiben Ihren ersten Code oft innerhalb der statischen main-Methode, ohne ein Objekt der betreffenden Klasse zu erzeugen. Genau das haben wir während der ersten neun Kapitel dieses Buchs gemacht. Die Konsequenz: Alle Methoden und Klassenvariablen, die von main aus genutzt werden, müssen ebenfalls statisch deklariert werden!

Für erste Tests ist diese Vorgehensweise in Ordnung, aber nun ist es an der Zeit, uns vom rein statischen Aufbau unserer Beispielprogramme zu lösen. Wir arbeiten jetzt objektorientiert und formulieren unseren Code in mehreren Klassen. main befindet sich zumeist in einer eigenen Start- oder Testklasse. Die gesamte *Intelligenz* Ihres Programms befindet sich aber in weiteren Klassen ohne main-Methode.

Konstruktor

Was passiert, wenn ein neues Objekt mit new erzeugt wird? Java stellt Speicherplatz für die nichtstatischen Klassenvariablen zur Verfügung, initialisiert diese Variablen mit 0, false oder null und gibt dann eine Referenz (einen Zeiger, einen Link) auf das Objekt zurück.

Hinter den Kulissen werden die Initialisierungsaufgaben vom sogenannten *Konstruktor* erledigt. Solange Sie keinen Konstruktor programmieren, erzeugt der Java-Compiler einen Default-Konstruktor. Sehr oft ist es aber zweckmäßig, die Initialisierung selbst in die Hand zu nehmen. Damit haben Sie die Möglichkeit, genau zu steuern, *wie* die Initialisierung Ihrer Klassenvariablen erfolgt. Gleichzeitig können Sie den Anwendern Ihrer Klasse mehr Komfort beim Erzeugen neuer Objekte bieten.

Für die Programmierung des Konstruktors gelten einige Regeln:

▶ Der Name des Konstruktors muss mit dem Namen der Klasse übereinstimmen und beginnt daher üblicherweise mit einem Großbuchstaben.

▶ Wie bei Methoden können Sie mehrere Varianten des Konstruktors deklarieren, sofern die Parameterliste dem Compiler eine eindeutige Identifizierung ermöglicht (Stichwort *Overloading*, siehe Kapitel 8, »Methoden«).

▶ Wenn Sie in einem Konstruktor einen anderen aufrufen möchten, verwenden Sie dazu das Schlüsselwort this() (siehe den nächsten Abschnitt).

► Ein Konstruktor liefert nie ein Ergebnis zurück. Aus diesem Grund wird bei der Deklaration kein Rückgabetyp angegeben (auch nicht void!).

► Sämtliche Klassenvariablen, die *nicht* im Konstruktor initialisiert werden, erhalten automatisch den Wert 0 oder false bzw. den Zustand null.

► Obwohl sich Konstruktoren in vielerlei Hinsicht wie Methoden verhalten, handelt es sich gemäß der Java-Sprachdefinition nicht um solche.

► Konstruktoren werden nicht vererbt.

Ein Beispiel für einen Konstruktor folgt im nächsten Abschnitt zu this.

Datenvalidierung im Konstruktor

Wenn an den Konstruktor einer Klasse ungültige Daten übergeben werden, sollten Sie eine Exception auslösen. (Zumeist bietet sich eine IllegalArgumentException an.) Es ist selten zweckmäßig, ein Objekt zu erzeugen, wenn keine validen Daten vorliegen. Stellen Sie sicher, dass Sie im Fehlerbehandlungscode im Konstruktor alle eventuell geöffneten Ressourcen schließen! Der Anwender Ihrer Klasse erhält ja im Falle eines Fehlers keine Instanz des Objekts und kann somit nicht close oder eine andere für Aufräumarbeiten vorgesehene Methode aufrufen.

---

this

Das Schlüsselwort this ermöglicht es, innerhalb des Codes einer Klasse explizit auf Methoden oder Variablen der Instanz zuzugreifen. Normalerweise ist der Einsatz von this überflüssig: Wenn Sie im Code einer Klasse einen Variablen- oder Methodennamen angeben, nimmt der Compiler automatisch an, dass Sie damit eine Variable oder Methode aus der aktuellen Klasse meinen.

In manchen Fällen können aber Doppelgleisigkeiten auftreten. Wenn beispielsweise der Parameter einer Methode den gleichen Namen wie eine Klassenvariable hat, müssen Sie zwischen diesen beiden Elementen klar unterscheiden können. In solchen Fällen meint this.name die Klassenvariable, während sich name auf eine lokale Variable bzw. einen Parameter bezieht. Darüber hinaus ermöglicht this() den Aufruf des Konstruktors.

Am häufigsten werden Sie this im Code des Konstruktors benötigen: einerseits, um Klassenvariablen mit dem Inhalt gleichnamiger Konstruktorparameter zu initialisieren, und andererseits, um innerhalb eines Konstruktors einen anderen Konstruktor aufzurufen.

Beispiel: Rechteck-Klasse mit Konstruktor

Im folgenden Beispiel erweitern wir die Rechteck-Klasse um einen Konstruktor, der die beiden Klassenvariablen laenge und breite initialisiert. Der Konstruktor überprüft gleichzeitig, ob hierfür Werte größer 0 übergeben werden. Ist dies nicht der Fall, wird eine IllegalArgumentException ausgelöst.

```
// Projekt kap10-rechteck-mit-konstruktor
// Datei   Rechteck.java
public class Rechteck {
 // Klassenvariablen
  public double laenge, breite;

  // Konstruktor mit zwei Parametern
  public Rechteck(double laenge, double breite) {
    if(laenge<=0 || breite<=0) {
      throw new IllegalArgumentException(
          "Länge und Breite müssen größer 0 sein!");
    }
    this.laenge=laenge;
    this.breite=breite;
  }

  // Default-Konstruktor ohne Parameter
  public Rechteck() {
    this(10, 5);
  }
```

```
// Methoden
public double berechneUmfang() { ... wie bisher }
public double berechneFlaeche() { ... wie bisher }
}
```

Mehr aus didaktischen Gründen denn aus einer zwingenden Notwendigkeit heraus gibt es zwei Konstruktoren: Der erste initialisiert laenge und breite mit dem Inhalt der beiden Parameter, die an den Konstruktor übergeben werden. Um zwischen den Parametern laenge und breite und den gleichnamigen Klassenvariablen zu unterscheiden, kommt this zum Einsatz. Der zweite Konstruktor initialisiert laenge und breite mit den Defaultwerten 10 und 5. Um redundanten Code zu sparen, wird dabei einfach mit this(10, 5) der erste Konstruktor aufgerufen.

Destruktor, »finalize« und »close«

Manche Programmiersprachen sehen Destruktor-Methoden vor, die automatisch ausgeführt werden, sobald ein Objekt nicht mehr benötigt wird. In Java ist dies aber nicht der Fall: Es gibt keine Syntax zur Programmierung einer Destruktor-Methode.

Anstelle eines Destruktors können Sie aber die spezielle Methode finalize programmieren. Diese Methode wird automatisch aufgerufen, bevor der Garbage Collector das Objekt aus dem Speicher löscht. Im Unterschied zum Destruktor, wie er z. B. in C++ vorgesehen ist, gibt Java aber keine Garantien, ob bzw. wann der Destruktor aufgerufen wird. Da die Garbage Collection im Hintergrund läuft und nur bei Bedarf aktiv wird, kann es vorkommen, dass die finalize-Methode erst viel später, nachdem die letzte Referenz auf ein Objekt aufgelöst wurde, ausgeführt wird. Wenn das Programm vorher endet, kommt finalize gar nicht zum Einsatz!

Wenn Sie eine eigene finalize-Methode vorsehen möchten, müssen Sie die Deklaration wie folgt vornehmen:

```
protected void finalize() {
  // Aufräumarbeiten
}
```

Da Sie sich nicht darauf verlassen können, dass `finalize` aufgerufen wird, ist die Methode nicht dazu geeignet, um offene Ressourcen zu schließen. Wenn Ihre Klasse Dateien, Datenbank- oder Netzwerkverbindungen öffnet und diese möglichst kurz blockieren soll, ist es üblich, dem Anwender eine `close`-Methode anzubieten. In der Methode schließen Sie alle offenen Ressourcen. Das Objekt kann anschließend nicht mehr genutzt werden. In der Java-Klassenbibliothek gibt es viele Klassen mit `close`-Methoden (z. B. in den IO-Paketen).

Anders als bei `finalize` gibt es für die Implementierung von `close` keine starren Regeln. Syntaktisch spricht nichts dagegen, eine Methode für derartige Aufgaben anders zu nennen.

Wenn Sie eigene Klassen mit einer `close`-Methode ausstatten, sollten Sie erwägen, gleich auch die Schnittstelle `AutoCloseable` zu implementieren. Der Vorteil von `AutoCloseable` besteht darin, dass Sie Objekte Ihrer Klasse im Parameter einer `try(..)`-catch-Konstruktion erzeugen können. Java kümmert sich dann darum, das Objekt am Ende des abgesicherten Code-Blocks automatisch zu schließen (siehe auch Abschnitt 9.2, »try-catch«).

```
class MyClass implements AutoCloseable {
  @Override
  void close() {
     ... // Code, um Ressourcen zu schließen
  }
}
```

»get«- und »set«-Methoden (Getter/Setter)

Zu den Grundkonzepten objektorientierter Programmiersprachen zählt die Möglichkeit, Daten zu kapseln: Gemeint ist damit, dass Klassenvariablen vor einem direkten Zugriff durch Code außerhalb der Klasse bzw. außerhalb der Gültigkeitsebene geschützt werden. Die betroffenen Variablen werden dazu einfach nicht als `public` deklariert.

Zum Auslesen und Verändern der Daten sind nun Methoden erforderlich. Üblicherweise bekommen diese Methoden die Namen `getVarname` und setVarname, umgangssprachlich ist von Getter- und Setter-Methoden die Rede. Zum Auslesen von Daten muss der Anwender einer Klasse nun getVarname() aufrufen, zum Verändern setName(neuerWert).

Die get- und set-Methoden ermöglichen es dem Entwickler der Klasse, den Zugriff auf die Daten exakt zu steuern und beispielsweise die Einhaltung eines Wertebereichs sicherzustellen. Eclipse unterstützt die Programmierung solcher Methoden durch Codegeneratoren: Nachdem Sie die Variablen als private oder protected deklariert haben, führen Sie SOURCE • GENERATE GETTERS AND SETTERS aus.

Beispiel: Rechteck-Klasse mit Getter/Setter

Im folgenden Beispiel greifen wir nochmals die Rechteck-Klasse auf, deklarieren die Variablen laenge und breite nun aber als private. Die Anwender der Klasse können die Variablen nun mit getLaenge und getBreite auslesen bzw. durch setLaenge und setBreite verändern.

Möglicherweise wenden Sie jetzt ein, dass wir damit alles nur umständlicher machen. Mag sein – aber wir haben jetzt die Möglichkeit, den Wertebereich der Variablen bei jeder Veränderung zu kontrollieren. Bisher fand diese Kontrolle nur im Konstruktor statt, aber nichts hat den Anwender der Klasse daran gehindert, bei einem vorhandenen Rechteck-Objekt nachträglich r.breite=-3 auszuführen. Das ist jetzt ausgeschlossen!

```
// Projekt kap10-rechteck-getter-setter
// Datei Rechteck.java
public class Rechteck {
  // Klassenvariablen
  private double laenge, breite;

  // Konstruktor
  public Rechteck(double laenge, double breite) {
    setLaenge(laenge);
    setBreite(breite);
  }
```

```
// Getter und Setter für Länge
public double getLaenge() {
  return laenge;
}
public void setLaenge(double laenge) {
  if(laenge <=0)
    throw new IllegalArgumentException(
        "Die Länge muss größer 0 sein!");
  this.laenge = laenge;
}

// Getter und Setter für Breite
public double getBreite() {
  return breite;
}
public void setBreite(double breite) {
  if(breite <=0)
    throw new IllegalArgumentException(
        "Die Breite muss größer 0 sein!");
  this.breite = breite;
}

// Methoden (wie bisher)
public double berechneUmfang() { ... }
public double berechneFlaeche() { ... }
}
```

Beachten Sie, dass sich der Code der Klasse an drei Punkten verändert hat:

▶ Die Klassenvariablen laenge und breite sind jetzt private (bisher public).

▶ Der Konstruktor hat sich stark vereinfacht. Er greift auf setLaenge und setBreite zurück. Die Validierung erfolgt dort, also kann im Konstruktor darauf verzichtet werden.

▶ Und schließlich sind natürlich die Methoden get-/setLaenge und get-/setBreite hinzugekommen.

10.2 Lokale Klassen

In diesem Abschnitt geht es um Klassen, die innerhalb einer anderen Klasse definiert werden. Je nach Dokumentation sind für derartige Klassen alle erdenklichen Bezeichnungen gebräuchlich: Im Englischen ist von *member classes*, *inner classes* oder *nested classes* die Rede, im Deutschen zumeist von lokalen Klassen, ver- oder geschachtelten Klassen oder Unterklassen. Eine gute Differenzierung zwischen diesen Varianten beschreibt der Java-Entwickler Joseph D. Darcy in diesem Blog-Beitrag:

https://blogs.oracle.com/darcy/entry/nested_inner_member_and_top

Dieser Grundkurs verwendet die folgenden Begriffe: *lokale Klassen*, denen dieser Abschnitt gewidmet ist, *anonyme Klassen* (siehe Abschnitt 10.3) und *statische geschachtelte Klassen* (siehe Abschnitt 10.4). Die größte praktische Bedeutung haben dabei anonyme Klassen. Oder, um es anders zu formulieren: Für Java-Einsteiger gibt es selten die Notwendigkeit, selbst lokale oder statisch geschachtelte Klassen zu bilden. Vorerst reicht es vollkommen aus, wenn Sie wissen, dass es diese Varianten gibt.

Compiler-Feinheiten

Lokale und anonyme Klassen sind ein reines Compiler-Feature. Für jede lokale und anonyme Klasse erzeugt der Compiler eine eigene Klassendatei. Bei lokalen Klassen wird der Name in der Form `TopLevel$Local.class` zusammengesetzt; anonyme Klassen erhalten anstelle des Klassennamens eine vom Compiler erzeugte ID-Nummer. Damit gibt es letztlich für den Java-Interpreter für jede Klasse eine `.class`-Datei, ganz egal, wie diese definiert wurde.

Die Syntax lokaler Klassen

Lokale Klassen werden innerhalb einer anderen Klasse, innerhalb einer Methode oder sogar innerhalb einer beliebigen {}-Klammernebene definiert. Sie können nur innerhalb der Umgebung genutzt werden, in der sie

definiert sind. Wie das folgende Beispiel beweist, ist selbst eine mehrfache
Verschachtelung syntaktisch erlaubt (wenngleich selten sinnvoll):

```
public class TopLevel {
  // Code der Top-Level-Klasse ...

  // lokale Klasse Local1
  public class Local1 {
    public void m1(int n) {
      if(n<0) {
        // lokale Klasse Local2
        class Local2 {
          ...
        }
        int m=3;
        Local2 l2 = new Local2();
      }
    }
  }
}
```

Lokale Klassen werden in der Regel dazu benutzt, um eng abgrenzbare
Funktionen, die nur innerhalb einer Top-Level-Klasse oder sogar nur innerhalb einer bestimmten Methode benötigt werden, objektorientiert zu
formulieren und zu kapseln. Auf diese Weise müssen Sie nicht auf objektorientierte Mechanismen verzichten und können doch unzählige winzige
Java-Dateien mit Detailklassen vermeiden.

Für lokale Klassen gelten einige besondere Syntaxregeln:

▶ Der Name der lokalen Klasse muss sich vom Namen der Top-Level-
Klasse unterscheiden.

▶ Innerhalb der lokalen Klasse dürfen keine statischen Variablen oder
Methoden definiert werden.

▶ Sie können innerhalb der lokalen Klasse Variablen und Methoden
der Top-Level-Klasse verwenden. Wenn es Doppeldeutigkeiten bei
Methoden-, Variablen- und Parameternamen gibt, können Sie diese

mit `this.name` und `TopLevelName.this.name` ausräumen. `this.name` bezieht sich dabei auf ein Element in der lokalen Klasse, wohingegen `TopLevelName.this.name` auf ein Element der Top-Level-Klasse verweist.

Falls die Top-Level-Klasse von einer anderen Klasse abgeleitet ist (Vererbung), kann auch das in Kapitel 11 vorgestellte Schlüsselwort `super` verwendet werden, um Missverständnisse mit gleichnamigen lokalen Elementen auszuschließen – also `super.name`.

Lokale Schnittstellen und Enums

So wie lokale Klassen können Sie innerhalb einer Top-Level-Klasse auch lokale Enumerationen (`enum`) und Schnittstellen definieren:

```java
public class TopLevel {
  // Code der Top-Level-Klasse ...

  // lokale Enumeration
  public enum MyEnum { A, B, C }

  // lokale Schnittstelle
  public interface MyInterface {
    public int m1();
  }
}
```

10.3   Anonyme Klassen

Anonyme Klassen sind lokale Klassen ohne Namen. Sie werden eingesetzt, wenn Sie eine lokale Klasse nur einmal benötigen. Anonyme Klassen können an jeder Stelle im Java-Code formuliert werden, wo ein (und nur ein!) Objekt dieser Klasse benötigt wird. Eine anonyme Klasse ist gewissermaßen eine Wegwerf-Klasse. Ihr Zweck besteht darin, ein einziges Objekt zu liefern. Aus diesem Grund macht man sich nicht einmal die Mühe der Klasse einen Namen zu geben – sie bleibt anonym.

Beispiel: »FilenameFilter«

Am einfachsten sind anonyme Klassen anhand eines konkreten Beispiels zu verstehen: Die Methode `listFiles` der Klasse `java.io.File` liefert ein Array mit allen Dateien in einem Verzeichnis.

Wenn Sie nicht an allen Dateien interessiert sind, sondern nur an solchen, die auf `.jpg` und `.jpeg` enden, können Sie `listFiles` ein Objekt übergeben, dessen Methode `accept` die Dateiendung überprüft und `true` oder `false` zurückgibt. Die Klasse dieses Objekts muss die Schnittstelle `FilenameFilter` implementieren.

Grundsätzlich besteht natürlich die Möglichkeit, eine entsprechende Klasse in einer eigenen *.java-Datei als Top-Level-Klasse zu deklarieren oder – wie im folgenden Beispiel – in der gerade aktuellen Code-Datei als lokale Klasse. In der Methode `getPictures` wird dann ein Objekt dieser Klasse erzeugt und an `listFiles` übergeben.

10

```
// Projekt kap10-anonym, Datei Photo.java
// Klasse zur Bearbeitung von Bilddateien
import java.io.*;

class Photo {
  File basedir;

  // Konstruktor
  public Photo(File basedir) {
    this.basedir = basedir;
  }

  // Methode, die alle JPEG-Dateien zurückgibt
  public File[] getPictures() {
    PicFilter pf = new PicFilter();
    return basedir.listFiles(pf);
  }
```

```
  // lokale Klasse picFilter zum Filtern von JPEG-Dateien
  class PicFilter implements FilenameFilter {
    public boolean accept(File f, String s) {
      return s.toLowerCase().endsWith(".jpg") ||
             s.toLowerCase().endsWith(".jpeg");
    }
  }
}
```

Mit einer anonymen Klasse können Sie auf die Definition der lokalen Klasse PicFilter verzichten:

```
// alternative Version von getPictures mit anonymer Klasse
public File[] getPictures() {
  FilenameFilter pf = new FilenameFilter() {
    public boolean accept(File f, String s) {
      return s.toLowerCase().endsWith(".jpg") ||
          s.toLowerCase().endsWith(".jpeg");
    }
  };
  return basedir.listFiles(pf);
}
```

Entscheidend ist die Zuweisung der Variablen pf: Dort wird mit new ein neues Objekt erzeugt, wobei der Code der Klasse nach der geschwungenen Klammen angegeben wird. Sie sparen mit der anonymen Klasse also ein paar Zeilen Code, wobei aber insgesamt die Lesbarkeit leidet.

Noch eleganter ist es, die Methode accept durch einen Lambda-Ausdruck zu realisieren (siehe Kapitel 13):

```
// alternative Version von getPictures mit Lambda-Ausdruck
public File[] getPictures() {
  FilenameFilter pf = (File f, String s) ->
      s.toLowerCase().endsWith(".jpg") ||
      s.toLowerCase().endsWith(".jpeg");
  return basedir.listFiles(pf);
}
```

Eine anonyme Klasse gespart!

Anstelle der `listFiles`-Methode können Sie einen `DirectoryStream` aus dem seit Java 7 verfügbaren Paket `java.nio.file` verwenden, um alle Dateien mit einer bestimmten Endung zu ermitteln. An die Methode `Files.newDirectoryStream` übergeben Sie die gewünschte Dateiendung direkt als Zeichenkette, d. h., Sie brauchen weder eine anonyme Klasse noch einen Lambda-Ausdruck. Es ging im obigen Beispiel also nur um ein anschauliches Beispiel für den Einsatz einer anonymen Klasse.

Syntax

Die Syntax zur Definition und Instanziierung anonymer Klassen lässt sich schnell zusammenfassen: Nach dem Operator `new` geben Sie an, von welcher Basisklasse Ihre anonyme Klasse abgeleitet sein soll bzw. welche Schnittstelle sie implementiert. Sollte beides nicht zutreffen, geben Sie `new Object()` an. Wenn Sie für die Basisklasse einen Konstruktor mit Parametern nutzen möchten, geben Sie die Argumente wie üblich in runden Klammern an – also z. B. `new MyClass("abc")`.

Danach folgt in geschwungenen Klammern der Code der Klasse – derselbe Code, den Sie sonst innerhalb der `class`-Klammern (`class { ... }`) angeben würden. Hier implementieren Sie insbesondere die abstrakten Methoden der Basisklasse oder die Methoden einer Schnittstelle. Die anonyme Klasse kann aber auch eigene Klassenvariablen, zusätzliche Methoden und sogar lokale Klassen enthalten.

Vergessen Sie nicht den Strichpunkt nach der letzten geschwungenen Klammer. Der Strichpunkt schließt nicht die anonyme Klasse ab, sondern die Zuweisung (im obigen Beispiel also `FilenameFilter pf = ...;`). Ansonsten gelten dieselben Regeln wie für lokale Klassen.

Lambda-Ausdrücke

Seit Version 8 können bei funktionalen Schnittstellen anstelle von anonymen Klassen Lambda-Ausdrücke verwendet werden (siehe Kapitel 13).

Variable Capture

Innerhalb des Codes anonymer Klassen können Sie direkt auf Variablen zugreifen, die in derselben Code-Ebene zugänglich sind, in der auch die Lambda-Funktion definiert wird. Der entsprechende Mechanismus wird als *Variable Capture* bezeichnet.

Dabei gibt es allerdings eine wesentliche Einschränkung: Lokale Variablen müssen mit final deklariert sein oder sich zumindest *effectively final* verhalten. Das bedeutet, dass die Variablen nach ihrer ersten Zuweisung nicht mehr verändert werden und eine Deklaration mit final vom Java-Compiler ohne Fehlermeldung akzeptiert würde:

```
final String pattern = ".pdf";
File[] pdfs = new File(homedir).listFiles(
    new FilenameFilter() {
      public boolean accept(File f, String s) {
        return s.toLowerCase().endsWith(pattern);
      }
    }
  );
```

Der folgende Code ist dagegen nicht zulässig, weil der Variablen pattern später eine neue Zeichenkette zugewiesen wird:

```
String pattern = ".pdf";
File[] pdfs = new File(homedir).listFiles(
    new FilenameFilter() {
      public boolean accept(File f, String s) {
        return s.toLowerCase().endsWith(pattern);
      }
    }
  );
...
pattern = ".txt";
File[] pdfs = new File(homedir).listFiles(
  // wie oben
  );
```

10.4 Statische geschachtelte Klassen

Formal unterscheidet sich eine statische geschachtelte Klasse nur durch das vorangestellte Schlüsselwort `static` von einer lokalen Klasse. Tatsächlich sind die Unterschiede aber wesentlich größer:

▶ Statische geschachtelte Klassen können nur direkt innerhalb einer Top-Level-Klasse formuliert werden, nicht aber in Methoden oder in anderen Kontrollstrukturen.

▶ Statische geschachtelte Klassen können wie Top-Level-Klassen verwendet und instanziiert werden, also auch außerhalb der Top-Level-Klasse! Der Klassenname setzt sich dabei aus dem Top-Level- und dem geschachtelten Namen zusammen: `obj = new TopLevelName.NestedName()`. Um eine Instanz einer statischen lokalen Klasse zu erzeugen, ist keine Instanz der dazugehörenden Top-Level-Klasse erforderlich.

▶ Statische geschachtelte Klassen können nur auf statische Elemente der Top-Level-Klasse zurückgreifen.

In Ihrer Anwendung sind statische lokale Klassen somit keine *inneren* Klassen, sondern ganz gewöhnliche Top-Level-Klassen mit einem zweiteiligen Klassennamen.

```
// Definition einer Top-Level-Klasse
class TopLevel {
  ...
  // Definition einer statischen lokalen Klasse
  static class Local1 {
    ...
  }
}

// Verwendung einer statischen lokalen Klasse
TopLevel.Local1 var = new TopLevel.Local1();
```

Bleibt die Frage nach dem Zweck von statischen geschachtelten Klassen: In der Java-Klassenbibliothek werden statische geschachtelte Klassen mitunter verwendet, um inhaltlich verwandte, aber formal unterschiedliche Klassen in einer einzigen Code-Datei unterzubringen.

Ein Beispiel ist die Top-Level-Klasse Point2D im Paket java.awt.geom: Diese Klasse ist abstrakt formuliert (mehr dazu folgt im nächsten Kapitel), kann also nicht direkt instanziiert werden; sie enthält allerdings zwei konkrete Unterklassen Double und Float, die Point2D implementieren. Diese Klassen können Sie folgendermaßen verwenden:

```
import java.awt.geom.Point2D;

Point2D.Double pt1 = new Point2D.Double(0.0, 2.3);
Point2D.Float  pt2 = new Point2D.Float(1.2f, -2f);
```

Den Quellcode von Point2D können Sie auf der Website *grepcode.com* nachlesen:

http://grepcode.com/file/repository.grepcode.com/java/root/jdk/
   openjdk/8-b132/java/awt/geom/Point2D.java

10.5   Beispiel: Schachfigur Springer

Keine Angst, ich erwarte nicht von Ihnen, dass Sie im Rahmen dieses Java-Grundkurses ein Schachprogramm entwickeln! Dieses Beispiel setzt sich dennoch ein wenig mit Schach auseinander.

Aufgabenstellung

Das Ziel ist die Entwicklung einer Klasse, die ausgehend von der Position eines Springers (Pferds) alle möglichen Züge ermittelt. Das war es aber auch schon – es gibt keine anderen Figuren auf dem Schachbrett, wir müssen uns weder mit dem Schlagen von Figuren noch mit dem Schachmatt-Setzen befassen, geschweige denn mit irgendwelchen längerfristigen Strategien.

Natürlich soll unser Programm objektorientiert entwickelt werden. Die Anwendung der zu programmierenden Springer-Klasse soll so aussehen:

```
Springer sp = new Springer("e5");
System.out.println(sp.ermittleZiele());
// Ausgabe: g6;f7;g4;f3;c6;d7;c4;d3
```

Die Startposition des Springers wird also an den Konstruktor als Zeichenkette übergeben, wobei "e5" die Position auf dem Schachbrett bezeichnet
(siehe Abbildung 10.1). Die Methode `ermittleZiele` soll dann wiederum
eine Zeichenkette liefern, in der die möglichen Züge durch Strichpunkte
getrennt sind. Zur Erinnerung: Ein Springer kann sich immer zwei Felder
in die eine Richtung und ein Feld in die andere Richtung bewegen. Daraus
ergeben sich bis zu acht mögliche Züge. Allerdings sinkt die Anzahl der
möglichen Züge, wenn sich der Springer am Rand oder in der Ecke des
Schachbretts befindet.

10

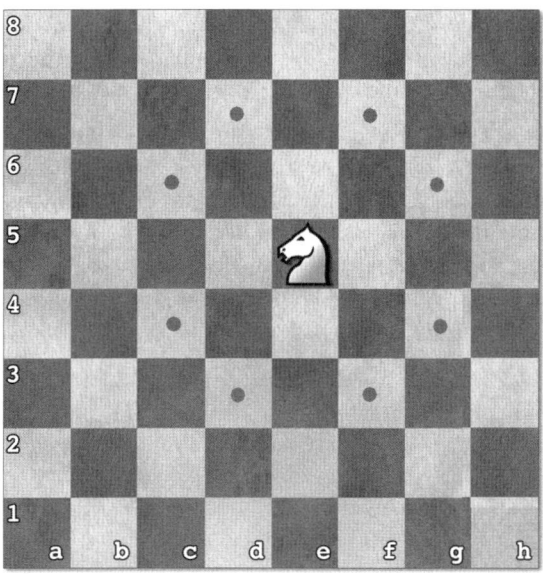

Abbildung 10.1 Die möglichen Züge eines Springers auf der Position e5

Implementierung der »Springer«-Klasse

Naturgemäß werden wir unsere Klasse Springer nennen. Der erste Schritt besteht nun darin, dass wir uns für Klassenvariablen entscheiden, um darin die Position des Springers zu speichern, und einen Konstruktor programmieren, um diese Variablen zu initialisieren.

Für die Bestimmung der Zielpositionen des Springers ist es am praktischsten, wenn die Position numerisch vorliegt. Wie verwenden also zwei int-Variablen, spalte und reihe, wobei der Wertbereich Java-typisch von 0 bis 7 den Spalten a bis h bzw. den Zeilen 1 bis 8 des Schachbretts entspricht.

Um die Auswertung der Startposition ein wenig einfacher zu machen, definieren wir außerdem zwei Zeichenketten mit den Buchstaben und Ziffern aller gültigen Spalten und Reihen. Die Variablen SPALTEN und REIHEN sind mit final und static deklariert. Das bedeutet, dass nachträgliche Änderungen nicht mehr möglich sind und dass diese Konstanten zwischen allen Objektinstanzen geteilt werden sollen.

Nun zum Konstruktor: Dieser löst sofort eine IllegalArgmumentException aus, wenn die übergebene Zeichenkette mit der Position nicht exakt zwei Zeichen lang ist. Andernfalls sucht der Konstruktor das erste Positionszeichen in SPALTEN und das zweite Positionszeichen in REIHEN. Wenn das gelingt, haben wir die Position erfolgreich ermittelt. Liefert aber eine der beiden indexOf-Methoden das Ergebnis –1 (im Sinne von *nicht gefunden*), liegt eine ungültige Position vor.

```java
// Projekt kap10-schach-springer , Datei Springer.java
public class Springer {
  private int spalte;   // Wertbereich 0 bis 7
                        // für die Spalten/Linien a bis h
  private int reihe;    // Wertbereich 0 bis 7
                        // für die Reihen 1 bis 8

  final static private String SPALTEN = "abcdefgh";
  final static private String REIHEN  = "12345678";
```

```
// Konstruktor
public Springer(String startpos) {
  // die Startposition muss eine Zeichenkette
  // mit zwei Zeichen sein
  if(startpos.length()!=2)
    throw new IllegalArgumentException(
                  "ungültige Startposition");

  spalte = SPALTEN.indexOf(
    Character.toLowerCase(startpos.charAt(0)));
  reihe  = REIHEN.indexOf(startpos.charAt(1));

  if(spalte==-1 || reihe==-1)
    throw new IllegalArgumentException(
                    "ungültige Startposition");
  }
}
```

10

Die Methode »ermittleZuege«

Nun geht es *nur* noch darum, die möglichen Züge zu ermitteln. An sich ist das einfach: Für jede der acht denkbaren Positionen ermitteln wir Werte der Zielspalte und -zeile. Liegen beide Werte zwischen 0 und 7, ist die Position zulässig und wir müssen sie nur noch in die Schachnotation umwandeln.

Da wir die Positionskontrolle und die Notationsumwandlung achtmal hintereinander durchführen müssen, lagern wir diesen Code in die private Methode position um. Die Methode liefert entweder eine leere Zeichenkette oder eine Schachposition samt einem nachgestellten Semikolon zurück, also z. B. "d3;". Bei der Ermittlung der Position können wir abermals auf SPALTEN und REIHEN zurückgreifen und jeweils ein Zeichen daraus entnehmen.

```
// liefert eine Schachposition in der Notation a1 bis h8
private String position(int spalte, int reihe) {
  if(spalte<0 || spalte>7 || reihe<0 || reihe>7) {
    return "";
  }
  return ""+ SPALTEN.charAt(spalte) +
         REIHEN.charAt(reihe) + ";";
}
```

Mit dieser Voraussetzung ist die Programmierung von ermittleZuege ein Kinderspiel. Wir rufen einfach die Methode position für die acht infrage kommenden Positionen auf und fügen die Ergebnisse zu einer Zeichenkette zusammen. Zuletzt entfernen wir mit substring das letzte Zeichen aus zuege, einen überflüssigen Strichpunkt.

```
// liefert eine Zeichenkette mit allen Positionen
public String ermittleZiele() {
  StringBuilder zuege = new StringBuilder();
  zuege.append(position(spalte+2, reihe+1));
  zuege.append(position(spalte+1, reihe+2));
  zuege.append(position(spalte+2, reihe-1));
  zuege.append(position(spalte+1, reihe-2));
  zuege.append(position(spalte-2, reihe+1));
  zuege.append(position(spalte-1, reihe+2));
  zuege.append(position(spalte-2, reihe-1));
  zuege.append(position(spalte-1, reihe-2));
  return zuege.substring(0, zuege.length()-1);
}
```

Test

Um unsere Springer-Klasse auszuprobieren, richten wir eine zweite Klasse namens TestSpringer ein, erzeugen für einige Testpositionen ein Springer-Objekt und zeigen die ermittelten Zielpositionen an:

```
// Projekt kap10-schach-springer, Datei TestSpringer.java
public class TestSpringer {
  public static void main(String[] args) {
    String[] tst = {"e5", "a1", "h8"};
    for(String pos : tst) {
      Springer sp = new Springer(pos);
      System.out.println("Position: " + pos);
      System.out.println("  Mögliche Ziele: " +
                           sp.ermittleZiele());
    }
  }
}
```

Die Ausgabe sieht so aus:

```
Position: e5
  Mögliche Ziele: g6;f7;g4;f3;c6;d7;c4;d3

Position: a1
  Mögliche Ziele: c2;b3

Position: h8
  Mögliche Ziele: f7;g6
```

10.6   Wiederholungsfragen und Übungen

▶ **W1:** Was ist der Unterschied zwischen einer Klasse und einem Objekt?

▶ **W2:** Die Klasse Beispiel ist so definiert:

```
class Beispiel {
  public void tuWas() { ... }
}
```

Ist der Methodenaufruf Beispiel.tuWas() zulässig? Wenn ja, warum?
Wenn nicht, wie müssen Sie den Code der Klasse ändern?

▶ **W3:** Die Klasse Punkt ist so definiert:

```
class Punkt {
  private int x, y;
}
```

Sie wollen die Klasse so nutzen:

```
Punkt p = new Punkt();
p.x = 3;
p.y = 4;
```

Dabei tritt ein Fehler auf. Welche Möglichkeiten gibt es, das Problem zu beheben?

▶ **W4:** Entwerfen Sie die Kontakt-Klasse zur Speicherung von Kontakt-daten. Diese bestehen aus Vorname, Nachname, Adresse und Tele-fonnummer. Die Klasse soll mit einem Konstruktor und einer print-Methode zur formatierten Ausgabe der Daten ausgestattet werden. Ver-zichten Sie auf Getter/Setter-Methoden.

▶ **W5:** Entwerfen Sie eine Bankkonto-Klasse mit folgenden Eckdaten:

– Klassenvariablen:
  private String inhaber
  private double guthaben
  private double rahmen

– Konstruktoren:
  Bankkonto(name)
  Bankkonto(name, startguthaben)
  Bankkonto(name, startguthaben, rahmen)

– Methoden:
  double ermittleGuthaben()
  void einzahlen(double betrag)
  boolean abheben(double betrag)

Die Methode einzahlen erhöht das Guthaben um den eingezahlten Betrag. Die Methode abheben testet zuerst, ob das Guthaben plus Über-ziehungsrahmen für die Abhebung ausreicht. Wenn das der Fall ist, liefert die Methode true zurück und das Guthaben wird entsprechend verringert; andernfalls liefert die Methode false und das Guthaben bleibt unverändert.

▶ **W6:** Erweitern Sie im vorigen Abschnitt vorgestellte Schach-Beispiel um zwei weitere Klassen Laeufer und Turm. Zur Erinnerung: Läufer können alle Felder auf den Diagonalen erreichen, Türme bewegen sich geradlinig in ihrer Spalte bzw. Zeile.

Da wir auf dieses Beispiel im nächsten Kapitel nochmals zurückgreifen, lege ich Ihnen diese Übung besonders ans Herz!

10

Kapitel 11

Vererbung und Schnittstellen

Viele Konzepte der objektorientierten Programmierung haben damit zu tun, vorhandenen Code möglichst universell wiederverwertbar zu machen und Code-Redundanz zu vermeiden. Auch Vererbung und Schnittstellen gehen in diese Richtung:

▶ **Vererbung:** Vererbung in Java bedeutet, dass Sie bei der Entwicklung einer neuen Klasse auf eine vorhandene Klasse aufbauen können. Sie übernehmen also die gesamte Klasse mit all den Methoden, die diese bereits bietet, und ergänzen bzw. modifizieren nur die Funktionen, die für Ihre Anwendung fehlen.

▶ **Schnittstellen:** Schnittstellen definieren eine oft ganz einfache Funktionalität, die eine Klasse erfüllen muss – z. B. eine Methode, um zwei gleichartige Objekte zu vergleichen. Alle Klassen, die eine bestimmte Schnittstelle implementieren, verhalten sich nun in Hinblick auf diese Funktionalität einheitlich. Beispielsweise können Sie Objekte von Klassen, die die Comparable-Schnittstelle implementieren, mit Methoden der Java-Klassenbibliothek sortieren – ganz egal, ob es sich um geometrische Figuren oder um Kontaktdaten handelt.

Warum ist Redundanz im Code schlecht?

Anstatt mit Vererbung oder mit Schnittstellen zu arbeiten ist die Versuchung oft groß, vorhandenen Code einfach in eine neue Klasse zu kopieren und dort anzupassen. Das geht schnell und erfordert wenig Denkaufwand. Redundanter Code hat aber zwei gravierende Nachteile: Der Wartungsaufwand für Ihr ganzes Projekt wächst, z. B. bei Erweiterungen. Außerdem müssen Fehler im Code nun an mehreren Stellen korrigiert werden. Das wird oft vergessen oder führt zu Folgefehlern.

11.1 Vererbung

Die Syntax für die Vererbung ist denkbar einfach:

```
class B extends A {
  // ... Code der neuen Klasse B
}
```

Damit stehen der neuen Klasse B alle nichtprivaten Methoden und Felder der Klasse A zur Verfügung. In B können nun darüber hinaus weitere Methoden und Felder implementiert werden.

Im obigen Beispiel ist A die **Basisklasse**. Je nachdem, welche Literatur Sie zurate ziehen, ist auch von der *vererbenden Klasse*, der *Superklasse*, der *Oberklasse* oder der *Elternklasse* die Rede.

B wird in der Regel als **abgeleitete** oder **erweiterte Klasse** bezeichnet. Andere übliche Begriffe sind *Unterklasse*, *Kindklasse* und *Subklasse*.

Im Gegensatz zu manch anderen Programmiersprachen (insbesondere C++) unterstützt Java keine Mehrfachvererbung. Eine neue Klasse Z kann daher nicht zugleich von X und Y erben. class Z extends X, Y ist also nicht erlaubt. Sehr wohl möglich ist hingegen eine Vererbung in mehreren Schritten: X ist die Basisklasse, Y erbt von X, und Z erbt von Y etc.

Methoden überschreiben

Java erlaubt es, bei der Vererbung Methoden zu überschreiben. Dazu implementieren Sie die betreffende Methode einfach neu. Dabei darf die Sichtbarkeit nicht eingeschränkt werden: Eine public-Methode kann also nicht durch eine private-Methode überschrieben werden.

Optional können Sie der neuen Methode die Annotation @Override voranstellen. Damit informieren Sie den Compiler explizit, dass die nachfolgende Methode eine Methode der Oberklasse überschreiben soll. Das gibt dem Compiler die Möglichkeit, dies zu überprüfen. Wenn Ihnen ein Tippfehler unterläuft oder die Parameterliste nicht mit der ursprünglichen Methode übereinstimmt, wird der Compiler eine Fehlermeldung liefern.

11

Um es nochmals zu betonen: @Override ist *nicht* erforderlich, um eine Methode zu überschreiben. Die Annotation dient lediglich als Absicherung, dass beim Überschreiben kein Fehler passiert.

```
// Datei A.java
class A {
  public double berechne() { ... }
}

// Datei B.java
class B extends A {
  @Override
  public double berechne() { ... }
}
```

Was sind Annotationen?

Annotationen ermöglichen es, den Quelltext um Metadaten zu ergänzen. Manche Annotationen geben Informationen an den Compiler weiter; andere Annotationen werden unverändert in den Bytecode übernommen. Die Auswertung der Metadaten kann dann durch andere Java-Werkzeuge oder durch die Reflection-Klassen erfolgen.

Java-intern sind Annotationen eine Sonderform von Schnittstellen. Annotationen wird immer das Zeichen @ vorangestellt. Annotationen werden *vor* allen Modifizierungsschlüsselwörtern eines Elements angegeben, oft in einer eigenen Zeile.

Neben der gerade erwähnten Annotation @Override werden Sie in der Praxis am häufigsten mit @Deprecated in Berührung kommen. Manche Klassen und Methoden aus der Java-Standardbibliothek, die sich als fehlerhaft oder zumindest als nicht optimal erwiesen haben, sind so gekennzeichnet. Sie können zwar weiter genutzt werden, die Java-Entwickler raten aber explizit davon ab. Sowohl der Java-Compiler als auch Eclipse zeigen entsprechende Warnungen an.

super

Mit dem Schlüsselwort *super* können Felder und Methoden der übergeordneten Klasse (Superklasse) angesprochen werden, also super.feld oder super.methode(). Mit super() rufen Sie den Konstruktor der Basisklasse auf.

super ist wie this nur erforderlich, um zwischen gleichnamigen Feldern oder Methoden zu differenzieren. Solange es keine Mehrdeutigkeiten gibt, ist super optional.

Konstruktor

Die Programmierung des Konstruktors in abgeleiteten Klassen ist zumeist optional. Wenn Sie einen eigenen Konstruktor implementieren, müssen Sie allerdings einige Besonderheiten beachten:

▶ Im Konstruktor der abgeleiteten Klasse darf in der ersten Anweisung (und nur dort) mit super(...) ein beliebiger Konstruktor der Basisklasse aufgerufen werden.

▶ Fehlt dieser Aufruf, baut der Java-Compiler automatisch einen Aufruf von super() ohne Parameter ein.

In diesem Fall muss es in der Basisklasse einen parameterlosen Konstruktor geben, sonst kommt es zu einer Fehlermeldung. (Nur wenn die Basisklasse gar keinen Konstruktor enthält, baut der Java-Compiler einen parameterlosen Konstruktor ein.)

Diese Regeln stellen sicher, dass bei der Erzeugung eines Objekts die Konstruktoren *aller* zugrunde liegenden Klassen aufgerufen werden. Im folgenden Beispiel kümmert sich der Konstruktor von A um die Initialisierung der privaten Klassenvariable x. Im Konstruktor der Klasse B wird zusätzlich y initialisiert.

```
class A {
  private int x;
  A(int n) {      // Konstruktor der Klasse A
    x = n;
  }
}
```

```
class B extends A {
  private int y;
  // Konstruktor der Klasse B
  B(int n) {
    super(n);
    y = 2*n;
  }
}
```

Finale Klassen und Methoden

Wenn Sie eine Klasse als `final` deklarieren, kann sie nicht mehr vererbt werden. Alternativ können Sie auch Methoden einer Klasse als `final` kennzeichnen; in diesem Fall kann zwar die Klasse als solche vererbt werden, die betreffende Methode darf aber nicht überschrieben werden.

```
// diese Klasse kann nicht erweitert werden
final class X {
  ...
}

// Y kann erweitert werden, ...
class Y {
  // ... aber die Methode m1 darf nicht
  //     überschrieben werden
  public final int m1() { ... }
}
```

In der Praxis werden finale Klassen dann verwendet, wenn die Entwickler der Ansicht sind, dass eine weitere Modifikation der Klasse nicht zweckmäßig ist, z. B. weil dadurch die Konsistenz einer Bibliothek gefährdet wird. Das bekannteste Beispiel für eine finale Klasse in der Java-Standardbibliothek ist `String`.

Abstrakte Klassen

Innerhalb einer Klasse können eine oder mehrere Methoden als abstract gekennzeichnet werden. Die betreffenden Methoden werden dann nur deklariert, aber nicht mit Code ausgestattet. Anstelle des in geschwungenen Klammern gestellten Codes der Methode folgt einfach ein Strichpunkt.

Sobald es auch nur eine abstrakte Methode gibt, *muss* auch die gesamte Klasse als abstract gekennzeichnet werden! Abstrakte Klassen können nicht direkt verwendet werden, d. h., es ist unmöglich, mit new AbstrakteKlasse() ein Objekt (eine Instanz) zu erzeugen. Der Nutzen abstrakter Klassen besteht darin, dass sie ein Fundament für weitere, abgeleitete Klassen darstellen können.

```
// diese Klasse kann nicht direkt verwendet werden,
// sondern dient nur als Basisklasse für andere Klassen
abstract class X {

  // diese Methode steht der abgeleiteten Klasse zur
  // Verfügung bzw. kann von ihr überschrieben werden
  public int m1() {
    return 1;
  }

  // diese Methode muss von der abgeleiteten Klasse
  // implementiert werden
  abstract public int m2();
}
```

In der Java-Standardbibliothek gibt es unzählige Beispiele für abstrakte Klassen. Zum Beispiel ist java.io.Reader eine abstrakte Klasse, die Grundfunktionen zum Lesen von Dateien zur Verfügung stellt. Zu den davon abgeleiteten Klassen zählen unter anderem BufferedReader, StringReader und InputStreamReader.

Wenn Sie eine eigene Klasse von einer abstrakten Klasse ableiten, *müssen* Sie alle abstrakten Methoden implementieren (es sei denn, Ihre Klasse ist ebenfalls abstrakt).

```
class Y extends X {
  public int m2() {
    return 2;
  }
}
```

Konkrete Klassen

Um abstrakte Klassen von gewöhnlichen Klassen deutlicher zu unterscheiden, werden Letztere manchmal als *konkrete* Klassen bezeichnet.

Generalisierung

Sobald Vererbung im Spiel ist, haben Sie bei der Deklaration von Variablen die Wahl, ob Sie die Objektvariable direkt mit dem Typ der jeweiligen Klasse deklarieren oder allgemeingültiger mit dem Typ der Basisklasse. Beide Varianten können zweckmäßig sein, je nachdem, ob es Ihnen darum geht, spezifische Methoden einer bestimmten Klasse zu nutzen, oder aber darum, mehrere Objekte einer Basisklasse allgemeingültig zu verarbeiten.

Um das Konzept der Generalisierung zu veranschaulichen, nehmen wir an, dass vier Klassen definiert sind – A, B, C1 und C2:

```
class A  {  ...}
class B  extends A { ... }
class C1 extends B { ... mit spezifischer Methode x1() }
class C2 extends B { ... mit spezifischer Methode x2() }
```

Nun definieren wir vier Objektvariablen, alle vom Typ A. Darin speichern wir Objekte der Klassen A, B, C1 und C2. Mit getClass() können Sie ein Class-Objekt ermitteln, das die exakte Beschreibung der Klasse inklusive des Klassennamens enthält.

```
// obj<n>.getClass() liefert A, B, C1, C2
A obj1, obj2, obj3, obj4;
obj1 = new A();
obj2 = new B();
obj3 = new C1();
obj4 = new C2();
// Ausgabe B
System.out.println(obj2.getClass().getName());
```

Die folgenden Zeilen zeigen die Möglichkeiten und Grenzen der Generalisierung. Beispielsweise ist der Aufruf von obj3.x1() bzw. obj4.x2() nicht zulässig. Für den Java-Compiler sind obj3 und obj4 Variablen der Klasse A, und diese Klasse kennt die Methoden x1 und x2 nicht.

Es ist aber möglich, obj3 einer neuen Variablen obj5 vom Typ C1 zuzuweisen. (Diese Zuweisung funktioniert nur, weil obj3 tatsächlich ein Objekt der Klasse C1 enthält!) Nun klappt der Methodenaufruf x1().

Eine andere Vorgehensweise wäre ein explizites Casting. Das vorangestellte (C2) macht dem Compiler klar, dass er obj4 als Objekt der Klasse C2 behandeln soll. Damit ist der Aufruf von x2 zulässig. Das Casting funktioniert natürlich nur, wenn obj4 wirklich ein Objekt der Klasse C2 enthält; andernfalls tritt zur Laufzeit ein Fehler auf.

```
obj3.x1(); obj4.x2();        // nicht erlaubt
C1 obj5 = obj3; obj5.x1();   // OK
((C2)obj4).x2();             // auch OK
```

Polymorphie

Der Begriff *Polymorphie* besagt, dass eine Objektvariable mit unterschiedlichen Varianten eines Datentyps zurechtkommt. Bei der Ausführung des Codes erkennt die Laufzeitumgebung den tatsächlichen Datentyp und greift auf dessen Felder bzw. Methoden zurück. Weitere Details können Sie hier nachlesen:

http://de.wikipedia.org/wiki/Polymorphie_(Programmierung)

In der Theorie klingt das ziemlich abstrakt. In der Praxis ist das Konzept aber leicht verständlich und extrem nützlich. Nehmen wir an, Sie haben eine abstrakte Basisklasse Fahrzeug sowie die davon abgeleiteten Klassen Auto, Fahrrad, Bagger etc. In der Basisklasse gibt es die abstrakte Methode ermittleAntrieb. In den abgeleiteten Klassen ist diese Methode so implementiert, dass sie jeweils eine Beschreibung des Antriebs des Fahrzeugs zurückgibt.

Dank Polymorphie können Sie nun in einer Variable vom Typ Fahrzeug Objekte aller abgeleiteten Klassen speichern:

```
Fahrzeug f1 = new Auto();
Fahrzeug f2 = new Bagger();
Fahrzeug f3 = new Fahrrad();
```

Wenn Sie nun für eine beliebige Variable die Methode ermittleAntrieb aufrufen, wird die Methode der entsprechenden Klasse ausgeführt:

```
String s = f2.ermittleAntrieb();  // Dieselmotor, 112 kW
```

Das funktioniert auch in Schleifen, bei denen die Schleifenvariable unterschiedliche Objekte durchläuft, deren Klassen alle von Fahrzeug abgeleitet sind:

```
Fahrzeug[] far = new Fahrzeug[10];
far[0] = new Auto();
far[1] = new Bagger();
...
for(Fahrzeug f : far)
  System.out.println(f.ermittleAntrieb());
```

Das Besondere am Konzept der Polymorphie besteht darin, dass der Java-Interpreter bei der Auswertung von f.ermittleAntrieb() erst zur Laufzeit entscheiden kann, welche Variante der Methode ermittleAntrieb tatsächlich ausgeführt werden soll. Dem Compiler fehlt diese Information, weil der Parameter f ja allgemein vom Typ Fahrzeug definiert ist.

Das Prinzip der Polymorphie kommt auf allen Ebenen der Java-Klassenbibliothek ganz selbstverständlich zum Einsatz. Es gibt die Möglichkeit,

Variablen bzw. Parameter von Methoden allgemeingültig zu deklarieren (mit einer Basisklasse, z. B. java.io.Writer) und dann für alle Arten von Objekten zu nutzen, die von dieser Basisklasse abgeleitet sind: BufferedWriter, FilterWriter, PipedWriter etc.

Die Parameterdeklaration mit der Basisklasse ist allerdings mit einer Einschränkung verbunden: Über die Objektvariable sind nur die Felder und Methoden zugänglich, die in der Basisklasse definiert sind. Wenn die abgeleitete Klasse zusätzliche Methoden enthält, können Sie diese nur auf Umwegen nutzen. Dazu müssen Sie zuerst mit instanceof den tatsächlichen Typ feststellen. Anschließend können Sie den Casting-Operator (Klasse) einsetzen, um den Objekttyp entsprechend anzupassen. Am eigentlichen Objekt ändert sich dadurch natürlich nichts. Aber durch den Casting-Operator *weiß* der Compiler jetzt genau, von welcher Klasse das Objekt stammt, und kann daher auch die zusätzlichen, klassenspezifischen Methoden verwenden.

```
void m(Fahrzeug f) {
  if(f instanceof Auto) {
    Auto a = (Auto)f;
    int sitze = a.anzahlSitze();
  } else if (f instanceof Fahrrad) {
    Fahrrad fr = (Fahrrad)f;
    boolean federgabel = fr.hatFedergabel();
  }
  ...
}
```

Vorsicht

Wenn Sie ohne instanceof-Test (Klasse)var durchführen und Java zur Laufzeit feststellt, dass var auf ein Objekt in einer Klasse zeigt, für die das gewünschte Casting unmöglich ist, dann tritt eine ClassCastException auf.

Upcasts und Downcasts

Wie Sie gerade gesehen haben, können Sie in Java Objekte spezialisierter Klassen ohne Weiteres verallgemeinern. Daher können Sie in einer Variablen des Typs Fahrzeug ein Objekt der Auto-Klasse speichern. Diese Verallgemeinerung wird *Upcast* genannt. In einem Klassendiagramm, in der allgemeine Klassen oben und spezialisierte Klassen unten dargestellt werden, bewegen wir uns gleichsam von unten nach oben.

```
Fahrzeug f = new Auto();    // impliziter Upcast
```

Sie haben aber auch schon festgestellt, dass der umgekehrte Fall, also die Nutzung von Objekten in allgemein deklarierten Variablen oder Parametern, schwieriger ist: Bevor Sie eine spezifische Methode auf ein Objekt vom Typ Auto anwenden können, das in einer Variablen vom allgemeineren Typ Fahrzeug gespeichert ist, müssen Sie ein explizites Casting ausführen. Dieses wird *Downcast* genannt und funktioniert nur, wenn die Variable tatsächlich ein Objekt der gewünschten Klasse enthält. Das wird üblicherweise vorweg mit instanceof sichergestellt:

```
if(f instanceof Auto) {
  ((Auto)f).automethode();  // expliziter Downcast
}
```

11.2 Die »Object«-Klasse

Jede Klasse ist automatisch von Object abgeleitet. Wenn Sie möchten, können Sie bei eigenen Klassen class Name extends Object schreiben, das ändert aber nichts daran, dass Object ohnedies immer als Basisklasse dient. Somit stehen in jeder Klasse sowie in Arrays alle von Object vererbten Methoden zur Verfügung. Deshalb lohnt sich ein genauerer Blick auf diese Methoden, zumal es manchmal notwendig ist, diese in der eigenen Klasse neu zu implementieren.

Die Methode »clone«

clone erstellt eine Kopie des Objekts. Das klingt einfacher, als es ist, und tatsächlich raten Java-Experten von der Verwendung von clone in den meisten Fällen ab:

http://www.artima.com/intv/bloch13.html
http://adtmag.com/articles/2000/01/18/
   effective-javaeffective-cloning.aspx

Zu den wenigen Ausnahmen, in denen selbst Java-Puristen den Einsatz von clone empfehlen, zählt das Duplizieren von Arrays. Wenn Sie dennoch in Ihrer Klasse clone unterstützen möchte, müssen Sie die Schnittstelle Cloneable implementieren und dabei clone durch Ihren eigenen, klassenspezifischen Code überschreiben.

Die Methode »equals«

Die Methode obj1.equals(obj2) liefert true zurück, wenn beide Objektvariablen auf ein und dasselbe Objekt verweisen, also wenn obj1 == obj2 gilt.

Viele Java-Standardklassen ersetzen equals durch eigene Implementierungen, die den tatsächlichen *Inhalt* zweier Objekte vergleichen. Bei Zeichenketten liefert s1.equals(s2) das Ergebnis true, wenn beide Zeichenketten übereinstimmen – auch dann, wenn es sich um zwei unterschiedliche String-Objekte handelt, die an unterschiedlichen Orten im Speicherplatz abgelegt werden.

Wenn Sie für Ihre eigenen Klassen equals implementieren, sollten Sie auch eigenen Code für die hashCode-Methode entwickeln (siehe unten). Der Grund: Java erwartet, dass zwei Objekte, für die obj1.equals(obj2) gilt, denselben Hashcode liefern:

http://docs.oracle.com/javase/8/docs/api/java/lang/Object.html

Die Methode »finalize«

Die Methode finalize wird aufgerufen, bevor ein Objekt durch den Garbage Collector aus dem Speicher entfernt wird. Java gibt aber keine Garantien, *ob* bzw. *wann* es dazu kommt.

Die Methode »getClass«

Die Methode getClass liefert ein Class-Objekt, das die Klasse des Objekts beschreibt.

Die Methode »hashCode«

Die Methode hashCode liefert eine int-Zahl (32-Bit), die eine möglichst exakte Identifizierung des Objekts ermöglichen soll. Viele Java-Klassen implementieren eigene hashCode-Methoden. Fehlt diese Implementierung, kommt die hashCode-Methode von Object zum Einsatz. Sie liefert eine 32-Bit-Zahl, die sich (unter anderem) aus der Adresse ergibt, an der sich das Objekt im Arbeitsspeicher befindet.

Wenn Sie eine eigene Klasse entwickeln, deren Objekte Sie in Aufzählungen speichern möchten (z.B. in einer HashMap), sollten Sie eine eigene hashCode-Methode implementieren.

Java verlangt nicht, dass jede denkbare Instanz eines Objekts einen eindeutigen Hashcode liefert. Eine derartige Forderung ist nicht erfüllbar: Ein Objekt mit mehr als 4 Byte Daten lässt sich nicht eindeutig als 4-Byte-Zahl abbilden. (Eine derartige Hash-Funktion wäre ein Perpetuum mobile der Informatik.) Eine eigene hashCode-Implementierung muss allerdings die folgenden Forderungen erfüllen:

▶ hashCode muss reproduzierbar sein. Für ein Objekt mit denselben Daten muss hashCode immer wieder denselben Wert liefern.

▶ Zwei Objekte einer Klasse, für die o1.equals(o2) gilt, müssen denselben Hashcode ergeben.

▶ hashCode sollte für alle möglichen Objektinstanzen möglichst unterschiedliche, gleich verteilte Werte liefern. Nur wenn diese Forderung erfüllt ist, funktionieren Hashtables effizient. Das betrifft insbesondere viele Collections!

Das folgende Beispiel zeigt eine mögliche Implementierung von hashCode und equals für eine Klasse zur Speicherung eines Rechtecks, wobei der von Eclipse generierte Code verwendet wurde (SOURCE · GENERATE HASHCODE AND EQUALS).

equals überprüft im Wesentlichen die Übereinstimmung der Klassenvariablen w und h. In hashCode fließen w und h in ein Berechnungsmuster ein, das sämtliche Klassenvariablen berücksichtigt und bei jedem Schritt das Zwischenergebnis mit einer Primzahl multipliziert.

```
// Projekt kap11-rectangle-hash
public class Rectangle {
  public int w, h;
  public Rectangle(int w, int h) {
    this.w = w;
    this.h = h;
  }

  @Override
  public boolean equals(Object obj) {
    // ein paar elementare Tests
    if(this == obj)                   return true;
    if(obj == null)                   return false;
    if(getClass() != obj.getClass()) return false;
    // this und other sind gleich,
    // wenn w und h übereinstimmen
    Rectangle other = (Rectangle)obj;
    if(other.w == w && other.h == h)
      return true;
    else
      return false;
  }
```

11

```
@Override
public int hashCode() {
  final int prime = 31;
  int result = 1;
  result = prime * result + h;
  result = prime * result + w;
  return result;
}
}
```

Die Methoden »notify«, »notifyAll« und »wait«

Die Methoden notify und notifyAll aktivieren den bzw. die Threads, die in einem Multi-Threaded-Programm auf die Freigabe des Objekts warten. Die Methode wait versetzt den aktuellen Thread in einen Wartezustand, bis dieser durch einen anderen Thread mit notify wieder aufgeweckt wird. Durch optionale Parameter kann die Schlafzeit limitiert werden. Alle drei Methoden sind nur relevant, wenn Sie nebenläufige Programme entwickeln, was aber nicht Thema dieses Buchs ist.

Die Methode »toString«

Die Methode toString liefert eine Zeichenkette, die das Objekt beschreibt. Standardmäßig gibt diese Methode nur den Klassennamen und den Hashcode des Objekts zurück, z. B. MyClass@3a65724d. Wenn Sie möchten, dass toString Rückschlüsse auf den tatsächlichen Inhalt des Objekts gibt, müssen Sie die Methode durch eine eigene Implementierung überschreiben.

11.3 Vererbungsbeispiel (Schachfiguren)

In Kapitel 10, »Klassen«, habe ich Ihnen in einem Beispiel gezeigt, wie Sie die Klasse Springer für die gleichnamige Schachfigur implementieren können. In den Übungen zu diesem Kapitel habe ich Sie gebeten, analog auch Klassen für einen Läufer und einen Turm zu implementieren.

Wenn Sie diese Übung ausgeführt haben (jetzt wäre noch eine Gelegenheit dazu!), ist Ihnen vielleicht aufgefallen, dass alle drei Klassen ganz ähnlich aussehen und eine Menge gleichartigen, also redundanten Code enthalten.

Die abstrakte Klasse »Schachfigur«

Damals wussten Sie noch nichts von Vererbung – aber jetzt sind Sie in der Lage, die Aufgabenstellung deutlich eleganter zu realisieren! Dazu implementieren wir zuerst eine allgemeine Klasse Schachfigur, die den Code enthält, den wir in jeder der Klassen Springer, Laeufer und Turm benötigen. Danach ändern wir die Klassen dahingehend, dass diese von Schachfigur abgeleitet sind, also deren Methoden vererben.

```
// Projekt kap11-schach-vererbung, Datei Schachfigur.java
public abstract class Schachfigur {
  protected int spalte;   // 0 bis 7 entspricht a bis h
  protected int reihe;    // 0 bis 7 entspricht 1 bis 8
  final static private String SPALTEN = "abcdefgh";
  final static private String REIHEN  = "12345678";

  // Konstruktor
  public Schachfigur(String startpos) {
    // Startposition: genau zwei Zeichen
    if(startpos.length()!=2)
      throw new IllegalArgumentException(
        "ungültige Startposition");

    spalte = SPALTEN.indexOf(
      Character.toLowerCase(startpos.charAt(0)));
    reihe  = REIHEN.indexOf(startpos.charAt(1));
    if(spalte==-1 || reihe==-1)
      throw new IllegalArgumentException(
        "ungültige Startposition");
  }
```

11

```
// abgeleitete Klassen müssen ermittleZiele()
// implementieren
abstract public String ermittleZiele();

// liefert eine Schachposition in der Notation a1 bis h8
final protected static String position(int spalte,
                                        int reihe) {
  if(spalte<0 || spalte>7 || reihe<0 || reihe>7)
    return "";
  return "" + SPALTEN.charAt(spalte) +
         REIHEN.charAt(reihe) + ";";
}
}
```

Die Klasse Schachfigur entspricht beinahe den bereits bekannten Klassen Springer oder Laeufer. Es gibt aber einige wichtige Unterschiede:

▶ Die Klasse ist abstrakt, kann also nicht unmittelbar verwendet werden, sondern nur zur Vererbung. Der Grund dafür besteht darin, dass die Methode ermittleZiele nicht allgemeingültig implementiert werden kann. Sie ist deswegen ebenfalls als abstract gekennzeichnet.

▶ Die Variablen spalte und reihe sind nicht mehr private, sondern protected. Das ist erforderlich, damit auch die abgeleiteten Klassen auf die Variablen zugreifen können. (Auch public würde in unserem Beispiel funktionieren.)

▶ Der Konstruktor ist unverändert, sein Name lautet nun aber natürlich Schachfigur (wie der Klassenname).

▶ Die Methode ermittleZiele ist, wie schon erwähnt, nur abstrakt deklariert, aber nicht implementiert.

▶ Die Methode position wurde mit den Modifizierern final, protected und static ausgestattet. protected ermöglicht den Zugriff in den abgeleiteten Klassen, final verhindert eine Neuimplementierung (*override*) in den abgeleiteten Klassen, und static ermöglicht den Aufruf der Methode ohne ein zugrunde liegendes Objekt. Das ist möglich und sinnvoll, weil position keinerlei Objektdaten auswertet.

Die Klassen »Springer«, »Laeufer« und »Turm«

Mit dem durch Schachfigur zur Verfügung stehendem Fundament reduziert sich die Implementierung der Klassen Springer, Laeufer und Turm auf
wenige Zeilen:

▶ Die Klasse müssen jeweils mit extends Schachfigur deklariert werden.

▶ Der Konstruktor muss den Konstruktor der Basisklasse aufrufen (also
super).

▶ Die Methode ermittleZiele muss implementiert werden, wobei exakt
der gleiche Code wie bisher zum Einsatz kommt. Die optionale Annotation @Override verdeutlicht, dass ermittleZuege eine Methode der
abstrakten Klasse Schachfigur überschreibt.

Die folgenden Zeilen zeigen die Klasse Springer:

```java
// Projekt kap11-schach-vererbung, Datei Schachfigur.java
public class Springer extends Schachfigur {
  public Springer(String startpos) {
    // Konstruktor der Basisklasse aufrufen
    super(startpos);
  }

  // liefert eine Zeichenkette mit allen Positionen
  @Override
  public String ermittleZiele() {
    StringBuilder zuege = new StringBuilder();
    zuege.append(position(spalte+2, reihe+1));
    zuege.append(position(spalte+1, reihe+2));
    zuege.append(position(spalte+2, reihe-1));
    zuege.append(position(spalte+1, reihe-2));
    zuege.append(position(spalte-2, reihe+1));
    zuege.append(position(spalte-1, reihe+2));
    zuege.append(position(spalte-2, reihe-1));
    zuege.append(position(spalte-1, reihe-2));
    return zuege.substring(0, zuege.length()-1);
  }}
```

11

Anwendung der Klassen

Grundsätzlich ändert sich an der Anwendung der Klassen nichts, d. h., jede Klasse kann weiterhin für sich verwendet werden:

```java
// Projekt kap11-schach-vererbung, Datei TestFiguren.java
Springer sp = new Springer("b3");
System.out.println(
  "Mögliche Ziele: " + sp.ermittleZiele());
```

Neu ist aber die Möglichkeit, mehrere unterschiedliche Schachfiguren gemeinsam zu verarbeiten, z. B. in einem Array. Dank Polymorphie können Sie nun in einer Variable vom Typ Schachfigur Objekte aller abgeleiteten Klassen speichern:

```java
Schachfigur[] fig = new Schachfigur[4];
fig[0] = new Turm("a1");
fig[1] = new Springer("b1");
fig[2] = new Laeufer("c1");
fig[3] = new Turm("h1");
```

Jetzt können Sie in einer Schleife alle Figuren des Arrays durchlaufen. Wenn Sie wissen möchten, welche Art von Schachfigur im jeweiligen Array-Element enthalten ist, können Sie Vergleiche mit instanceof durchführen oder mit den Methoden getClass und getName den Klassennamen ermitteln. Die Position der Figur ermitteln Sie, indem Sie die Klassenvariablen spalte und reihe an die statische Methode position übergeben. Die Methode substring eliminiert den Strichpunkt am Ende dieser Zeichenkette. sf.ermittleZuege() liefert schließlich eine Zeichenkette mit allen möglichen Positionen, die die Schachfigur erreichen kann.

```java
for(Schachfigur sf : fig) {
  System.out.println(
    "Klasse: " + sf.getClass().getName());
  System.out.println(
    "Position: " +
    Schachfigur.position(sf.spalte, sf.reihe).
      substring(0, 2));
```

```
System.out.println(
   "Mögliche Ziele: " + sf.ermittleZiele());
}
```

Der Aufruf sf.ermittleZiele ist ein Beispiel für Polymorphie. Der Java-Interpreter kann bei der Auswertung von sf.ermittleZuege() erst zur Laufzeit entscheiden, welche Variante der Methode ermittleZuege tatsächlich ausgeführt werden soll – die der Turm-Klasse, die der Springer-Klasse etc. Dem Compiler fehlt diese Information, weil der Parameter sf ja allgemein vom Typ Schachfigur definiert ist.

11.4 Schnittstellen

Schnittstellen sind ein Mechanismus, um eine Funktionalität formal zu definieren, ohne sie zu implementieren. In der Folge können die Schnittstellen dann in Klassen implementiert werden. Damit können alle Objekte dieser Klasse im Hinblick auf die Funktionalität der Schnittstelle einheitlich behandelt werden.

Einführungsbeispiel

In Schnittstellen (Interfaces) sind Methoden deklariert, ohne deren Code anzugeben. Diese Deklarationen werden oft auch als *Signaturen* bezeichnet. Schnittstellen ermöglichen die Definition von Klassen, die sich betreffend einer bestimmten Eigenschaft einheitlich verhalten. Die folgenden Zeilen zeigen die Schnittstelle FilenameFilter aus dem Paket java.io:

```
public interface FilenameFilter {
   boolean accept(File dir, String name);
}
```

Die folgende Klasse MyClass implementiert FilenameFilter. Dazu muss dem Klassennamen implements FilenameFilter folgen. Außerdem müssen in der Klasse alle in FilenameFilter definierten Methoden programmiert werden. Im folgenden Beispiel testet accept, ob der Dateiname mit .txt endet:

```
class MyClass implements FilenameFilter {
  @Override
  boolean accept(File dir, String name) {
    return name.toLowerCase().endsWith(".txt");
  }
}
```

Ein weiteres Beispiel, wie FilenameFilter als anonyme Klasse implementiert werden kann, finden Sie in Abschnitt 10.3.

Wichtige Schnittstellen in der Java-Standardbibliothek

Schnittstellen werden in der Regel eingesetzt, um Klassen mit kleinen, überschaubaren Zusatzfunktionen auszustatten, sodass deren Objekte dann einheitlich verwendet werden können. Beispielsweise lassen sich alle Objekte von Klassen, die die Schnittstelle Comparable implementieren, in Arrays bzw. Aufzählungsklassen sortieren. In der Java-Standardbibliothek kommen einige Schnittstellen besonders häufig vor (siehe Tabelle 11.1)

Schnittstelle	Funktion
java.lang.Appendable	etwas hinzufügen
java.lang.AutoCloseable	Ressourcen automatisch schließen
java.lang.Comparable	Objekt vergleichen
java.lang.Iterable	Elemente in Schleifen durchlaufen
java.lang.Readable	etwas lesen
java.lang.Runnable	Code nebenläufig ausführen
java.io.Serializable	Objekt serialisieren
java.io.FilenameFilter	Dateien filtern
java.nio.file.PathMatcher	Dateien filtern (neueres Verfahren)

Tabelle 11.1 Wichtige Schnittstellen der Java-Standardbibliothek

Schnittstelle	Funktion
java.util.Collection	Aufzählungen verwalten
java.util.List	Listen verwalten
java.util.Map	Maps verwalten
java.util.Set	Sets verwalten
java.awt.event.ActionListener	auf Ereignisse reagieren

Tabelle 11.1 Wichtige Schnittstellen der Java-Standardbibliothek (Forts.)

Viele Schnittstellen der Java-Standardbibliothek sind mit generischen Parametern definiert. Das bedeutet, dass der Datentyp der Parameter in den Methoden der Schnittstelle variabel ist. Generische Datentypen werden in Kapitel 12, »Generische Klassen und Methoden«, behandelt. Dort folgen dann auch Beispiele zur Implementierung von Schnittstellen aus der Java-Standardbibliothek.

»interface«-Syntax

Neue Schnittstellen können mit extends vorhandene Schnittstellen erweitern. Die Syntax zur Definition einer Schnittstelle sieht so aus:

```
interface SchnittstelleC extends SchnittstelleA,
    SchnittstelleB {
  [static final] Datentyp KONSTANTE = ...;
  [public] enum Enumeration { K1, K2, ...};
  [public] void Methode1(...);
  [public] Rückgabetyp Methode2(...);
  [public static] class
}
```

Innerhalb einer Schnittstelle sind alle Klassenvariablen automatisch static final und somit Konstanten, und alle Methoden gelten implizit als public. Es sind weder nichtfinale Variablen noch Konstruktoren erlaubt, wohl aber Enumerationen und statisch geschachtelte Klassen. In der Praxis machen nur wenige Schnittstellen von diesen syntaktischen Möglichkeiten Gebrauch. Die meisten Schnittstellen bestehen einfach nur aus einer oder mehreren Methodensignaturen:

```
interface MeineSchnittstelle {
  [public] void Methode1(...);
  [public] Rückgabetyp Methode2(...);
}
```

Schnittstellen werden zumeist wie Top-Level-Klassen in einer eigenen Datei definiert, deren Name mit dem Namen der Schnittstelle übereinstimmt. Es besteht auch die Möglichkeit, Schnittstellen innerhalb einer Klasse zu deklarieren – ähnlich wie lokale Klassen.

```
public class MyClass {
  public  interface MyInterface {
    ...
  }
}
```

Funktionale Schnittstellen und Default-Methoden

Seit Version 8 lassen sich Schnittstellen, die nur *eine* Methode definieren, in Form von Lambda-Ausdrücken implementieren (siehe Kapitel 13).

Schnittstellen mit genau einer abstrakten Methode werden als *funktionale Schnittstellen* bezeichnet. Wenn Sie der Schnittstellendefinition die Annotation @FunctionalInterface voranstellen, überprüft der Java-Compiler, ob die Schnittstelle die Regeln funktionaler Schnittstellen einhält.

```
// Definition einer funktionalen Schnittstelle
// mit der Methode m1
@FunctionalInterface
interface MeineSchnittstelle {
  public int m1(int p1, int p2);
}
```

Die zweite Neuerung in Java 8 besteht darin, dass Methoden bei der Definition einer Schnittstelle mit einer Defaultimplementierung versehen werden dürfen. Das Schlüsselwort `default` wird vor dem Datentyp bzw. `void` angegeben. Die Syntax sieht so aus:

```
interface Schnittstelle ... {
  default [Rückgabetyp] Methode(...) {
    code ...
    [return ergebnis;]
  }
}
```

Hintergrundinformationen, warum diese Spracherweiterung im Zusammenhang mit Lambda-Ausdrücken erforderlich wurde, folgen in Abschnitt 13.2, »Lambda & Co.«.

Die »implements«-Syntax

Eine Klasse kann eine oder mehrere Schnittstellen implementieren:

```
class MyClass implements Interface1, Interface2 {
  ...
}
```

Die Implementierung von Schnittstellen und die Vererbung schließen einander nicht aus. Ein wesentlicher Unterschied zwischen Vererbung und Schnittstellen besteht darin, dass eine Klasse nur von einer Basisklasse erben kann, aber beliebig viele Schnittstellen implementieren kann.

```
class MyClass extends BaseClass implements I1, I2, I3 {
  ...
}
```

Mit `implements Schnittstelle` verpflichten Sie sich als Programmierer, alle Methoden der angegebenen Schnittstelle zu implementieren. Das wird vom Java-Compiler überprüft. (Eine Ausnahme sind abstrakte Methoden, deren Implementierung erst in der abgeleiteten Klasse erfolgt.)

Die folgenden Zeilen zeigen den Code der Schnittstelle `Comparable` aus der Java-Klassenbibliothek. Die Schnittstelle enthält einen generischen Daten-

257

typ T, der bei der Nutzung durch einen konkreten Datentyp ersetzt werden muss. Generische Datentypen werden in Kapitel 12 behandelt.

```
public interface Comparable<T> {
  public int compareTo(T o);
}
```

Polymorphie bei Schnittstellen

Die in Abschnitt 11.1 beschriebenen Konzepte der Polymorphie gelten nicht nur für vererbte Klassen, sondern auch für Schnittstellen. Es ist also zulässig, bei der Deklaration einer Variablen oder eines Parameters als Datentyp eine Schnittstelle anzugeben. Damit können beliebige Objekte, deren Klasse die Schnittstelle implementiert, in der Variablen gespeichert bzw. als Parameter übergeben werden. Bei der Ausführung von Methoden entscheidet der Java-Interpreter erst zur Laufzeit anhand der tatsächlichen Klasse, welche Implementierung der Methode zur Anwendung kommt.

Abstrakte Klassen versus Schnittstellen

Abstrakte Klassen und Schnittstellen haben viele Ähnlichkeiten und können auf ähnliche Weise eingesetzt werden. Es gibt aber drei fundamentale Unterschiede:

▶ **Anzahl:** Eine Klasse kann mehrere Schnittstellen implementieren, kann aber nur von einer abstrakten Klasse abgeleitet sein. Dieser Nachteil von abstrakten Klassen kann zwar in gewissen Fällen durch eine mehrstufige Vererbung umgangen werden, das Ergebnis sind dann aber unübersichtliche, tiefe Hierarchien.

▶ **Fertige Methoden:** Abstrakte Klassen können neben abstrakten Methoden (*Signaturen*) auch fertig implementierte Methoden zur Verfügung stellen. Bis einschließlich Version 7 war das in Java nicht möglich. Erst Java 8 ermöglicht es, Schnittstellen mit fertigen Default-Methoden zu definieren (siehe Abschnitt 13.2, »Lambda und Co.«).

Nach Möglichkeit sollten Sie Schnittstellen verwenden, um einige wenige Methoden zu deklarieren, die für eine kleine, überschaubare Funktion erforderlich sind. Abstrakte Klassen eignen sich hingegen primär dafür, ein breites, funktionsreiches Fundament für eine Gruppe von ihnen abgeleiteter Klassen zu bilden.

11.5   Schnittstellenbeispiel (geometrische Figuren)

In Kapitel 10, »Klassen«, habe ich Ihnen das Projekt kap10-rechteck-getter-setter vorgestellt. Es enthielt eine Rechteck-Klasse mit get- und set-Methoden. An dieser Stelle werden wir das Beispiel um eine weitere Kreis-Klasse erweitern, die analog aufgebaut ist. Beide Klassen sollen außerdem die Schnittstelle Geometrie implementieren, die wie folgt aussieht:

```
// Projekt kap11-geometrie-schnittstelle
// Datei Geometrie.java
public interface Geometrie {
  double berechneUmfang();
  double berechneFlaeche();
}
```

Rechteck- und Kreis-Klasse

Am Code der ursprünglichen Rechteck-Klasse verändert sich wenig. Die Deklaration der Klasse enthält nun implements Geometrie. Bei den Methoden verdeutlicht @Override, dass wir hier in der Schnittstelle definierte Methoden implementieren.

```
// Projekt kap11-geometrie-schnittstelle
// Datei Rechteck.java
public class Rechteck implements Geometrie {
  ... der meiste Code wie in kap10-rechteck-getter-setter
  // Methoden der Schnittstelle Geometrie
  @Override
  public double berechneUmfang() {
    return (laenge+breite)*2;
  }
```

```
@Override
public double berechneFlaeche() {
  return laenge*breite;
}
```

Die nur auszugsweise wiedergegebene Kreis-Klasse sieht ganz analog aus:

```
// Projekt kap11-geometrie-schnittstelle
// Datei Kreis.java
public class Kreis implements Geometrie {
  private double radius;

  // Konstruktor und Getter/Setter für radius
  public Kreis(Double radius) { ... }
  public double getRadius() { ... }
  public void setRadius(double radius) { ... }

  // Methoden der Schnittstelle Geometrie
  @Override
  public double berechneUmfang() {
    return 2 * radius * Math.PI;
  }
  @Override
  public double berechneFlaeche() {
    return radius * radius * Math.PI ;
  }
}
```

Anwendung der Klassen

Kreis- und Rechteck-Objekte können nun in einem Array des Typs Geometrie gespeichert und einheitlich verarbeitet werden. Insbesondere können die Methoden berechneFlaeche und berechneUmfang universell aufgerufen werden, ganz egal, ob es sich bei der Schleifenvariable g nun um ein Rechteck oder um einen Kreis handelt. Es handelt sich hierbei also um ein weiteres Beispiel für Polymorphie.

Um innerhalb der Schleife festzustellen, um welche Art von Objekt es sich handelt und um dessen Attribute (Länge/Breite bzw. Radius) auszulesen, wird zuerst mit instanceof die zugrunde liegende Klasse festgestellt. Anschließend macht das Casting (Rechteck) bzw. (Kreis) auch dem Compiler klar, welche Klasse vorliegt, und ermöglicht so den Zugriff auf die klassenspezifischen Getter-Methoden.

```
// Projekt kap11-geometrie-schnittstelle
// Datei TestGeometrie.java

Geometrie[] geos = new Geometrie[4];
geos[0] = new Rechteck(2, 3);
geos[1] = new Rechteck(2.5, 3.2);
geos[2] = new Kreis(3.0);
geos[3] = new Kreis(4.0);

for(Geometrie g : geos) {
  if(g instanceof Rechteck) {
    System.out.format("Rechteck: %.2f x %.2f\n",
                      ((Rechteck) g).getLaenge(),
                      ((Rechteck) g).getBreite());

  } else if(g instanceof Kreis) {
    System.out.format("Kreis: Radius %.2f\n",
                      ((Kreis) g).getRadius());
  }

  System.out.format("  Fläche %.2f\n",
                    g.berechneFlaeche());
  System.out.format("  Umfang %.2f\n",
                    g.berechneUmfang());
}
```

11

11.6 Wiederholungsfragen und Übungen

▶ **W1:** Die Klasse A sieht wie folgt aus:

```
public class A {
  public int m1() {
    return -1;
  }
}
```

Sie wollen eine neue Klasse B entwickeln, die von A abgeleitet ist und die Methode m1 neu implementiert:

```
public class B extends A {
  private int m1() {
    return 17;
  }
}
```

Der Java-Compiler weigert sich, den Code zu kompilieren. Warum?

▶ **W2:** Wozu dient das Schlüsselwort super?

▶ **W3:** Was gibt dieses Programm aus?

```
// Datei Test.java
public class Test {
  public static void main(String [] args) {
    B b = new B();
  }
}


// Datei A.java
public class A {
  public A() {
    System.out.println("Konstruktor von A");
  }
}
```

```
// Datei B.java
public class B extends A {
  public B() {
    System.out.println("Konstruktor von B");
  }
}
```

► **W4:** In einem Java-Projekt sind die Klassen A, B und C wie folgt definiert:

```
class A { ... mit Methode m1() }
class B extends A { ... mit Methode m2 }
class C extends B { ... mit Methode m3 }
```

Welche der folgenden Anweisungen sind zulässig?

```
A obj1 = new C();  // 1
obj1.m2();         // 2
B obj2 = new C();  // 3
obj2.m2();         // 4
obj2.m3();         // 5
C obj3 = obj2;     // 6
obj3.m3();         // 7
```

11

► **W5:** Erweitern Sie den Code aus Abschnitt 11.3, »Vererbungsbeispiel (Schachfiguren)«, um eine Klasse für die Schachfigur *Dame*.

► **W6:** Welche Vorteile haben Schnittstellen im Vergleich zu (abstrakten) Klassen?

► **W7:** Erweitern das Schnittstellenbeispiel aus Abschnitt 11.5 um eine Klasse für Quadrate.

Kapitel 12

Generische Klassen und Methoden

Die Grundidee generischer Klassen bzw. Schnittstellen ist es, einzelne Datentypen bei der Programmierung einer Klasse nicht von vornherein festzulegen. Anstatt also eine Klasse zu entwerfen, die mit Objekten des Typs A umgehen kann, und eine zweite Klasse für den Typ B, wird bei der Deklaration der Klasse ein variabler Datentyp T festgelegt (Schreibweise <T>). Der Datentyp wird erst bei der Nutzung einer generischen Klasse fixiert.

Die generischen Funktionen werden intensiv in den Collections-Klassen genutzt (siehe Kapitel 14). Dort finden Sie dann auch eine Menge Beispiele.

12.1 Einführung

Bevor wir uns auf die Details der mitunter unübersichtlichen Syntax generischer Ausdrücke stürzen, präsentiert dieser Abschnitt ein erstes Beispiel sowie einige Hintergrundinformationen.

Hello Generics World!

Nehmen wir an, Sie benötigen in einem Java-Projekt häufig Datentriplets, also einen Datentyp zur Speicherung von drei gleichartigen Objekten. Sie beginnen mit der Implementierung der TripletPoint-Klasse, um drei Point-Objekte zu speichern. Dann folgt die TripletRectangle-Klasse, um Dateneinheiten zu verwalten, die aus drei Rectangle-Objekte bestehen. Spätestens bei der TripletString-Klasse werden Sie an die Einleitung aus Kapitel 11, »Vererbung und Schnittstellen«, denken, in der ich vor zu viel Redundanz im Code gewarnt habe. Das muss doch einfacher gehen!

Die Lösung dieses Problems ist eine generische Klasse, die den Datentyp der zu verwaltenden Daten variabel lässt. Das folgende Listing zeigt eine minimalistische generische Klasse zur Speicherung von drei Daten desselben Typs:

```java
// Projekt kap12-hello-generics, Datei Triplet.java
// in der Klasse Triplet ist der Datentyp T variabel
public class Triplet<T> {
  public T a, b, c;

  // Konstruktor
  public Triplet(T data1, T data2, T data3) {
    a = data1;
    b = data2;
    c = data3;
  }
}
```

Zur Anwendung dieser Klasse müssen Sie bei der Deklaration einer Variablen den gewünschten generischen Datentyp angeben – in den folgenden Beispielen also <String> und <Point>:

```java
// Projekt kap12-hello-generics, Datei TestTriplet.java
import java.awt.Point;
...
Triplet<String> t1 = new Triplet<>(
  "12", "abc", "...");
String tst1 = t1.b;

Triplet<Point> t2 = new Triplet<>(
  new Point(1, 1),
  new Point(2, 2),
  new Point(3, 3));
Point tst2 = t2.c;
```

Der Diamond-Operator

Beim Aufruf des Konstruktors dürfen Sie auf die neuerliche Angabe des Datentyps verzichten. Stattdessen geben Sie nur den sogenannten »Diamond-Operator« <> an. Der Java-Compiler erkennt selbst, dass Sie im ersten Fall ein Triplet<String>-Objekt erzeugen möchten, im zweiten Fall ein Triplet<Point>-Objekt.

Wrapper-Klassen

Generische Klassen und Methoden eignen sich nur zur Verarbeitung von Objekten (Referenz-Typen). Elementare Datentypen wie int oder char sind ungeeignet. Wenn Sie dennoch einfache Zahlen oder Zeichen in generischen Klassen verarbeiten wollen, müssen Sie die Wrapper-Klassen der elementaren Datentypen verwenden – also z. B. Integer oder Character (siehe Abschnitt 2.4, »Variablen im größeren Java-Kontext«).

```
Triplet<Double> t3 = new Triplet<>(1.0, 2.8, 83.2);
Double tst3 = t3.a;
```

12.2 Deklaration generischer Klassen und Schnittstellen

Im einfachsten Fall deklarieren Sie eine neue Klasse, die einen generischen Datentyp verwenden soll, in der folgenden Form:

```
class MyClass<T> { ... }
```

Selbstverständlich können Sie anstelle von T einen beliebigen anderen Bezeichner wählen. Üblich sind aber einzelne Großbuchstaben, z. B. T für Typ, E für Element, N für Zahl (*number*) etc.

Es ist zulässig, *mehrere* unterschiedliche Typen anzugeben. Die folgende Klasse ist zur Speicherung von Key-Value-Paaren gedacht, wobei sowohl für den Schlüssel als auch für die Werte jeweils eigene Datentypen verwendet werden können.

```
class MyDictionary<K, V> { ... }
```

Im weiteren Code der Klasse kann der Typparameter T wie ein Klassenname verwendet werden, z. B. zur Deklaration von Variablen, Rückgabewerten, Parametern etc.

```
class MyClass<T> {
  private T var;     // Variable vom Typ T

  // Konstruktor, erwartet einen Parameter vom Typ T
  public MyClass(T data) { ... }

  // Methode, gibt ein Ergebnis vom Typ T zurück
  public T calc(...) {
    T result = ...;
    return result;
  }
}
```

Typeinschränkungen

Sie können den generischen Typ mit extends so einschränken, dass nur Klassen akzeptiert werden, die von einer Basisklasse abgeleitet sind bzw. die eine oder mehrere Schnittstellen implementieren. Im folgenden Beispiel kommt MyClass mit Objekten zurecht, deren Klassen die ebenfalls generische Schnittstelle Comparable<T> implementieren:

```
import java.io.*;
class MyClass<T extends Comparable<T>> { ... }
```

Wenn sowohl eine Basisklasse als auch Schnittstellen angegeben werden, muss die Basisklasse an erster Stelle stehen. Die Schnittstellennamen werden durch das Zeichen & getrennt. MyPolygon kann also nur Objekte verarbeiten, deren Klasse von Point abgeleitet ist und außerdem die Schnittstelle Comparable implementiert:

```
import java.io.*;
import java.awt.Point;
class MyPolygon<T extends Point & Comparable> { ... }
```

267

Generische Schnittstellen und Vererbung

Schnittstellen (Interfaces) können ebenso wie Klassen mit generischen Parametern versehen werden:

```
interface MyInterface<T> { ... }
```

Für generische Klassen und Schnittstellen gelten dieselben Vererbungs-regeln wie für herkömmliche Klassen. Die Java-Klassenbibliothek macht davon intensiv Gebrauch. Beispielsweise ist die Collections-Klasse HashMap von der Klasse AbstractMap abgeleitet und implementiert die Schnittstellen Map, Cloneable und Serializable:

```
public class HashMap<K, V>
  extends AbstractMap<K, V>
  implements Map<K, V>, Cloneable, Serializable { ... }
```

12.3 Deklaration generischer Methoden

Auch in gewöhnlichen, also nichtgenerischen Klassen können Methoden mit generischen Parametern definiert werden. Wie bei generischen Klassen kann extends verwendet werden, um Einschränkungen für den Typ zu formulieren – wenn also nur Typen verwendet werden sollen, die von einer Basisklasse abgeleitet sind, bestimmte Schnittstellen implementieren etc.

Die Typparameter müssen vor dem Rückgabetyp der Methode bzw. vor dem Schlüsselwort void angegeben werden. Auch der Rückgabetyp selbst kann generisch sein. Bei Konstruktoren, vor denen bekanntlich weder ein Rückgabedatentyp noch void steht, wird der generische Typparameter direkt vor dem Methodennamen angegeben.

Im Folgenden wird die generische Methode max definiert, die das größere von zwei vergleichbaren Objekten zurückgibt. max kann nur für Objekte verwendet werden, deren gemeinsame Klasse die ebenfalls generische Schnittstelle Comparable<T> implementiert.

```
// Projekt kap12-max
public class TestGenericMethods {
  public static <T extends Comparable<T>> T max(T a, T b) {
    if(a.compareTo(b)>0)
      return a;
    else
      return b;
  }
}
```

Sofern der Compiler den generischen Datentyp anhand der übergebenen Parameter erkennt, kann beim Aufruf der Methode auf die explizite Typangabe verzichtet werden:

```
String s  = max("abc", "efg");
Integer n = max(123, 456);
```

Nur in Ausnahmefällen muss der Datentyp exakt angegeben werden – und dann, aufgrund der statischen Definition von max in diesem Beispiel, auch der Klassenname:

```
String s = TestGenericMethods.<String>max("abc", "efg");
Integer n = TestGenericMethods.<Integer>max(123, 456);
```

12.4 Wildcards

Bei der Nutzung generischer Klassen geben Sie bei der Deklaration von Variablen oder Parametern oft exakt an, welcher Typ verwendet werden soll. Die folgenden Beispiele gelten für die Triplet<T>-Klasse aus dem Einführungsbeispiel dieses Kapitels:

```
Triplet<String> t1;
Triplet<Point> t2;
Triplet<Integer> t3;
public void outputTriplet(Triplet<String> t) {
  System.out.format("[%s, %s, %s]\n", t.a, t.b, t.c);
}
```

Mit der expliziten Angabe des Typs verlieren Sie aber einen Teil der Flexibilität, die generische Klassen eigentlich ermöglichen. Es ist auf diese Weise unmöglich, eine Methode outputTriplet zu formulieren, die gleichermaßen mit Triplet<String>- und Triplet<Integer>-Objekten zurechtkommt. Beim Kompilieren gehen die generischen Typinformationen verloren. Daher ist es unzulässig, mehrere gleichnamige Methoden zu definieren, die sich nur durch den generischen Typ unterscheiden – also outputTriplet (Triplet<String> t), outputTriplet(Triplet<Integer> t) usw.

Die vielleicht naheliegende Lösung, den Parameter der outputTriplet-Methode einfach als Triplet<Object> zu deklarieren, scheidet ebenfalls aus: Sie können zwar in einer Object-Variable jedes beliebige Objekt speichern, diese Analogie gilt in Java aber nicht für generische Typen. Deshalb können Sie in einer Variablen vom Typ MyClass<Object> keine Instanz von MyClass<String> speichern.

Wildcard-Variablen und -Parameter

Der Ausweg aus diesem Dilemma sind Wildcard-Typen zur Deklaration von Variablen bzw. Parametern. Dabei wird anstelle eines konkreten Typs ein Fragezeichen angegeben:

```
Triplet<?> t1, t2, t3;
t1 = new Triplet<String>("1", "2", "x");
t2 = new Triplet<Point>(new Point(0, 0),
                        new Point(1, 1),
                        new Point(1, 2));
t3 = new Triplet<Double>(1.2, 2.7, Math.PI);
outputTriplet(t1);
outputTriplet(t2);
outputTriplet(t3);

public static void outputTriplet(Triplet<?> t) {
  System.out.format("[%s, %s, %s]\n", t.a, t.b, t.c);
}
```

Variablen oder Parameter mit Wildcards müssen also mit verschiedenen Typ-Varianten einer generischen Klasse zurechtkommen. Wildcards sind nur zur Deklaration von Variablen oder Parametern zulässig. Hingegen ist es unmöglich, eine Objektinstanz in der Form `new Triplet<?>(...)` zu erzeugen. `Class<?>` verhält sich wie eine abstrakte Klasse, die ja ebenfalls nicht instanziiert werden kann.

Wildcards mit Regeln

Während die Angabe eines konkreten Typs oft eine zu große Einschränkung für die Nutzung generischer Klassen darstellt, geht andererseits die Freiheit des Wildcard-Parameters oft zu weit: In vielen Fällen ist es unmöglich, Methoden zu schreiben, die mit jedem denkbaren generischen Typ zurechtkommen. Deswegen bietet Java die Möglichkeit, die zulässigen Wildcard-Typen einzuschränken. Dabei gibt es zwei Varianten. Ich bleibe bei der englischen Nomenklatur und mache nicht den Versuch, die Begriffe einzudeutschen:

▶ **Upper Bounded Wildcards:** Wenn der Typ in der Form `<? extends Xxx>` formuliert wird, kann die Variable nur solche Instanzen des generischen Typs aufnehmen, deren Typ der Klasse `Xxx` bzw. der Schnittstelle `Xxx` entspricht. `MyClass<? extends Comparable<?>>` ist also für Klassen gedacht, die die generische Schnittstelle `Comparable` implementieren.

▶ **Lower Bounded Wildcards:** In umgekehrter Richtung bewirkt `<? super Xxx>`, dass als Datentyp nur `Xxx` sowie deren Basisklassen zulässig sind. `MyClass<? super Double>` akzeptiert demnach Objekte vom Typ `Double` sowie von allgemeineren Typen, also von den Basisklassen `Number` und `Object` und von den Schnittstellen `Serializable` und `Comparable<Double>`.

Sie müssen sich für eine der beiden Varianten entscheiden. Es ist also nicht möglich, den Typparameter von beiden Seiten mit `extends` und mit `super` einzuschränken. Eine beidseitige Restriktion ist aber über Umwege möglich: Dazu definieren Sie die generische Klasse mit `class C<T extends Upper>` und deklarieren dann eine Variable in der Form `<? super Lower>`.

Upper Bounded Wildcards

Upper Bounded Wildcards sind zumeist geeignet, wenn allgemeine Daten gelesen werden sollen. Die Syntax zur Deklaration einer Upper Bounded Wildcard lautet `<? extends Xxx>`. Xxx darf dabei wahlweise eine Klasse oder eine Schnittstelle sein. Es ist allerdings nicht möglich, auch den Rückgabetyp einer Methode durch eine Wildcard zu deklarieren.

Das folgende Beispiel zeigt eine Methode zur Berechnung der Summe eines Triplets mit dem Typ `<? extends Number>`. Die Methode funktioniert somit für alle Triplets, in denen von Number abgeleitete Daten gespeichert werden – z. B. für Triplet<Double>, Triplet<Integer> oder Triplet<BigDecimal>.

```
Triplet<? extends Number> t1, t2;
t1 = new Triplet<>(1, 2, 3);
t2 = new Triplet<>(1.2, 2.7, Math.PI);
Double result = outputTriplet(t2);

public double sumTriplet(Triplet<? extends Number> t) {
  return t.a.doubleValue() + t.b.doubleValue() +
      t.c.doubleValue();
}
```

Tipp

Wenn Sie eine generische Klasse deklarieren, die generell nur für eine bestimmte Art von Typen geeignet ist, sollten Sie die Typeinschränkung bereits bei der Deklaration der Klasse vornehmen. Wenn die Triplet-Klasse also ohnedies nur für *Zahlen*tripel gedacht ist, dann ist es besser, die Klasse in der Form `class Triplet<T extends Number>` zu deklarieren, als später bei der Nutzung mit Wildcard-Parametern zu arbeiten (Triplet<? extends Number> var).

Lower Bounded Wildcards

Lower Bounded Wildcards kommen meist dann zum Einsatz, wenn Daten eines allgemeinen Typs verändert (geschrieben) werden sollen. Die Syntax lautet `<? super Xxx>`. Dabei muss Xxx eine Klasse sein. Zulässige Datentypen sind dann Xxx selbst sowie alle Basisklassen von Xxx.

Das folgende Beispiel zeigt die Methode `initTriplet` zur Initialisierung eines numerischen Triplets. Die Methode ist für jede Art von Triplets geeignet, in denen Double-Objekte gespeichert werden können – also für `Triplet<Double>`, `Triplet<Number>` und `Triplet<Object>`.

```
Triplet<Double> t1 = new Triplet<>(0.0, 0.0, 0.0);
Triplet<Number> t2 = new Triplet<Number>(0.0, 0.0, 0.0);
Triplet<Object> t3 = new Triplet<Object>(0.0, 0.0, 0.0);

initTriplet(t1, 7.0);
initTriplet(t2, 0.3);
initTriplet(t3, 2.5);

public static void initTriplet(
    Triplet<? super Double> t, Double x) {
  t.a = x;
  t.b = x*x;
  t.c = x*x*x;
}
```

Arrays

Während es unmöglich ist, eine Instanz einer Klasse mit Wildcard-Parameter zu erzeugen (`var = new Class<?>` funktioniert also nicht), ist die Erzeugung eines Arrays zur Speicherung von Objekten einer Klasse mit unterschiedlichen Typen zulässig. Das folgende Beispiel zeigt die Erzeugung eines Arrays mit drei Elementen des Typs `Triplet<?>`:

```
Triplet<?>[] trip = new Triplet<?>[3];
trip[0] = new Triplet<>("1", "2", "x");
```

```
trip[1] = new Triplet<>(new Point(0, 0),
                        new Point(1,1),
                        new Point(1,2));
trip[2] = new Triplet<>(1.2, 2.7, Math.PI);
for(Triplet<?> t : trip)
  outputTriplet(t);
```

Beachten Sie aber, dass Java Arrays für Objekte generischer Klassen *ausschließlich* mit dem Wildcard-Parameter ? ohne irgendwelche Einschränkungen erlaubt! So ist es beispielsweise unmöglich, ein Array von Triplet<String>-Objekten zu erzeugen.

12.5 Genercis-Beispiel (Comparable)

Die meisten Java-Programmierer kommen nur relativ selten in die Verlegenheit, selbst eine Klasse mit generischen Typen entwickeln zu dürfen bzw. zu müssen. Ganz anders sieht es mit der *Anwendung* generischer Klassen aus: Diese sind in der Java-Standardbibliothek allgegenwärtig, und kaum ein ernsthaftes Java-Projekt kommt ohne sie aus.

Für dieses Beispiel greifen wir nochmals die Rechteck-Klasse auf, die uns nun schon durch mehrere Kapitel begleitet. Als Ausgangspunkt dient das Projekt kap11-geometrie-schnittstelle aus Abschnitt 11.5, »Schnittstellenbeispiel (geometrische Figuren)«: Dort haben wir die Schnittstelle Geometrie mit den Methoden berechneUmfang und berechneFlaeche definiert und dann die Klassen Rechteck und Kreis entwickelt, die diese Schnittstelle implementieren.

Nun wollen wir erreichen, dass alle Objekte der Geometrie-Schnittstelle unkompliziert verglichen bzw. sortiert werden können. Die Java-Standardbibliothek sieht dazu die Schnittstelle Comparable vor, die wie folgt definiert ist:

```
public interface Comparable<T> {
  public int compareTo(T obj);
}
```

Comparable ist ein schönes Beispiel dafür, wie kompakt Schnittstellen oft definiert sind – und natürlich auch ein gutes Beispiel für die Anwendung eines generischen Typs: Klassen, die Comparable implementieren, müssen also die Methode compareTo zur Verfügung stellen. Diese Methode vergleicht das aktuelle Objekt (also this) mit dem als Parameter übergebenen Objekt obj. Sowohl this als auch obj müssen denselben Datentyp T aufweisen. compareTo muss 0 zurückgeben, wenn die Objekte gleich groß sind, einen positiven Wert, wenn this größer ist als obj bzw. einen negativen Wert, wenn this kleiner ist.

Die »Geometrie«-Schnittstelle erweitern

Im ersten Schritt erweitern wir die Geometrieschnittstelle um extends Comparable<Geometrie>. Damit muss jede Klasse, die die Schnittstelle Geometrie implementiert, auch Comparable<Geometrie> implementieren.

```
// Projekt kap12-geometrie-comparable, Datei Geometrie.java
public interface Geometrie extends Comparable<Geometrie>{
  double berechneUmfang();
  double berechneFlaeche();
}
```

Die »Kreis«-Klasse erweitern

Dementsprechend muss nun in der Kreis-Klasse die Methode compareTo für einen Parameter des Typs Geometrie implementiert werden. Die Methode kann z. B. so programmiert werden:

```
// Projekt kap12-geometrie-comparable, Datei Kreis.java
public class Kreis implements Geometrie {
  // ... Code wie bisher

  @Override
  public int compareTo(Geometrie o) {
    double flaecheThis  = this.berechneFlaeche();
    double flaecheOther = o.berechneFlaeche();
```

```
   if(flaecheThis == flaecheOther)
        return 0;
     else if(flaecheThis > flaecheOther)
        return 1;
     else
        return -1;
   }
}
```

Die Zwischenspeicherung der Fläche des aktuellen Objekts und des als Parameter übergebenen zweiten Geometrie-Objekts vermeidet unnötige Mehrfachberechnungen. Beim Aufruf this.berechneFlaeche() ist this eigentlich überflüssig. Ich habe es dennoch in den Code aufgenommen, um verdeutlichen, auf welches Objekt wir uns beziehen.

Die »Rechteck«-Klasse erweitern

Ganz analog könnten wir nun auch in der Rechteck-Klasse compareTo programmieren. Es geht aber noch einfacher: Die Klasse Double stellt die Methode compare zur Verfügung, die zwei double-Zahlen vergleicht und ein für compareTo passendes Ergebnis liefert. Damit können wir die Arbeit delegieren und uns die if-Konstruktion sparen:

```
// Projekt kap12-geometrie-comparable, Datei Rechteck.java
public class Rechteck implements Geometrie {
   ... Code wie bisher

   @Override
   public int compareTo(Geometrie o) {
     return Double.compare(this.berechneFlaeche(),
                           o.berechneFlaeche());
   }
}
```

Die »Comparable«-Objekte sortieren

Der Lohn unserer Arbeit besteht nun darin, dass wir die statische Methode `Arrays.sort` verwenden können, um ein Array, das aus `Kreis`- und `Rechteck`-Objekten besteht, nach deren Fläche zu sortieren:

```
// Projekt kap12-geometrie-comparable
// Datei TestGeometrie.java
Geometrie[] geos = new Geometrie[4];
geos[0] = new Rechteck(2, 3);
geos[1] = new Rechteck(1.5, 1.2);
geos[2] = new Kreis(3.0);
geos[3] = new Kreis(0.4);

// sortieren und anzeigen
Arrays.sort(geos);
for(Geometrie g : geos) {
  System.out.format("Fläche %.2f\n", g.berechneFlaeche());
}
```

Warum funktioniert das? Die Programmierer von `Arrays.sort` konnten ja nicht wissen, dass wir damit einmal Rechtecke und Kreise sortieren möchten. Aber sie haben die Methode `sort` für ein allgemeines `Object`-Arrays so realisiert, dass diese die `Comparable`-Schnittstelle voraussetzt und entsprechend `compareTo` verwendet, um zwei Objekte miteinander zu vergleichen. Solange das funktioniert, kann `sort` sortieren, ohne die Natur der Objekte zu kennen.

»Comparable« versus »Comparator«

Die `Comparable`-Schnittstelle weist Ihnen einen eleganten Weg, um eigene Klassen so zu gestalten, dass deren Objekte durch diverse Methoden der Java-Standardbibliothek verglichen und sortiert werden können. Sie müssen sich aber auf *ein* Ordnungskriterium festlegen – in unserem Beispiel auf den Flächeninhalt der geometrischen Objekte. Was aber ist, wenn Sie die Objekte auch nach dem Umfang sortieren möchten?

Für solche Fälle sieht die Arrays-Klasse eine weitere sort-Methode vor, an die Sie ein Comparator-Objekt übergeben. Die dazugehörende Klasse muss die compare-Methode enthalten, die zwei gleichartige Objekte miteinander vergleicht.

Die sort-Methode ist in der Java-Standardbibliothek so definiert:

```
public static <T> void sort(T[] a, Comparator<? super T> c)
```

Sie sortiert also ein Array mit Objekten des Typs T, wobei zum Vergleich ein Objekt c verwendet wird, dessen Klasse die Schnittstelle Comparator<? super T> implementiert. Die Schnittstelle Comparator<T> ist wiederum so definiert:

```
@FunctionalInterface
public interface Comparator<T> {
  int compare(T o1, T o2);
  ... (diverse Default-Methoden, neu in Java 8)
}
```

Am einfachsten implementieren Sie die compare-Methode mit einem Lambda-Ausdruck. Das folgende Beispiel ist insofern ein Vorgriff auf das nächste Kapitel. Der Lambda-Ausdruck (g1, g2) --> ... gibt den Code für die compare-Methode der Comparator-Schnittstelle an.

```
// Projekt kap12-geometrie-comparable
// Datei TestGeometrie.java
// nach Umfang sortieren
Arrays.sort(geos,
       (g1, g2) -> Double.compare(g1.berechneUmfang(),
                                 g2.berechneUmfang()));
// anzeigen
for(Geometrie g : geos) {
  System.out.format("Umfang%.2f\n", g.berechneUmfang());
}
```

12.6 Wiederholungsfragen und Übungen

► **W1:** Welche Bedeutung hat die Schreibweise `class Name<T>`?

► **W2:** Was ist der Unterschied zwischen `<? extends Xxx>` und `<? super Xxx>`?

► **W3:** Entwickeln Sie eine minimale Kontaktklasse mit den Klassenvariablen `vorname`, `nachname` und `telnr`. Die Klasse soll `Comparable<Kontakt>` so implementieren, dass Kontakte nach ihrem Nachnamen sortiert werden können.

12

Kapitel 13

Lambda-Ausdrücke

Lambda-Ausdrücke sind die wichtigste Neuerung von Java 8. Sie ermöglichen eine besonders kompakte Implementierung von funktionalen Schnittstellen, also von Schnittstellen mit genau einer abstrakten Methode. Lambda-Ausdrücke können in dieser Hinsicht anonyme Klassen ersetzen.

Lassen Sie sich vom mathematischen Begriff »Lambda-Ausdruck« nicht abschrecken! Die Intention bei der Entwicklung dieses neuen Sprachmerkmals war es, häufig vorkommenden Java-Code zu vereinfachen. Wie aus den Beispielen in diesem Kapitel sowie in Kapitel 14, »Collections«, hervorgeht, ist dies auch gelungen. Java-Code mit Lambda-Ausdrücken ist deutlich besser lesbar als herkömmlicher Java-Code!

> **Nomenklatur**
>
> Lambda-Ausdrücke werden in der Java-Dokumentation auch als *anonyme Methoden* oder als *Closures* bezeichnet. *Closures* sind Methoden, die später auf Variablen oder Objekte der Codeumgebung zugreifen, in der sie definiert wurden.

13.1 Hello Lambda-World!

Im folgenden Miniprogramm wird in main ein Array erzeugt, das aus drei Zeichenketten besteht. asList macht daraus eine Liste. Details dazu, was Listen sind und wie sie verwendet werden, folgen im nächsten Kapitel.

Aus Lambda-Sicht interessant wird es bei der Methode forEach: Diese Methode wendet eine Methode auf alle Elemente einer Liste an. Die Methode wird dabei in der Form parameter -> methode(parameter) formuliert. Das ist eine besonders kompakte Schreibweise, die ähnlich wie bei einer anonymen Klasse ein Objekt erzeugt, dessen Klasse eine Methode implementiert. Der Code der Methode wird als Lambda-Ausdruck angegeben, aber der gesamte restliche Overhead von anonymen Klassen entfällt.

```java
// Projekt kap13-hello-lambda
import java.util.Arrays;

public class HelloLambda {
  public static void main(String[] args) {
    String[] ar = {"Hello ", "Lambda ", "World!"};
    Arrays.asList(ar).forEach(s -> System.out.print(s));
  }
}
// Ausgabe: Hello Lambda World!
```

Ein Blick hinter die Kulissen

Die für uns relevante Zeile mit dem Lambda-Ausdruck ist also:

```java
Arrays.asList(ar).forEach(s -> System.out.print(s));
```

Ein kurzer Blick hinter die Kulissen macht klarer, was hier passiert: Die Methode forEach erwartet als Parameter ein Consumer-Objekt:

```java
void Iterable.forEach(Consumer<? super T> action) { ... }
```

Die Consumer-Schnittstelle ist wiederum so definiert:

```java
@FunctionalInterface
public interface Consumer<T> {
  void accept(T t);
  ...
}
```

Die Aufgabe des Lambda-Ausdrucks ist es also, den Code für die accept-Methode zur Verfügung zu stellen. Das hätten wir auch mit einer anonymen Klasse machen können. Dabei bliebe aber die Lesbarkeit des Codes auf der Strecke:

13

```
// alternativ mit anonymer Klasse
Arrays.asList(ar).forEach(
    new Consumer<String>() {
      public void accept(String t) {
        System.out.print(t);
      }
    } );
```

Sie sehen: Lambda-Ausdrücke machen Code besser verständlich! Das hilft dem menschlichen Leser, macht die Arbeit für den Compiler aber komplizierter. Dieser muss gewissermaßen »mitdenken« und all die Informationen ergänzen, die nicht explizit im Lambda-Ausdruck s -> System.out. print(s) angegeben sind:

▶ Aufgrund der Definition der forEach-Methode weiß der Compiler, dass die Methode ein Consumer-Objekt erwartet.

▶ Die Consumer-Schnittstelle ist eine funktionale Schnittstelle, d. h., sie enthält genau eine Methode ohne Default-Implementierung. Das macht dem Compiler klar, dass der Lambda-Ausdruck den Code für die accept-Methode liefert.

▶ Der Compiler erkennt sogar den Datentyp für den Parameter s des Lambda-Ausdrucks s -> ... Es muss sich um String-Objekte handeln, weil forEach auf eine Liste mit String-Elementen angewendet wird.

13.2   Lambda & Co.

Dieser Abschnitt fasst die sprachlichen Erweiterungen in Java 8 rund um Lambda-Ausdrücke zusammen.

Die Syntax von Lambda-Ausdrücken

Das folgende Listing fasst verschiedene Schreibweisen zur Formulierung von Lambda-Ausdrücken zusammen. Beachten Sie, dass Sie bei Methoden mit nur einem Parameter sogar auf die runden Klammern rund um die Parameterliste verzichten können.

```
// Lambda-Ausdruck ohne Parameter
() -> 7;
() -> "Ergebnis";

// Lambda-Ausdruck mit einem Parameter
(int i) -> i*i;
(i) -> i*i;
i -> i*i;

// Lambda-Ausdruck mit mehreren Parametern
(int i, String s) -> s.substring(i, i+1);
(i, s) -> s.substring(i, i+1);
```

Die Namen der Parameter einer anonymen Funktion dürfen nicht mit jenen bereits definierter Variablen übereinstimmen!

Sollte der Datentyp der Lambda-Funktion nicht aus dem Kontext des Programms hervorgehen, können Sie die Schnittstelle bzw. Klasse voranstellen. Das folgende Beispiel greift nochmals die FilenameFilter-Klasse auf, die ich Ihnen bereits in Abschnitt 10.3 als Grundlage für ein Beispiel für anonyme Klassen vorgestellt habe.

```
(FilenameFilter) (f, s) ->
  s.toLowerCase().endsWith(".pdf");
```

Wenn der Lambda-Ausdruck aus mehreren Java-Kommandos besteht, muss er wie üblich geklammert werden. Ergebnisse müssen dann wie bei Methoden mit return zurückgegeben werden. (Es sind aber auch Lambda-Ausdrücke ohne Ergebnis zulässig. return ist also nicht zwingend erforderlich.) Im Folgenden sehen Sie nochmals das obige FilenameFilter-Beispiel, diesmal aber etwas umständlicher formuliert:

```
FilenameFilter (f, s) ->
  { String lower = s.toLowerCase();
    return lower.endsWith(".pdf"); };
```

Lambda-Ausdrücke können nur zur Implementierung von Schnittstellen mit genau einer abstrakten Methode verwendet werden. Solche

Schnittstellen werden auch als *funktionelle Schnittstellen* bezeichnet. Viele Schnittstellen der Java-Standardbibliothek sind derartige funktionelle Schnittstellen, z. B. `Runnable`, `Callable`, `ActionListener` und `Comparator`.

Lambda-Ausdrücke sind ungeeignet, um Schnittstellen mit mehreren Methoden (`default`-Methoden werden nicht gezählt!) oder um abstrakte Klassen zu implementieren. Dazu müssen Sie weiterhin eigene Klassen definieren oder anonyme Klassen verwenden.

»this« und »super«

Die Lambda-Funktion kann ebenso wie eine anonyme Klasse direkt auf Variablen zugreifen, die in derselben Code-Ebene zugänglich sind (*Variable Capture*).

Bei `this` und `super` verhält sich Code in Lambda-Ausdrücken allerdings anders als Code in anonymen Klassen: Normalerweise bezieht sich `this` auf die Instanz der Klasse und `super` auf die Instanz der übergeordneten Klasse. Wenn Sie also auf herkömmliche Weise eine anonyme Klasse definieren, bezieht sich `this` auf Elemente *innerhalb* der anonymen Klasse.

In Lambda-Ausdrücken haben `this` und `super` dagegen dieselbe Bedeutung wie im Code außerhalb: `this` bezieht sich also auf Elemente der Klasse, in der der Lambda-Ausdruck definiert wird, `super` auf deren Basisklasse.

Referenzen auf Methoden

Eine weitere Neuerung in Java 8 besteht darin, dass mit der Syntax `Klasse::statischeMethode` bzw. `objekt::Methode` Referenzen auf Methoden übergeben werden können. Das ermöglicht eine komfortable Angabe vorhandener Methoden an Stellen, wo Java einen Lambda-Ausdruck erwartet. Insgesamt gibt es dabei drei Varianten und einen Sonderfall.

▶ **Statische Methoden:** Im folgenden Beispiel wird eine Liste von Zahlen als Stream verarbeitet. Das Ziel ist es, den kleinsten Wert zu ermitteln. Dabei wendet `reduce` die übergebene statische Methode `Math.min` zuerst auf die ersten beiden Listenelemente an, dann auf das Zwischenergebnis und das dritte Element, dann auf das Zwischenergebnis und das vierte Element etc. (siehe Abschnitt 14.6, »Die Stream-Schnittstelle«).

```
List<Integer> data = Arrays.asList(7, 2, 5, 4);
Optional<Integer> minimum = data.stream().reduce(Math::
    min);
System.out.println(minimum);
```

Eine alternative Formulierung mit einer Lambda-Funktion sähe folgendermaßen aus:

```
minimum = data.stream().reduce(
  (i1, i2) -> Math.min(i1, i2) );
```

► **Nichtstatische Methode mit Objekt:** In der Schreibweise objekt-variable::instanzMethode können auch nichtstatischen Methoden als Parameter übergeben werden. Das folgende Beispiel verwendet nochmals die im Hello-Lambda-Beispiel präsentierte forEach-Methode. Um alle Elemente einer Liste auszugeben, reicht es aus, einfach nur die Methode samt dem PrintStream-Objekt, auf das System.out verweist, an forEach zu übergeben:

```
List<Double> ld = new ArrayList<>();
ld.add(1.0);
ld.add(2.2);
ld.add(0.3);
ld.forEach(System.out::println);
```

Die letzte Zeile entspricht diesem Lambda-Ausdruck:

```
ld.forEach(d -> System.out.println(d));
```

► **Nichtstatische Methode mit Klasse/Typ:** Die Syntaxvariante klasse::instanzMethode sieht formal wie bei der statischen Variante aus. Tatsächlich wird dadurch aber ein Lambda-Ausdruck in der folgenden Form gebildet:

```
(Klasse obj) -> { obj.instanzMethode(); }
```

Nehmen wir an, es gibt in einer Klasse Kontakt die Methode prettyPrint, um die Kontaktdaten formatiert auszugeben:

```
// Projekt kap13-kontakte-prettyprint
public class Kontakt {
  public String vorname, nachname, telnr;
  ...
  public void prettyPrint() {
    System.out.format("%s %s (%s)\n",
                      vorname, nachname, telnr);
  }
}
```

Dann können Sie prettyPrint wie folgt an forEach übergeben:

```
Kontakt[] kontakte = new Kontakt[4];
kontakte[0] = new Kontakt("Martin", "Müller", "123");
kontakte[1] = ...
Arrays.asList(kontakte).forEach(Kontakt::prettyPrint);
```

In Lambda-Schreibweise würde die letzte Zeile so aussehen:

```
Arrays.asList(kontakte).forEach(k -> k.prettyPrint());
```

Referenzen auf Konstruktoren

Nur in sehr seltenen Fällen werden Sie eine Referenz auf einen Konstruktor benötigen. Java 8 sieht für diesen Sonderfall die Schreibweise Klasse::new vor, bzw. bei generischen Klassen Klasse::<Typ>new. Da ein Konstruktor keine Methode ist, handelt es sich hier nicht um eine Referenz auf eine Methode, sondern eben um eine Referenz auf einen Konstruktor.

Beispiel für Referenzen auf Methoden

Ein Beispiel macht klar, dass diese Vorgehensweise für viele Anwendungsfälle sinnvoll ist. Die folgende Klasse DoubleTriplet dient zur Speicherung von drei double-Zahlen. Die Methode printout gibt ein Triplet kompakt aus, `printoutDetail` liefert etwas mehr Details. So weit ist das kein ungewöhnlicher Code, alles ganz ohne Lambda …

```java
// Projekt kap13-doubletriplet, Datei DoubleTriplet.java
public class DoubleTriplet {
  public double a, b, c;

  public DoubleTriplet(double data1, double data2,
                       double data3) {
    a = data1;
    b = data2;
    c = data3;
  }
  public void printout() {
    System.out.format("[%f, %f, %f]\n", a, b, c);
  }
  public void printoutDetail() {
    System.out.format("Triplet a=%f, b=%f, c=%f, len=%f\n",
                      a, b, c, Math.sqrt(a*a + b*b + c*c));
  }
}
```

13

Interessant wird es, wenn `DoubleTriplet`-Objekte in einer Liste gespeichert werden. (Was Listen sind, lernen Sie in Kapitel 14, »Collections«.) Die Methode `forEach` ermöglicht es, eine Methode auf alle Elemente der Aufzählung anzuwenden. Die Instanzmethode `DoubleTriplet::printout` entspricht dem Lambda-Ausdruck `(DoubleTriplet dt) -> dt.printout()`.

```java
// Projekt kap13-doubletriplet
// Datei TestDoubleTriplet.java
List<DoubleTriplet> lst = new ArrayList<DoubleTriplet>();
lst.add(new DoubleTriplet(1, 1, 1.2));
lst.add(new DoubleTriplet(1, 2, 3));
lst.add(new DoubleTriplet(2, 2, 4));
lst.forEach(DoubleTriplet::printout);
lst.forEach(DoubleTriplet::printoutDetail);
```

```
// Ausgabe:
// [1,000000, 1,000000, 1,200000]
// [1,000000, 2,000000, 3,000000]
// [2,000000, 2,000000, 4,000000]
// Triplet a=1,000000, b=1,000000, c=1,200000, len=1,854724
// Triplet a=1,000000, b=2,000000, c=3,000000, len=3,741657
// Triplet a=2,000000, b=2,000000, c=4,000000, len=4,898979
```

Default-Methoden

Default-Methoden werden oft in einem Atemzug mit Lambda-Ausdrücken genannt, obwohl sie mit diesen unmittelbar gar nichts zu tun haben. Deshalb sind vorweg ein paar Hintergrundinformationen angebracht: Es gibt eine Menge Collections-Schnittstellen (siehe Kapitel 14, »Collections«) in der Java-Standardbibliothek, die prädestiniert zur Anwendung von Lambda-Ausdrücken sind. Das würde allerdings Änderungen an den Schnittstellen erfordern. Die Erweiterung einer Schnittstelle um neue Methoden würde aber die Kompatibilität zu Millionen von Java-Programmen aufs Spiel setzen.

Ein Beispiel ist die Schnittstelle Iterable, die in Java 8 um die neue Methode forEach erweitert wurde, die einen Lambda-Ausdruck als Parameter erwartet. Eigentlich müsste jetzt der Code *jeder* Klasse, die von Iterable abgeleitet ist, um die Implementierung von forEach erweitert werden. Es gäbe praktisch kein Programm, das durch das Update auf Java 8 und die neue Java-Standardbibliothek nicht grundlegend geändert werden müsste.

Die Java-Entwickler standen damit vor der Wahl, entweder die vorhandenen Schnittstellen so zu lassen, wie sie sind – dann gingen aber viele Einsatzmöglichkeiten für Lambda-Ausdrücke verloren –, oder eine grundlegende Inkompatibilität zwischen Java 7 und Java 8 in Kauf zu nehmen.

Der Ausweg aus diesem Dilemma sind Default-Methoden: Seit Java 8 besteht die Möglichkeit, bei der Definition von Schnittstellen einzelne Methoden mit dem Schlüsselwort default zu deklarieren und mit Code zu versehen. Bei der Implementierung der Schnittstelle kann der Programmierer die Implementierung der Default-Methoden übernehmen oder diese durch eigenen Code neu implementieren.

Bei der Iterable-Schnittstelle sieht die Deklaration der neuen Methode forEach so aus:

```java
public interface Iterable<T> ... {
  ...
  default void forEach(Consumer<? super T> action) {
    Iterables.forEach(this, action);
  }
}
```

Dank default ändert sich für vorhandenen Java-6- oder Java-7-Code nichts: Sämtliche Klassen, die Iterable implementieren, funktionieren weiterhin. Aber allen Java-8-Programmierern steht nun die neue Methode forEach zur Verfügung. Diese Methode kann wahlweise in der Defaultimplementierung genutzt, oder durch eine eigene, für den besonderen Anwendungsfall vielleicht effizientere Implementierung ersetzt werden.

Generische Lambda-Schnittstellen

Die Klassenbibliothek zu Java 8 enthält unzählige erweiterte oder neue Standardklassen, die für den Einsatz von Lambda-Ausdrücken optimiert wurden. Um Parameter von Methoden, die einen Lambda-Ausdruck erwarten, einheitlich zu typisieren, enthält das Paket java.util.function eine ganze Sammlung von Schnittstellen (siehe Tabelle 13.1). Sie kommen zum Beispiel in den Parametern verschiedener Methoden der Collection-Schnittstellen zum Einsatz (siehe Kapitel 14, »Collections«):

```java
Collection.forEach(Consumer)
Collection.removeIf(Predicate)
List.replaceAll(Function)
Stream.anyMatch(Predicate)
```

Schnittstelle	Aufgabe
Predicate<T>	überprüft, ob ein Objekt vom Typ T ein Kriterium erfüllt.
Supplier<T>	liefert Objekte vom Typ T (z. B. für get-Methoden).
Consumer<T>	verarbeitet ein Objekt vom Typ T, gibt kein Ergebnis zurück.
Consumer<T, U>	verarbeitet zwei Objekte vom Typ T und U, gibt kein Ergebnis zurück.
Function<T, R>	verarbeitet ein Objekt vom Typ T und liefert als Ergebnis ein Objekt vom Typ R zurück.
BiFunction<T, U, R>	verarbeitet zwei Objekte vom Typ T und U und liefert als Ergebnis ein Objekt vom Typ R zurück.
UnaryOperator<T>	entspricht Function<T, T>, d. h., die zu verarbeitenden Daten und die Ergebnisse weisen denselben Typ auf.
BinaryOperator<T>	entspricht BiFunction<T, T, T>, d. h., die zu verarbeitenden Daten und die Ergebnisse weisen denselben Typ auf.

Tabelle 13.1 Die wichtigsten Lambda-Schnittstellen im Paket »java.util.function«

Beispiel: Datenselektion mit der »Predicate«-Schnittstelle

Die Consumer-Schnittstelle haben Sie in den forEach-Beispielen dieses Kapitels schon kennengelernt. An dieser Stelle möchte ich Ihnen exemplarisch noch die Predicate-Schnittstelle vorstellen, die testet, ob ein Objekt ein Kriterium erfüllt. Diese Schnittstelle ist wie folgt definiert:

```
@FunctionalInterface
public interface Predicate<T> {
  boolean More test(T t);
  ... sowie diverse Default-Methoden
}
```

Ein geeigneter Lambda-Ausdruck für die Predicate-Schnittstelle muss also ein Objekt des Typs T verarbeiten und als Ergebnis true oder false liefern.

Der Ausgangspunkt für unser Beispiel ist ein Array, das alle Zahlen zwischen 1 und 100 enthält. Die Methode printNumbers soll alle Elemente des Arrays ausgeben, auf die ein bestimmtes Kriterium zutrifft. Der Parameter für das Kriterium ist mit dem Datentyp Predicate<Integer> formuliert.

```
// Projekt kap13-predicate
import java.util.function.Predicate;

public static void main(String[] args) {
  // Integer-Array mit Zahlen zwischen 1 und 100
  // initialisieren
  Integer[] zahlen = new Integer[100];
  for(int i=0; i<100; i++)
    zahlen[i]=i+1;
}

public static void printNumbers(Integer[] daten,
                    Predicate<Integer> kriterium) {
  for(Integer i : daten)
    if(kriterium.test(i))
      System.out.print(i + " ");
  System.out.println();
}
```

Nach diesen Vorbereitungsarbeiten können wir uns wieder mit Lambda-Ausdrücken beschäftigen. Um beispielsweise alle Zahlen auszugeben, die kleiner als 10 sind, rufen Sie printNumbers wie folgt auf:

```
printNumbers(zahlen, z -> z<10);
```

So bekommen Sie alle gerade Zahlen:

```
printNumbers(zahlen, z -> z % 2 == 0);
```

Und so alle Quadrate (also 1, 4, 9, 16 etc.):

```
printNumbers(zahlen,
  z -> z == (int)Math.sqrt(z) * (int)Math.sqrt(z));
```

War das schon alles?

Die Grundidee von Lambda-Ausdrücken ist einfach, die wichtigsten Syntaxregeln habe ich in diesem kurzen Kapitel zusammengefasst. Natürlich gibt es noch mehr syntaktische Feinheiten, die aber außerhalb der Bandbreite dieses Grundkurses liegen.

Die größten praktischen Auswirkungen haben Lambda-Ausdrücke auf die Collection-Klassen und -Schnittstellen, denen Kapitel 14 gewidmet ist. Dort folgen dann eine Menge Lambda-Beispiele, auch im Hinblick auf die funktionale Programmierung.

13.3 Wiederholungsfragen

▶ **W1:** Sie haben eine Liste von Zeichenketten:

```
String[] msg = {"Java", "macht", "Spaß!"};
List<String> lst = Arrays.asList(msg);
```

Formulieren Sie einen Lambda-Ausdruck für lst.forEach, um die Zeichenketten in Kleinbuchstaben auf dem Bildschirm auszugeben.

▶ **W2:** Sie haben die folgende Klasse zur Speicherung von Terminen:

```
import java.time.LocalDateTime;
public class Termin {
  public String beschreibung;
  public String ort;
  public LocalDateTime zeit;
```

```
public Termin(String was, String wo,
              LocalDateTime wann) {
  beschreibung=was;
  ort=wo;
  zeit=wann;
  }
}
```

Sie speichern mehrere Termine in einem Array und möchten dieses nun zeitlich sortieren, also den ersten Termin zuerst. Verwenden Sie zum Sortieren Arrays.sort, und übergeben Sie im zweiten Parameter einen Lambda-Ausdruck zur Implementierung der compare-Methode der Comparator-Schnittstelle.

▶ **W3:** Zur Verarbeitung von Terminen aus dem Beispiel W2 haben Sie eine Methode verfasst, die alle Termine ausgibt, auf die ein bestimmtes Kriterium zutrifft:

```
public static void printTermine(Termin[] alle,
                    Predicate<Termin> kriterium) {
  for(Termin t : alle)
    if(kriterium.test(t))
      System.out.format(...);
}
```

Übergeben Sie an printTermine ein Array mit Terminen sowie einen Lambda-Ausdruck, der alle Termine auswählt, die heute geplant sind.

▶ **W4:** Im folgenden Beispiel soll eine Liste von Integer-Objekten ausgegeben werden. Dabei wird die Methode println als Referenz an forEach übergeben.

```
Integer[] data = {1, 2, 3};
List<Integer> lst = Arrays.asList(data);
lst.forEach(System.out::println);
```

Wie würde eine äquivalente Implementierung mit einem Lambda-Ausdruck aussehen?

Kapitel 14

Collections

Bis jetzt haben wir immer dann, wenn wir mehrere gleichartige Daten speichern wollten, ein Array verwendet. Arrays sind eine effiziente, aber nicht besonders flexible Datenstruktur. Nachträgliche Array-Vergrößerungen sind nicht vorgesehen, der Elementzugriff muss immer durch ganzzahlige Indizes erfolgen etc.

Viel mehr Flexibilität bieten die Collections-Klassen der Java-Standardbibliothek. Damit können Sie Mengen von Objekten verwalten. Die drei wichtigsten Klassen sind `ArrayList`, `HashSet` und `HashMap`. Diesen Klassen liegen die Schnittstellen `Collection`, `List`, `Set` und `Map` zugrunde.

Zu den Neuerungen in Java 8 zählt die `Stream`-Schnittstelle, die sich besonders gut zur Verarbeitung von Collections-Elementen durch Lambda-Ausdrücke eignet. Darüber hinaus wurden viele aus früheren Java-Versionen vertraute Collections-Schnittstellen in Java 8 durch Default-Methoden erweitert, die den Einsatz von Lambda-Ausdrücken erleichtern.

14.1 Einführung

Die Beschreibung der Collections-Schnittstellen und -Klassen ist eine recht trockene Angelegenheit. Deswegen beginnt dieses Kapitel mit einigen konkreten Beispielen, die zeigen, wie einfach Collections anzuwenden sind.

Das »java.util«-Paket

Alle in diesem Kapitel vorgestellten Klassen und Schnittstellen befinden sich im Paket `java.util` der Java-Standardbibliothek. Im weiteren Verlauf dieses Kapitels setze ich voraus, dass es die zur unkomplizierten Nutzung der Klassen erforderliche Anweisung `import java.util` gibt.

Koordinatenpunkte eines Polygons speichern (»List«)

Wenn Sie ein Polygon aus beliebig vielen Punkten speichern möchten, sich aber nicht von vornherein auf eine exakte Punktanzahl festlegen möchten, bietet sich der Einsatz einer List-Klasse an. Derartige Klassen stellen sicher, dass die Reihenfolge der Punkte nicht verändert werden kann; außerdem können mit add jederzeit weitere Punkte hinzugefügt werden. (Wenn Sie von Anfang an wissen, wie viele Punkte Ihr Polygon hat, wäre es effizienter, die Punkte in einem simplen Array zu speichern.)

Viele Collections-Klassen unterstützen die im vorigen Kapitel bereits vorgestellte forEach-Methode. Zur Verarbeitung oder Ausgabe der so durchlaufenen Elemente geben Sie einen Lambda-Ausdruck an.

```
// Projekt kap14-hello-collection
import java.util.*;     // in allen Beispielen erforderlich
import java.awt.Point;

// Polygon mit beliebig vielen Punkten
List<Point> polygon = new ArrayList<>();
polygon.add(new Point(1, 1));
polygon.add(new Point(1, 2));
polygon.add(new Point(2, 2));
polygon.add(new Point(2, 1));
polygon.forEach(
  p -> System.out.format("(%d , %d)\n", p.x, p.y));
```

Lottozahlen generieren (»Set«)

Wenn Sie sechs Lottozahlen für das deutsche Lottosystem »6 aus 49« erzeugen möchten, können Sie eine der Set-Klassen zu Hilfe nehmen. Derartige Klassen erlauben keine Doppelgänger. Wenn also beim Erzeugen der sechs Zahlen zufällig zweimal dieselbe Zahl vorkommen sollte, wird diese Zahl nicht hinzugefügt. Sie müssen sich daher über diesen Aspekt keine Gedanken machen und führen die do-while-Schleife einfach so lange aus, bis das Set die erforderliche Anzahl von sechs Elementen erreicht.

```
// Lottozahlen erzeugen
Random rnd = new Random();
Set<Integer> lotto = new HashSet<>();
do {
  lotto.add(1 + rnd.nextInt(49));
} while(lotto.size() < 6);

System.out.println(
  Arrays.toString(lotto.toArray()));
```

Wörterbuch speichern (»Map«)

Der Einsatz von Maps bietet sich immer dann an, wenn Sie einen raschen Zugriff auf eine Reihe von Objekten mit einem frei wählbaren Schlüssel brauchen. Das folgende Wörterbuchbeispiel ist zwar nicht sehr praxisnah, demonstriert aber anschaulich die Idee von Maps:

```
// ein simples Wörterbuch
Map<String, String> dict = new HashMap<>();
dict.put("one",   "eins");
dict.put("two",   "zwei");
dict.put("three", "drei");
dict.put("four",  "vier");
System.out.println(dict.get("three"));  // --> drei
```

Klassenüberblick

Die Java-Standardbibliothek enthält unzählige Schnittstellen und Klassen, von denen in diesem Buch nur die allerwichtigsten behandelt werden (siehe Abbildung 14.1 und 14.2).

Für Collections-Einsteiger ist es empfehlenswert, sich zunächst einen ersten Überblick über den Zweck der verschiedenen Schnittstellen zu verschaffen:

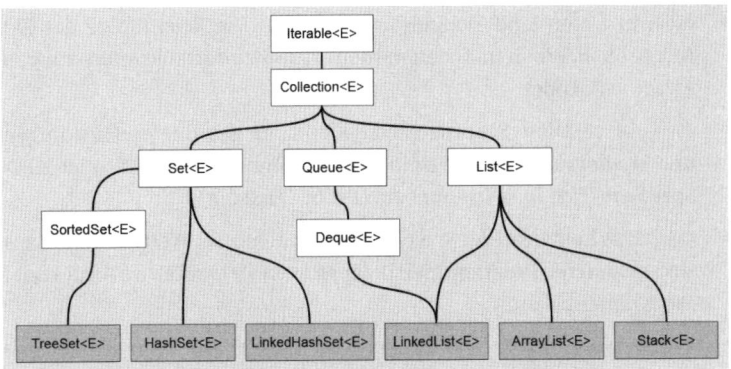

Abbildung 14.1 Wichtige Collections-Schnittstellen (weiß) und -Klassen (grau)

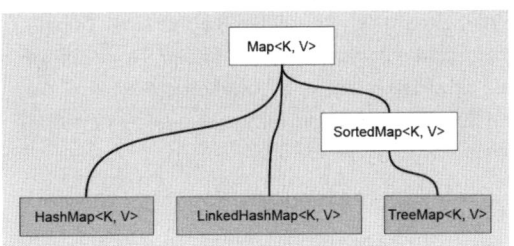

Abbildung 14.2 Wichtige Map-Schnittstellen (weiß) und -Klassen (grau)

▶ `Collection`: Diese Schnittstelle beschreibt einige Grundfunktionen zum Verwalten von Mengen. Wichtige Methoden sind `size` (liefert die Anzahl der Elemente), `add` (Element hinzufügen) und `remove` (Element entfernen). Dank der `Iterable`-Schnittstelle, auf die `Collection` zurückgreift, können mit `for(E itm: collectObj)` unkompliziert Schleifen über alle Elemente einer Menge gebildet werden.

▶ `Set`: Sets sind Mengen ohne Doppelgänger. Der Versuch, ein bereits existierendes Objekt nochmals mit `add` hinzuzufügen, wird ignoriert. Die Reihenfolge der Objekte bleibt nicht erhalten; es kann also passieren, dass eine `for-each`-Schleife den Inhalt des Sets in einer anderen Reihenfolge liefert als beim Hinzufügen der Elemente durch `add`.

297

▶ List: In Listen sind Doppelgänger erlaubt. Die Reihenfolge der Elemente bleibt erhalten. Listen werden oft als komfortable Alternative zu Arrays verwendet.

▶ Queue, Deque: Diese Schnittstellen helfen beim geordneten Hinzufügen und Wiederauslesen von Elementen im Sinne eines FIFO- oder LIFO-Speichers (*First in – First out* bzw. *Last in – First out*).

▶ Map: Maps helfen bei der Speicherung von Schlüssel-Wert-Paaren. Maps sind in anderen Programmiersprachen auch als *assoziative Arrays* oder *Dictionaries* bekannt.

Tipp

Wenn Sie sich bis ins letzte Detail in die Implementierung der Java-Collections-Klassen einarbeiten möchten, sollten Sie mit einer Google-Bildersuche nach *java collection* beginnen. Damit finden Sie unzählige Klassendiagramme, die detaillierter, aber auch unübersichtlicher als die Abbildungen in diesem Buch! sind. Auch ein Blick in den folgenden Wikipedia-Artikel lohnt sich:

http://en.wikipedia.org/wiki/Java_collections_framework

Regeln, Tipps und Tricks

Für den Einsatz von Collections gelten einige Grundregeln:

▶ Collections können Instanzen beliebiger Klassen aufnehmen. Sie sind aber ungeeignet zur Speicherung elementarer Datentypen, wie int, double oder char. Gegebenenfalls müssen Sie daher die Wrapper-Klassen Integer, Double oder Character einsetzen!

▶ Collections bieten mehr Flexibilität als Arrays, können aber je nach Einsatzzweck langsamer sein. Wenn die Anzahl der Elemente vorgegeben ist und ihre Reihenfolge nie oder nur selten verändert werden muss, sind Arrays meist vorzuziehen.

▶ Es ist üblich, bei der Deklaration von Collections-Variablen oder -Parametern die Schnittstelle zu verwenden und nicht eine konkrete Klasse.

```
// empfohlen
List<String> mylst = new ArrayList<>();

// syntaktisch korrekt, aber nicht empfohlen
ArrayList<String> mylst = new ArrayList<>();
```

Die Deklaration mit dem Schnittstellennamen gibt Ihnen die Möglichkeit, später die konkrete Collections-Klasse zu verändern, ohne Ihr Programm an allen Ecken und Enden anpassen zu müssen: Klassen, die eine bestimmte Schnittstelle implementieren, sind in ihrer Grundfunktionalität austauschbar. Wenn sich also später herausstellt, dass ein TreeSet für eine konkrete Aufgabe effizienter ist als ein HashSet, müssen Sie nur eine winzige Änderung an Ihrem Programm vornehmen.

Wie für fast alle Regeln gibt es auch für diese eine Ausnahme: Eine Deklaration mit dem Schnittstellennamen ist nicht möglich, wenn Sie spezifische Methoden der jeweiligen Klasse verwenden möchten. Beispielsweise implementiert TreeSet die Methoden first und last. Diese können Sie natürlich nur nutzen, wenn Sie die Collections-Variable tatsächlich als TreeSet deklarieren!

▶ for-each-Schleifen eignen sich wunderbar zur Verarbeitung der Elemente einer Collection. Sie können damit aber keine Elemente löschen. Um gezielt Elemente aus einer Collection zu entfernen, müssen Sie mit dem Iterator-Objekt der Collection manuell eine Schleife bilden und die Elemente mit der remove-Methode entfernen. Ein entsprechendes Beispiel folgt bei der Beschreibung der Iterable-Schnittstelle.

▶ Manche Methoden der in diesem Kapitel beschriebenen Schnittstellen sind in der Dokumentation als *optional* gekennzeichnet. Bei manchen Collections-Klassen führt die Nutzung solcher Methoden zu einer UnsupportedOperationException. Sie dürfen sich also nicht darauf verlassen, dass jede Collections-Klasse alle Methoden der genutzten Schnittstellen tatsächlich implementiert.

▶ Eine Sammlung allgemein verwendbarer statischer Methoden finden Sie in der Klasse Collections. Sie enthält z. B. binarySearch, fill, min, max und sort.

► Die meisten Collections-Klassen sind nicht synchronisiert und daher nicht ohne Weiteres für Multi-Threading-Programme geeignet. Wenn mehrere Threads Collections verändern, haben Sie zwei Wahlmöglichkeiten: Empfehlenswert ist zumeist der Gebrauch von speziell für diesen Einsatz optimierten Collections-Klassen, z. B. der Klassen ConcurrentSkipListMap oder ConcurrentLinkedQueue aus dem Paket java.util.concurrent. Alternativ können Sie auch eine Standardklasse mit den Methoden synchronizedSet, synchronizedList oder synchronizedMap erzeugen. Das ist zwar sicher, aber nicht immer am effizientesten:

```
Set<Integer> a =
  Collections.synchronizedSet(new HashSet<>());
```

14.2 Die »Iterable«-Schnittstelle

Die Schnittstelle Iterable<T> definiert die Methode iterator. Sie gibt ein Iterator<T>-Objekt zurück, das die for-each-Schleife auswertet. In Java 8 wurde die Schnittstelle um die Methoden forEach und Spliterator erweitert.

```
public interface Iterable<T> {
  Iterator<T> iterator();
  default void forEach(Consumer<? super T> action) { ... }
  default Spliterator<T> spliterator() { ... }
}
```

Jede Klasse, die die Iterable<T>-Schnittstelle implementiert, kann unkompliziert in einer for-each-Schleife durchlaufen werden:

```
Set<Integer> s = new HashSet<>();
s.add(1);
s.add(5);
s.add(7);
for(Integer i: s)
  System.out.println(i);
```

Die iterator-Methode liefert ein Iterator<E>-Objekt zurück. Damit können Sie bei Bedarf auch manuell eine Schleife bilden. Die Methode next der Iterator-Klasse liefert das jeweils nächste Element. Mit hasNext können Sie überprüfen, ob es noch weitere Elemente gibt:

```
for(Iterator<Integer> it = s.iterator(); it.hasNext(); ) {
  System.out.println(it.next());
}
```

Dieser Aufwand lohnt selten – mit einer Ausnahme: Die Iterator-Klasse stellt eine dritte Methode remove zur Verfügung. Diese Methode bietet den einzig sicheren Weg, um in einer Schleife gezielt einzelne Elemente aus einer Collection zu entfernen! Im folgenden Beispiel werden alle Elemente gelöscht, die größer als 3 sind:

```
for(Iterator<Integer> it = s.iterator(); it.hasNext(); ) {
  Integer element = it.next();
  if(element>3)
    it.remove();
}
```

14

Wegwerf-Iterator

Sie können jedes Iterator-Objekt nur einmal verwenden. Um eine Collection ein zweites Mal zu durchlaufen, müssen Sie mit iobj.iterator() einen neuen Iterator erzeugen.

Die »forEach«-Methode

Die Methode forEach der Iterable-Schnittstelle bietet eine neue Möglichkeit, eine Schleife über alle Elemente einer Collection zu bilden. Damit gibt es nun einen weiteren Weg, um alle Elemente des vorhin erzeugten HashSets auszugeben. Die forEach-Methode erwartet als Parameter ein Objekt des Typs Consumer<? super T>, das sich am einfachsten durch einen Lambda-Ausdruck bilden lässt:

```
s.forEach( i -> System.out.println(i) );
```

Auf den ersten Blick scheint die forEach-Methode keinen Vorteil gegenüber der for-each-Schleife zu bieten. Der entscheidende Unterschied besteht darin, dass die Kontrolle über den Schleifenablauf nun durch internen Code einer Collections-Klasse erfolgt. Auch wenn die Möglichkeit in diesem Beispiel nicht genutzt wird, ist nun prinzipiell eine parallele Verarbeitung der Collection-Elemente möglich, woraus sich je nach Anwendung ein großes Potenzial zur Geschwindigkeitsoptimierung ergibt.

14.3 Die »Collection«-Schnittstelle

Die Schnittstelle Collection<E> erweitert die gerade beschriebene Schnittstelle Iterable um Methoden zur Bearbeitung von Mengen:

```
public interface Collection<E> extends Iterable<E> {
    int size();
    boolean isEmpty();
    boolean add(E e);                          // optional
    boolean contains(Object o);
    boolean remove(Object o);                  // optional
    Iterator<E> iterator();

    // Arrays
    Object[] toArray();
    <T> T[] toArray(T[] a);

    // mehrere Elemente bearbeiten
    boolean containsAll(Collection<?> c);
    boolean addAll(Collection<? extends E> c); // optional
    boolean removeAll(Collection<?> c);        // optional
    boolean retainAll(Collection<?> c);        // optional
    void clear();                              // optional

    // Java 8
    default boolean removeIf(Predicate<? super E> filter)
      { ... }
```

```
default Spliterator<E> spliterator() {
  return Spliterators.spliterator(this, 0); }
default Stream<E> stream() {
  return StreamSupport.stream(spliterator(), false); }
default Stream<E> parallelStream() {
  return StreamSupport.stream(spliterator(), true);  }
}
```

Der Zweck der Basismethoden ist leicht zu verstehen: size liefert die Anzahl der Elemente zurück. add fügt eines hinzu, remove entfernt eines. Beide Methoden liefern true oder false zurück, je nachdem, ob die Methode erfolgreich ausgeführt werden konnte oder nicht. Bei Sets kann kein Objekt hinzugefügt werden, das schon existiert. Außerdem kann natürlich kein Objekt entfernt werden, das nicht in der Collection enthalten ist.

Die beiden toArray-Methoden erzeugen Arrays, deren Elemente den Inhalt der Collection widerspiegeln. Die erste Variante liefert einfach ein Object-Array. Die zweite Variante bietet einen syntaktisch unschönen Weg, um das Array im richtigen Datentyp zu verwenden bzw. zu erzeugen. Als Parameter muss ein Array mit mindestens einem Element übergeben werden. Wenn dieses groß genug ist, um die Elemente der Collection aufzunehmen, wird es verwendet. Andernfalls wird ein neues Array erzeugt und zurückgegeben.

```
Collection<Integer> s = new HashSet<>();
s.add(1);
s.add(5);
s.add(7);
Integer[] ar = s.toArray(new Integer[0]);
System.out.println(ar.length);  // Ausgabe: 3
```

containsAll überprüft, ob alle angegebenen Elemente in der Collection enthalten sind. addAll fügt mehrere Elemente auf einmal hinzu, removeAll entfernt eine ganze Gruppe von Elementen. Bei retainAll verbleiben nur die Elemente in der Collection, die mit Elementen des Parameters c übereinstimmen. Mathematisch gesehen bildet retainAll die Schnittmenge

14

zweier Mengen, liefert also jene Elemente, die in beiden Mengen vorhanden sind.

Beachten Sie, dass a.xxxAll(b) die Menge a verändert. Wenn Sie das nicht möchten, müssen Sie a zuerst duplizieren. Die empfohlene Vorgehensweise ist es, a an den Konstruktor einer neuen Collection zu übergeben. Im folgenden Beispiel wird die Schnittmenge aus a und b ermittelt und in c gespeichert:

```
Collection<Integer> a = new HashSet<>();
a.add(1);
a.add(5);
a.add(7);

Collection<Integer> b = new HashSet<>();
b.add(5);
b.add(9);
b.add(1);

Collection<Integer> c = new HashSet<>(a);
c.retainAll(b);  // Ausgabe: [1, 5]
System.out.println(Arrays.toString(c.toArray()));
```

Die »removeIf«- und »stream«-Methoden

Zu den praktischsten Neuerungen in Java 8 zählt die Methode removeIf, an die ein Predicate-Objekt übergeben werden muss. Dessen test-Methode enthält einen Prüfausdruck, an den alle Elemente der Aufzählung übergeben werden. Wenn das Ergebnis true lautet, wird das betreffende Element aus der Collection entfernt. Zur Implementierung der Predicate-Schnittstelle bietet sich ein Lambda-Ausdruck an. Das folgende Beispiel entfernt alle ungeraden Zahlen aus dem HashSet:

```
Set<Integer> s = new HashSet<>();
for(int i=1; i<10; i++)
  s.add(i);
```

```
s.removeIf( i -> (i%2)!=0 );  // ungerade Elemente löschen
s.forEach( i -> System.out.println(i) );  // 2, 4, 6, 8
```

Die Methoden stream und parallelStream liefern Stream-Objekte, die eine besonders elegante Verarbeitung von Elementen erlauben. Anwendungsbeispiele folgen in Abschnitt 14.6, »Die Stream-Schnittstelle«.

14.4 Die »Set«-Schnittstelle

Die Schnittstelle Set ist exakt genauso wie die von Collection definiert. Der einzige Unterschied besteht darin, dass jede Implementierung von Set sicherstellen muss, dass es keine Doppelgänger gibt.

```
public interface Set<E> extends Collection<E> {
  int size();
  boolean isEmpty();
  boolean add(E element);        // optional
  ... wie bei Collection<E>
}
```

Wenn Sie einem Set mit add ein Objekt hinzufügen, das bereits enthalten ist, wird es nicht neuerlich hinzugefügt. add liefert dann false als Rückgabewert. Auch wenn Sie an den Konstruktor einer Set-Klasse mehrere gleichartige Objekte übergeben, werden diese eliminiert.

Die »HashSet«-Klasse

Die HashSet-Klasse ist die gängigste und für die meisten Anwendungsfälle auch effizienteste Implementierung eines Sets: Wenn Sie sich unsicher sind, welche Set-Klasse Sie einsetzen sollen, machen Sie mit dem HashSet selten etwas verkehrt. Intern wird zur Verwaltung der Objekte eine Hash-Tabelle mit den Hashcodes der Objekte verwendet. Die HashSet-Klasse bietet keine Garantien, dass die Reihenfolge, in der die Objekte eingefügt werden, erhalten bleibt.

Ein neues, leeres HashSet erzeugen Sie mit dem HashSet-Konstruktor ohne Parameter:

```
Set<Integer> a = new HashSet<>();
```

Wenn Sie von vornherein wissen, wie viele Objekte Sie typischerweise speichern werden, können Sie diese Information an den Konstruktor übergeben. Das hilft Java bei der effizienten Verwaltung der Speicherstrukturen:

```
Set<Point> b = new HashSet<>(1000);
```

Um eine bereits vorhandene Collection in ein HashSet umzuwandeln, übergeben Sie diese an den Konstruktor. Beim Erzeugen des neuen HashSets werden alle in der ursprünglichen Collection enthaltenen Doppelgänger eliminiert.

```
Set<Point> c = new HashSet<>(b);
```

Das HashSet versucht (wie alle Set-Klassen) Doppelgänger zu beseitigen. Zur Erkennung von Doppelgängern werden die Methoden hashCode und equals verwendet. Es hängt allerdings von der jeweiligen Klasse ab, ob diese Methode korrekt implementiert ist. Wenn sich eine Klasse auf die vererbte equals-Methode der Object-Klasse verlässt, dann gelten zwei Objektvariablen nur dann als *gleich*, wenn sie beide auf dasselbe Objekt im Speicher verweisen. Das kann dazu führen, dass zwei Objekte zwar dieselben Daten enthalten, Set dies aber nicht feststellen kann.

Der Rectangle-Klasse im folgenden Beispiel fehlt eine eigene equals-Methode. Deswegen kann das HashSet nicht erkennen, dass zwei Rechtecke mit einer Größe von 2×1 eingefügt werden – aus Sicht des HashSets sind es einfach zwei Objekte an unterschiedlichen Orten im Speicher.

```java
// Projekt kap14-hashset
class Rectangle {
  public int w, h;
  public Rectangle(int w, int h) {
    this.w = w;
    this.h = h;
  }
}
```

```
Set<Rectangle> set = new HashSet<>();
set.add(new Rectangle(2, 1));
set.add(new Rectangle(2, 2));
set.add(new Rectangle(2, 1));

// Ausgabe: 2 2; 2 1; 2 1
for(Rectangle r: set)
  System.out.println(r.w + " " + r.h);
```

Ein Beispiel für eine korrekte Implementierung der Methoden equals und hashCode für die obige Rectangle-Klasse finden Sie in Abschnitt 11.2, »Die Objekt-Klasse«. Mit dieser Implementierung erkennt das HashSet den Doppelgänger und eliminiert ihn.

Beachten Sie, dass Set-Klassen keine *nachträgliche* Änderung an den Objekten überwachen. Wenn Sie also ein in ein Set eingefügtes Objekt nachträglich so ändern, dass es mit einem anderen Objekt übereinstimmt, gibt es doch wieder einen Doppelgänger – und daran kann auch die richtige Implementierung von equals und hashCode nichts ändern.

```
Set<Rectangle> set = new HashSet<>();
Rectangle r1 = new Rectangle(1, 2);
Rectangle r2 = new Rectangle(3, 4);
set.add(r1);
set.add(r2);
r2.w = 1;
r2.h = 2;
// Ausgabe: 1 2; 1 2
for(Rectangle r: set)
  System.out.println(r.w + " " + r.h);
```

Die »LinkedHashSet«-Klasse

Beim LinkedHashSet bleibt die Reihenfolge der Elemente beim Einfügen erhalten. In einer for-each-Schleife werden die Elemente somit in derselben Reihenfolge wie beim Einfügen verarbeitet. Das wiederholte Einfügen eines bereits vorhandenen Elements ändert dessen Position in der Menge nicht. Hinter den Kulissen verweisen von jedem Element Links zum vorigen und zum nächsten Element. Im Vergleich zum gewöhnlichen HashSet kennt die LinkedHashSet-Klasse keine zusätzlichen Methoden.

Die »TreeSet«-Klasse

Beim TreeSet ist die Reihenfolge der Elemente durch deren Sortierordnung vorgegeben und wird durch eine Baumstruktur verwaltet. Die Klasse der zu speichernden Objekte implementiert üblicherweise die Schnittstelle Comparable. Alternativ kann die Sortierordnung auch durch einen eigenen Comparator hergestellt werden. Beachten Sie, dass der Verwaltungs-Overhead bei einem TreeSet höher ist als bei einem LinkedHashSet. Setzen Sie also ein TreeSet nur ein, wenn die automatische Sortierung wichtig ist.

Das folgende Beispiel zeigt, wie ein TreeSet dazu verwendet wird, um zweidimensionale Punkte zu speichern. Das Comparator-Objekt verwendet den Abstand zum Punkt (0,0) als Kriterium zum Vergleich zweier Punkte.

Warum sind (1,2) und (2,1) gleich?

Der Abstandstest zum Punkt (0, 0) führt dazu, dass die Punkte (1,2) und (2,1) als *gleich* betrachtet werden. Einer der Punkte wird deswegen eliminiert. Wenn Sie das nicht wünschen, müssen Sie entweder ein anderes Vergleichskriterium verwenden oder mit einer Liste statt mit einem Set arbeiten.

```
// Projekt kap14-treeset
import java.awt.Point;
import java.util.*;

// Vergleich von Koordinatenpunkten
// je nach Abstand zu (0,0)
Comparator<Point> comp = (p1, p2) -> {
   double l1 = Math.sqrt(p1.x*p1.x + p1.y*p1.y);
   double l2 = Math.sqrt(p2.x*p2.x + p2.y*p2.y);
```

```
  if(l1<l2)
    return -1;
  else if(l1>l2)
    return 1;
  else
    return 0;
};

// TreeSet mit Punkten
Set<Point> set = new TreeSet<>(comp);
set.add(new Point(2,1));
set.add(new Point(2,2));
set.add(new Point(1,2));
set.add(new Point(1,1));

// Testausgabe, liefert 1 1; 2 1; 2 2
for(Point p: set)
  System.out.println(p.x + " " + p.y);
```

Im Vergleich zur Set-Schnittstelle bietet die TreeSet-Klasse einige zusätzliche Methoden: first und last liefern das erste und das letzte Element des Sets. ceiling und floor geben das erste Element zurück, das größer bzw. kleiner als die angegebene Grenze ist.

In for-each-Schleifen werden die Elemente grundsätzlich in ansteigender Reihenfolge durchlaufen. Wenn Sie eine Schleife in umgekehrter Reihenfolge bilden möchten, verwenden Sie dazu das Iterator-Objekt, das Ihnen die Methode descendingIterator zurückliefert:

```
for(Iterator<Point> pit = set.descendingIterator();
    pit.hasNext(); ) {
  Point p = pit.next();
  System.out.println(p.x + " " + p.y);
}
```

Alphabetisch geordnete Wortliste

Wenn Sie ein TreeSet verwenden, um eine alphabetisch geordnete Wortliste zu erstellen, übergeben Sie ein Collator-Objekt an den TreeSet-Konstruktor (new TreeSet<String>(Collator.getInstance())). Damit werden die Elemente entsprechend der Sortierordnung des Systems angeordnet. Um explizit die Sortierordnung eines bestimmten Landes zu verwenden, geben Sie in der Collator.getInstance-Methode ein entsprechendes Locale-Objekt an.

14.5 Die »List«-Schnittstelle

Die List-Schnittstelle basiert wie Set auf der Collection-Schnittstelle. Die beiden wesentlichen Unterschiede zwischen Listen und Sets bestehen darin, dass in Listen die Reihenfolge der Elemente immer erhalten bleibt (unabhängig von der Implementierung) und dass Doppelgänger erlaubt sind. Das folgende Listing zeigt nur die wichtigsten Methoden der List-Schnittstelle:

```
public interface List<E> extends Collection<E> {
  // Daten einfügen und entfernen
  boolean add(E element);
  void    add(int index, E element);
  boolean addAll(int index, Collection<? extends E> c);
  E       set(int index, E element);

  // Daten lesen
  E       get(int index);
  int     indexOf(Object o);
  int     lastIndexOf(Object o);
  List<E> subList(int from, int to);
  E       remove(int index);
  ...
}
```

Die `List`-Schnittstelle ergänzt die `Collection`-Schnittstelle um Methoden, mit denen Elemente an einer bestimmten Position eingefügt bzw. gelesen werden können. `lst.add(obj)` fügt ein neues Element am Ende der Liste hinzu. `lst.add(n, obj)` verschiebt das Element, das sich bisher an der Position n befindet, sowie alle weiteren um eine Position nach rechts. Wie in Java üblich meint n=0 das erste Element. Um ein vorhandenes Element zu ersetzen, verwenden Sie `set`.

Auch beim Zugriff auf die Elemente bestehen nun mehr Möglichkeiten: Anstatt alle Elemente in einer Schleife zu durchlaufen, können Sie mit `get` gezielt ein Element an einer bestimmten Position lesen. `indexOf` und `lastIndexOf` ermitteln die erste bzw. letzte Position eines Objekts; wenn ein Objekt in der Liste nur einfach enthalten ist, ergeben beide Methoden denselben Wert.

Der `ListIterator` kann zur manuellen Bildung von Schleifen verwendet werden. Im Unterschied zum gewöhnlichen `Iterator` der `Collection`-Schnittstelle kann der `ListIterator` mit der Methode `previous` auch auf das vorige Element zugreifen. `hasPrevious` testet, ob es ein Element vor der aktuellen Schleifenposition gibt (also gewissermaßen vor der aktuellen Cursorposition).

Ergänzend zu den Methoden der `List`-Schnittstelle enthält die `Collections`-Klasse diverse statische Methoden, die speziell zur Bearbeitung von Listen geeignet sind: Dazu zählen `sort` (sortieren), `shuffle` (zufällig vermischen), `rotate` (um n Elemente nach links oder rechts rotieren) und `replaceAll` (Elemente ersetzen).

Die »replaceAll«-Methode

Die `replaceAll`-Methode (neu in Java 8) erwartet als Parameter ein `UnaryOperator`-Objekt. Dieses Objekt bearbeitet ein Element von Typ `<E>` und liefert als Ergebnis wiederum ein Element desselben Typs. Im folgenden Beispiel wird zuerst eine `ArrayList` mit einigen Zeichenketten erzeugt. `replaceAll` stellt dann alle Zeichenketten auf Kleinbuchstaben um.

14

```
List<String> lst = new ArrayList<>();
lst.add("Listen");
lst.add("mit");
lst.add("Lambda-Ausdrücken");
lst.add("verändern");
lst.replaceAll( s -> s.toLowerCase() );

// Testausgabe, liefert
// listen mit lambda-ausdrücken verändern
lst.forEach( s -> System.out.println(s) );
```

Die »ArrayList«-Klasse

Die ArrayList-Klasse ist die populärste und für viele Anwendungen effizienteste List-Implementierung. Sie ist ideal geeignet, wenn Sie eine Liste im Wesentlichen wie ein Array verwenden, sich aber nicht auf eine bestimmte Array-Größe festlegen möchten.

```
List<String> lst = new ArrayList<>();
lst.add("Das");
lst.add("ist");
lst.add("ein");
lst.add("Satz.");
lst.add(3, "langer");

// Ausgabe: Das ist ein langer Satz.
for(String s : lst)
  System.out.print(s + " ");

// Ausgabe: Satz. langer ein ist Das
for(int i=lst.size()-1; i>=0; i--)
  System.out.print(lst.get(i) + " ");
```

Wenn Sie wissen, wie viele Elemente Sie ca. speichern werden, können Sie die Anzahl an den Konstruktor übergeben. Alternativ können Sie auch ein beliebiges Collection-Objekt zur Initialisierung der Liste verwenden.

Die »LinkedList«-Klasse

Die LinkedList-Klasse ist eine Alternative zur ArrayList-Klasse. Von jedem Element zeigen zwei Verweise auf den Vorgänger bzw. Nachfolger. Die Verwendung von Links macht das nachträgliche Einfügen bzw. Entfernen von Elementen besonders effizient. Wenn Sie diese Operationen häufig benötigen, sollten Sie eine LinkedList einsetzen.

Ein weiterer Vorteil gegenüber der ArrayList besteht darin, dass die LinkedList die beiden Schnittstellen Queue und Deque implementiert. Das ermöglicht eine komfortable Nutzung der Klasse als FIFO- und LIFO-Speicher (*First In – First Out* bzw. *Last In – First Out*).

Wo ist die »SortedList«- bzw. »TreeList«-Klasse?

Die Java-Standardbibliothek kennt zwar sortierte Sets und Maps (TreeSet und TreeMap), aber erstaunlicherweise keine sortierten Listen. In der Praxis werden Sie die fehlende TreeList- oder SortedList-Klasse selten vermissen – ein TreeSet ist für die meisten Anwendungsfälle besser geeignet. Ohnedies können Sie jede Liste mit Collections.Sort jederzeit sortieren. Anschließend ist es kein Problem, neue Einträge so einzufügen, dass die Liste sortiert bleibt.

14.6 Die »Stream«-Schnittstelle

Die spannendste Java-8-Neuerung der Collections-Klassen und -Schnittstellen befindet sich im Paket java.util.stream. Die dort enthaltene Schnittstelle Stream<T> erweitert die grundlegenden Aufzählungsklassen um ein vollkommen neues Konzept zur funktionalen Programmierung.

Streams können aus allen Objekten heraus erzeugt werden, deren Klassen die Schnittstelle Collection implementieren. Dort sind die Methoden stream und parallelStream definiert, die ein Stream-Objekt zur sequenziellen oder parallelen Verarbeitung zurückgeben. Wichtige Methoden zur Bearbeitung von Streams sind filter, map, reduce und skip (siehe Tabelle 14.1).

Methode	Funktion
count	zählt die Elemente.
distinct	liefert eine Collection ohne Doppelgänger.
filter	liefert ausgewählte Elemente.
map	wendet eine Methode auf die Elemente an.
min, max	liefert das kleinste/größte Element.
limit	liefert die ersten n Elemente.
reduce	wendet eine Methode auf Elementpaare an.
skip	überspringt n Elemente und liefert den Rest der Collection.

Tabelle 14.1 Wichtige Methoden zur Bearbeitung von Streams

Was ist funktionale Programmierung?

Funktionale Programmierung ist ein Konzept zur Formulierung von Programmcode, bei der herkömmliche Zuweisungen (var=ergebnis) vermieden werden. Stattdessen werden Daten verarbeitet, indem Funktionen darauf angewandt werden. Die Elemente werden dabei nicht gespeichert, sondern von einer Methode an die nächste weitergereicht (von der Idee her ähnlich wie *Pipes* unter Unix/Linux) und erst bei Bedarf tatsächlich verarbeitet (*Lazy Operation*).

Funktionale Algorithmen benötigen keine Schleifen, machen aber (oft intensiv) Gebrauch von Rekursion. Viele weitere Details können Sie in der Wikipedia nachlesen:

http://de.wikipedia.org/wiki/Funktionale_Programmierung

Java wird mit der Stream-Schnittstelle nicht zur vollständig funktionalen Programmiersprache, bietet damit aber erstmals die Möglichkeit, funktionale Algorithmen unkompliziert in Java-Programmen zu realisieren.

Stream-Beispiele

Wie so oft erklären wenige Beispiele die Idee hinter der Stream-Schnittstelle besser als jede noch so lange Erklärung. Der Ausgangspunkt für die folgenden Code-Schnipsel ist die aus 100 Wörtern bestehende Zeichenkette "Lorem ipsum ...". (*Lorem ipsum* ist ein aus pseudo-lateinischen Wörtern bestehender Blindtext ohne Bedeutung. Er wird oft als Platzhalter verwendet, um Layouts zu testen.)

Diesen Text zerlegen wir mit split in ein String-Array und wandeln dieses dann mit asList in eine Liste um:

```
// Projekt kap14-stream
String lorem = "Lorem ipsum dolor sit amet, ... amet.";
List<String> lst = Arrays.asList(lorem.split(" "));
```

lst.stream() macht daraus einen Stream. Im ersten Beispiel wird darauf die Methode filter angewendet, wobei ein Lambda-Ausdruck alle Elemente auswählt, die aus mehr als sechs Zeichen bestehen. Das Ergebnis ist wieder ein Stream. Dessen Elemente geben wir nun mit forEach aus. Sie sehen bereits in diesem ersten Beispiel, dass Streams eine Spielwiese zur Anwendung von Lambda-Ausdrücken sind.

```
// Ausgabe: consetetur sadipscing invidunt aliquyam
//          voluptua. accusam dolores gubergren, ...
lst.stream()
  .filter( s -> s.length()>6 )
  .forEach( s -> System.out.println(s) );
```

Die folgenden Zeilen produzieren abermals einen Stream mit allen Zeichenketten mit 7 oder mehr Zeichen. distinct eliminiert die darin enthaltenen Doppelgänger. Das Ergebnis ist abermals ein Stream. count zählt dann die Elemente und macht so aus dem Stream eine Zahl. Sie sehen schon, dass es ein typisches Merkmal der funktionalen Programmierung ist, dass das Ergebnis der einen Methode jeweils mit der nächsten Methode weiterverarbeitet wird. Der besseren Lesbarkeit halber werden die Methodenaufrufe üblicherweise nicht in eine endlose Zeile gezwängt, sondern zeilenweise formuliert.

```
long n = lst.stream()
  .filter(s -> s.length()>6)
  .distinct()
  .count();
System.out.println(n);
```

Zur Berechnung der durchschnittlichen Wortlänge wandeln wir den String-Stream mit mapToInt in einen Integer-Stream um. Der Lambda-Ausdruck s->s.length() ermittelt dabei für jedes Element die Anzahl der Zeichen. average berechnet dann den Mittelwert. Das Ergebnis ist ein Objekt der Klasse OptionalDouble. Dieser Datentyp wird verwendet, weil average bei einem leeren Stream kein Ergebnis liefert; OptionalDouble kann mit diesem Sonderfall umgehen.

```
// durchschnittliche Wortlänge
OptionalDouble avg = lst.stream()
  .mapToInt(s -> s.length())
  .average();
System.out.println(avg.getAsDouble());
```

Die weiteren Beispiele verwenden als Ausgangsbasis eine Liste mit den Zahlen 1 bis 10. Auf den daraus resultierenden Stream wenden wir nun mit map den Lambda-Ausdruck i->i*i an, bilden also zu jedem Element sein Quadrat. forEach gibt die Quadrate aus, wobei als Parameter anstelle eines weiteren Lambda-Ausdrucks eine Referenz der println-Methode für das Objekt System.out übergeben wird.

```
// Liste der Zahlen 1 bis 10
List<Integer> zahlen = new ArrayList<>();
for(int i=1; i<=10; i++) {
  zahlen.add(i);
}

// Quadrate bilden und ausgeben
zahlen.stream().map(i -> i*i).forEach(System.out::println);
```

Auch bei reduce wird ein Lambda-Ausdruck auf die Elemente des Streams angewendet. Die Funktion muss diesmal aber *zwei* Parameter verarbeiten. Die Funktion wird von links nach rechts paarweise angewendet, zuerst auf die beiden ersten Listenelemente, dann auf das erste Ergebnis und das dritte Element, dann auf das neue Ergebnis und das vierte Element etc.

Wenn die Listenelemente x1, x2, x3 etc. lauten, dann entspricht liste. reduce((a, b) -> f(a, b)) dem Ausdruck f(f(f(f(x1, x2), x3), x4), ...). reduce macht aus einer Liste also ein singuläres Ergebnis. Das erklärt auch den Namen: Die Methode *reduziert* die Liste zu einem Wert. Im folgenden Beispiel bildet reduce zuerst die Summe aller Zahlen, also 1+2+...+10=55, dann die Fakulät, also 1×2×...×10=3628800:

```
Optional<Integer> summe =
  zahlen.stream().reduce((i1, i2) -> i1+i2);
System.out.println(summe.get());

Optional<Integer> fakultaet =
  zahlen.stream().reduce((i1, i2) -> i1*i2);
System.out.println(fakultaet.get());
```

14

Wozu Streams verwenden?

Streams bieten also einen neuen Weg, Dinge zu tun, die auf andere Weise schon bisher in Java möglich waren. Warum sollten Sie also Streams einsetzen? Zu den größten Vorzügen von Streams zählt die Möglichkeit, die Code-Ausführung intern zu optimieren, beispielsweise durch die parallele Ausführung von Teilaufgaben.

Streams könnten also zu effizienterem Code führen, ohne dass sich die Programmierer um die Entwicklung nebenläufiger Algorithmen kümmern müssen. Ob diese Rechnung aufgeht, wird die Zukunft weisen. Momentan sind Streams und die funktionale Programmierung auch für Java-Experten Neuland. Viele Optimierungsmöglichkeiten, die theoretisch denkbar sind, werden praktisch noch gar nicht genutzt.

14.7 Die »Map«-Schnittstelle

Maps dienen zur Speicherung von Schlüssel-Wert-Paaren (*Key-Value Pairs*). In anderen Programmiersprachen heißen Maps auch *Dictionaries* (C#, Python), *assoziative Arrays* (PHP) oder *Hashs* (Perl).

Als gemeinsame Basis für alle XxxMap-Klassen der Java-Standardbibliothek dient die Map-Schnittstelle. Beachten Sie, dass diese Schnittstelle *nicht* wie fast alle anderen in diesem Kapitel vorgestellten Schnittstellen von Collection abgeleitet ist. Die Collection-Schnittstelle dient nur zur Verwaltung einzelner Elemente. Bei Maps geht es hingegen um Datenpaare, weswegen eine von Grund auf neue Schnittstelle erforderlich ist. Dabei ist K der generische Datentyp für den Schlüssel (Key), V der generische Datentyp für die Werte (Values).

Die beiden wichtigsten Methoden sind put zum Einfügen neuer Daten sowie get zum Lesen eines Werts, dessen Schlüssel bekannt ist. Beachten Sie, dass der Schlüssel eindeutig sein muss. Wenn Sie put mehrfach mit demselben Schlüssel aufrufen, wird das in der Map bereits gespeicherte Element mit diesem Schlüssel überschrieben.

Das folgende Listing fasst die wichtigsten Methoden der Map-Schnittstelle zusammen:

```
public interface Map<K,V> {
  // Daten einfügen und löschen
  V       put(K key, V value);
  void    putAll(Map<? extends K, ? extends V> m);
  V       remove(Object key);
  void    clear();

  // einzelne Daten lesen
  int     size();
  V       get(Object key);
  boolean containsKey(Object key);
  boolean containsValue(Object value);
```

```
// alle Schlüssel, Werte oder Wertpaare auf einmal lesen
Set<K>             keySet();
Collection<V>      values();
Set<Map.Entry<K,V>> entrySet();

// Java 8
default void forEach(...) { ... }
default void replaceAll(...)  { ...}
default V compute(...) { ...}
default V merge(...) { ...}

// Schnittstelle zur Bearbeitung von Key-Value-Paaren
public interface Entry {
    K getKey();
    V getValue();
    V setValue(V value);
}
}
```

Die »HashMap«- und »LinkedHashMap«-Klassen

Die HashMap-Klasse ist jene Implementierung der Map-Schnittstelle, die in der Praxis am häufigsten zum Einsatz kommt. Dabei werden die Schlüssel der Key-Value-Paare in einer Hash-Tabelle gespeichert. Die Reihenfolge, in der die Wertpaare eingefügt werden, bleibt nicht erhalten.

An den HashMap-Konstruktor können Sie wahlweise die voraussichtliche Elementanzahl oder ein bereits existierendes Map-Objekt übergeben, um die neue HashMap damit zu initialisieren.

Bei der LinkedHashMap verweisen von jedem Datenpaar Links auf das zuvor bzw. anschließend eingefügte Datenpaar. Die Reihenfolge der Elemente bleibt also erhalten. Der zusätzliche Verwaltungs-Overhead ist gering.

Schleifen über Maps

Im Gegensatz zu den anderen in diesem Kapitel vorgestellten Schnittstellen ist Map nicht von Iterable abgeleitet. Es ist also nicht ohne Weiteres möglich, eine for-each-Schleife über den Inhalt einer Map zu formulieren. Stattdessen müssen Sie auf die Methoden keySet, values und entrySet zurückgreifen.

keySet liefert ein Set mit allen Schlüsseln. Sie können damit eine Schleife über alle Schlüssel formulieren und nun mit get auf alle Werte zugreifen, die den Schlüsseln zugeordnet sind.

Im folgenden Beispiel werden in einer HashMap Bücher gespeichert. Als Schlüssel dienen ISBN-Nummern. keySet liefert somit eine Menge (ein Set) mit allen ISBN-Nummern. Beachten Sie, dass die Reihenfolge der Elemente im Set willkürlich ist und nicht mit der Reihenfolge übereinstimmen muss, in der Sie die Objekte in die HashMap eingefügt haben.

```
// Projekt kap14-map, Datei Book.java
public class Book {
  public String title="";
  public int published=0;
  // Konstruktor
  public Book(String title, int published) {
    this.title = title;
    this.published = published;
  }
}
```

```
// Projekt kap14-map, Datei Book.java
Map<String, Book> books = new HashMap<>();
books.put("978-3-8362-2591-5",
  new Book("Linux -- Das umfassende Handbuch", 2013));
books.put("978-3827331496",
  new Book("Linux-Kommandoreferenz", 2014));
books.put("978-3-8362-2933-3",
  new Book("Raspberry Pi -- Das umfassende Handbuch",
           2014));
```

```
// Schleife über alle Keys
for(String isbn: books.keySet()) {
  Book b = books.get(isbn);
  System.out.format("ISBN: %s\n", isbn);
  System.out.format("  %s (%d)\n", b.title, b.published);
}
```

Wenn Sie ausschließlich an den Werten, nicht aber an den Schlüsseln interessiert sind, können Sie eine Schleife über das Ergebnis der Methode values formulieren:

```
for(Book b: books.values()) {
  System.out.format("%s (%d)\n", b.title, b.published);
}
```

Eine dritte Variante bietet die Methode entrySet: Sie liefert ein Set von Map.Entry-Objekten. Die Schnittstelle Map.Entry stellt Ihnen die Methoden getKey und getValue zur Verfügung, um sowohl den Schlüssel als auch den Wert des Datenpaars zu lesen. Mit setValue können Sie die Daten auch ändern.

```
for(Map.Entry<String, Book> e: books.entrySet()) {
  System.out.format("ISBN: %s\n", e.getKey());
  Book b = e.getValue();
  System.out.format("  %s (%d)\n", b.title, b.published);
}
```

Lambda-Fans werden ihre Map-Objekte natürlich mit der forEach-Methode durchlaufen. Der Lambda-Ausdruck muss die accept-Methode der Schnittstelle BiConsumer mit zwei Parametern implementieren. Die folgenden Zeilen zeigen einen Lambda-Ausdruck, der aus zwei Anweisungen zusammengesetzt und deswegen mit {} geklammert ist.

```
books.forEach( (isbn, b) -> {
    System.out.format("ISBN: %s\n", isbn);
    System.out.format("%s (%d)\n", b.title, b.published);}
  );
```

14

14.8 Wiederholungsfragen und Übungen

▶ **W1:** Fassen Sie die wichtigsten Unterschiede zwischen Set, List und Map zusammen.

▶ **W2:** Greifen Sie das Kontaktbeispiel aus Abschnitt 10.6 nochmals auf (Projekt loesungen-kap10-kontakte). Speichern Sie mehrere Kontakte in einer Liste statt in einem Array. Verwenden Sie die forEach-Methode, um alle Kontakte auszugeben.

▶ **W3:** Erweitern Sie das Bankkontobeispiel aus Abschnitt 10.6: Legen Sie mehrere Konten an, und speichern Sie diese in einer HashMap. Als Zugriffsschlüssel soll die Kontonummer dienen. Bilden Sie eine Schleife, die für alle Konten die Kontonummer und das Guthaben anzeigt.

▶ **W4:** Verwenden Sie Streams, um für die HashMap aus W3 das durchschnittliche Kontoguthaben zu berechnen sowie um die Namen aller Kontoinhaber zu ermitteln, die über mehr als 500 Euro Guthaben verfügen.

Kapitel 15

Dateien und Verzeichnisse

Der Umgang mit Dateien und Verzeichnissen gehört gewissermaßen zum täglichen Brot vieler Programmierer. Dieses Kapitel schafft für solche Arbeiten ein Fundament, auch wenn der Platz hier nicht reicht, um die vielen Klassen der Java-Standardbibliothek vollständig zu beschreiben. Die Themenschwerpunkte der nächsten Seiten sind:

▶ Verzeichnisse durchsuchen und erstellen

▶ Dateien suchen

▶ Eigenschaften von Dateien ermitteln

▶ Dateien kopieren, verschieben und löschen

▶ Textdateien lesen und schreiben

Klassen zur Berarbeitung von Dateien und Verzeichnissen stellte die Java-Standardbibliothek seit der ersten Version im Paket `java.io` zur Verfügung. Im Zuge der letzten Versionen kamen aber immer mehr neue Klassen und Schnittstellen in `java.nio`-Paketen hinzu. `nio` steht dabei für *New Input/Output*. Die `java.nio`-Klassen ersetzen nicht alle `java.io`-Klassen, aber da, wo es die Wahl gibt, konzentriert sich dieses Kapitel auf die neueren `java.nio`-Klassen.

15.1 Klassen- und Schnittstellenüberblick

Die Java-Klassenbibliothek enthält Hunderte von IO-Klassen, die über zahllose Pakete verteilt sind: `java.io`, `java.nio`, `java.nio.file`, `java.nio.file.attribute` usw. In diesem Buch kann ich nur die allerwichtigsten Klassen behandeln (siehe Tabelle 15.1).

Klasse/Schnittstelle	Funktion
BasicFileAttributes (C)	beschreibt die Eigenschaften einer Datei.
BufferedReader (C)	liest Textdateien effizient.
BufferedWriter (C)	schreibt Textdateien effizient.
DirectoryStream (I)	Aufzählung (Collection) von Verzeichnissen und Dateien
Files (C)	Sammlung statischer Methoden, um Verzeichnisse und Dateien zu bearbeiten
IOException (C)	beschreibt einen IO-Fehler.
Path (I)	repräsentiert einen Datei- oder Verzeichnisnamen.
Paths (C)	statische Methoden, um Path-Objekte zu erzeugen

Tabelle 15.1 Die wichtigsten Klassen (C) und Schnittstellen (I) zur Bearbeitung von Dateien und Verzeichnissen

Fehlerabsicherung

Beim Umgang mit Dateien kann viel schiefgehen, und nicht immer können Sie Fehler im voraus ausschließen: Was ist, wenn der Datenträger voll ist? Wenn der Benutzer einen USB-Stick im laufenden Betrieb einfach entfernt? Wenn eine Datei zwar vorhanden ist, das Java-Programm aber unzureichende Rechte hat, sie zu lesen?

Die meisten IO-Methoden lösen in solchen Fällen eine IOException aus. Die IOException dient dabei als Basis, von der eine Reihe spezifischer Klassen abgeleitet sind – z. B. die EOFException oder die FileNotFoundException. Sie können es sich beim Programmieren leichtmachen und einfach mit catch(IOException ex) eine allgemeingültige Fehlerabsicherung für jede Art von IO-Fehler formulieren. Mitunter ist es aber auch erforderlich, spezifisch auf bestimmte Arten von Fehlern einzugehen. Dann gibt es mehrere catch-Blöcke, zuerst für spezifische Fehler und erst am Ende – gewissermaßen als *catch-all* – für die allgemeine IOException.

Ressourcen schließen

Für viele IO-Klassen gibt es die Methode close. Sie sollten die entsprechenden Objekte unbedingt schließen, sobald Sie sie nicht mehr benötigen. Andernfalls blockieren Sie unnötig Ressourcen.

Oft bietet es sich an, die Ressourcen-Verwaltung mit der Fehlerabsicherung zu kombinieren. Dazu erzeugen Sie die IO-Objekte in Form von Parametern innerhalb von try(...). Am Ende der try-catch-Konstruktion kümmert sich Java darum, alle Ressourcen wieder zu schließen, unabhängig davon, ob nun ein Fehler aufgetreten ist oder nicht:

```
try(IOClass1 ioobj1=..., IOClass2 ioobj2=...) {
  // IO-Objekte bearbeiten
} catch(IOException) {
  // Fehlerabsicherung
}
```

15

15.2   Dateien und Verzeichnisse ergründen

Die folgenden Abschnitte erklären Ihnen, wie Sie Informationen über Dateien und Verzeichnisse ermitteln. Sie lernen also festzustellen, ob ein Verzeichnis überhaupt existiert, welche Dateien darin enthalten sind, wie groß diese Dateien sind, ob Sie die Dateien verändern dürfen etc. Wir führen in diesem Abschnitt aber keine Veränderungen an den Verzeichnissen und Dateien durch.

Besondere Verzeichnisse

Als Ausgangspunkt für eigene Experimente benötigen wir ein Verzeichnis, in dem wir arbeiten können. Die folgenden Zeilen zeigen, wie Sie das aktuelle Verzeichnis, das Heimatverzeichnis des aktuellen Benutzers und ein temporäres Verzeichnis in Form einer Zeichenkette ermitteln:

```
String current = System.getProperty("user.dir");
String home    = System.getProperty("user.home");
String tmp     = System.getProperty("java.io.tmpdir");
```

Die statische getProperty-Methode der System-Klasse funktioniert plattformübergreifend. Unter OS X lautet das Ergebnis für "user.dir" z.B. "/Users/kofler", während das Ergebnis unter Windows "C:\Users\kofler" lautet.

Die »Path«-Schnittstelle

Die Schnittstelle Path aus dem Paket java.nio.files repräsentiert einen Verzeichnis- bzw. Dateinamen. Den einfachsten Weg, um aus einer Zeichenkette mit dem absoluten oder relativen Pfad das entsprechende Path-Objekt zu erzeugen, bietet die statische get-Methode aus der Paths-Klasse. Beachten Sie, dass beim Erzeugen eines Path-Objekts *nicht* überprüft wird, ob es die Datei oder das Verzeichnis wirklich gibt!

```
import java.nio.file.*;
...
String home = System.getProperty("user.home");
Path p = Paths.get(home);
```

»WindowsPath« und »UnixPath«

Path ist eine Schnittstelle. Daher ist die Formulierung, dass Paths.get ein Path-Objekt liefert, nicht ganz korrekt. In Wirklichkeit erzeugt get ein Objekt, dessen Klasse die Path-Klasse implementiert. Wenn Sie Ihr Java-Programm unter Windows ausführen, wird dies ein Objekt der Klasse sun.nio.fs.WindowsPath sein, unter OS X und Linux ein Objekt der Klasse sun.nio.fs.UnixPath. In der konkreten Anwendung spielt dies keine Rolle, weil wir in jedem Fall nur Methoden verwenden, die durch die Path-Schnittstelle definiert sind.

An die get-Methode können Sie mehrere Zeichenketten übergeben. Die einzelnen Komponenten werden dann zu einem Pfad zusammengesetzt, wobei je nach Betriebssystem ein geeignetes Trennzeichen eingebaut wird – unter Windows also \, unter OS X und Linux hingegen /. Sie vermeiden auf diese Weise die explizite Nennung dieses Trennzeichens.

```
Path txt = Paths.get(home, "meintext.txt");
Path foto = Paths.get(home, "Pictures", "foto.jpg");
System.out.println(foto.toString());
// OS X + Linux: /Users/kofler/Pictures/foto.jpg
// Windows:      C:\Users\kofler\Pictures\foto.jpg
```

Um ausgehend von einem vorhandenen Path-Objekt ein neues zu bilden, verwenden Sie die resolve-Methode:

```
String home = System.getProperty("user.home");
Path p = Paths.get(home);
Path datei = p.resolve("datei.tmp");
// datei.ToString ist jetzt z. B. C:\Users\kofler\datei.tmp
```

Das Gegenteil zu resolve ist die Methode path1.relativize(path2). Sie bildet für path2 den relativen Pfad ausgehend von path1. Das ist am einfachsten anhand eines Beispiels zu verstehen:

```
Path verz = Paths.get("a", "b", "c");
Path datei = Paths.get("a", "b", "c", "d", "e", "f.tmp");
Path r = verz.relativize(datei);
System.out.println(r);  // Ausgabe: d\e\f.tmp
```

15

Vermeiden Sie absolute, betriebssystemspezifische Pfadangaben!

Sobald Ihr Java-Programm Code wie filename = "C:\\verz\\name.txt" enthält, verliert Ihr Programm eine der wichtigsten Eigenschaften von Java-Programmen: Es ist nicht mehr plattformunabhängig! Verwenden Sie stattdessen die oben beschriebenen Methoden get und resolve! Wenn es sich wirklich nicht vermeiden lässt, vergessen Sie nicht, dass Sie das Windows-Verzeichnistrennzeichen \ in Java-Zeichenketten verdoppeln müssen!

Die Path-Schnittstelle definiert einige praktische Methoden zur weiteren Verarbeitung bzw. Analyse des Pfads:

▶ isAbsolute testet, ob es sich um einen absoluten oder einen relativen Pfad handelt.

▶ toAbsolute erzeugt gegebenenfalls aus einem relativen ein neues absolutes Path-Objekt.

▶ toRealPath ruft ebenfalls zuerst toAbsolute auf, ersetzt dann aber Kurzschreibweisen wie .. für das übergeordnete Verzeichnis und . für das aktuelle Verzeichnis durch die tatsächlichen Verzeichnisnamen, passt die Groß- und Kleinschreibung an (Windows) und berücksichtigt Links.

▶ toString gibt den Dateinamen in der Notation des Betriebssystems zurück.

▶ getFileName liefert ein neues Path-Objekt des eigentlichen Dateinamens ohne Pfad, für die zuletzt initialisierte Variable foto also "foto.jpg".

▶ getParent liefert ein Path-Objekt des Verzeichnisses, in dem sich der letzte Teil des ursprünglichen Path-Objekts befindet. Für die obige Variable foto ist das Ergebnis ein Path-Objekt für C:\Users\kofler\Pictures bzw. für /users/kofler/Pictures.

Testen, ob ein Verzeichnis bzw. eine Datei existiert

Ich habe es bereits erwähnt: Beim Erzeugen eines Path-Objekts wird nicht getestet, ob das entsprechende Verzeichnis bzw. die Datei wirklich existiert. Die folgende Anweisung wird also fehlerfrei ausgeführt, auch wenn es in Ihrem Verzeichnis weder das Unterverzeichnis meinverz noch dort die Datei bla.txt gibt:

```
Path p = Paths.get(home, "meinverz", "bla.txt");
```

Um festzustellen, ob ein Path-Objekt einer realen Datei bzw. einem Verzeichnis entspricht, stellt die Files-Klasse einige statische Methoden zur Verfügung (siehe Tabelle 15.2). Diese Methoden erwarten alle ein Path-Objekt als Parameter.

```
if(Files.exists(p)) { ... }
```

Methode	Funktion
exists	Existiert die Datei oder das Verzeichnis?
isDirectory	Handelt es sich um ein Verzeichnis?
isRegularFile	Ist es eine gewöhnliche Datei?
isReadable	Kann die Datei gelesen werden?
isWriteable	Kann die Datei verändert werden?
isHidden	Ist die Datei verborgen?
isExecutable	Ist die Datei ausführbar?

Tabelle 15.2 Statische Methoden der »Files«-Klasse zur Beantwortung grundlegender IO-Fragen

Eigenschaften einer Datei ermitteln

Die Files-Klasse stellt auch einige Methoden zur Verfügung, um detailliertere Informationen über eine Datei zu ermitteln:

▸ size liefert die Größe der Datei in Bytes.

▸ getLastModifiedTime ermittelt den Zeitpunkt der letzten Änderung. Das Ergebnis ist ein FileTime-Objekt. Mit der Methode toInstant können Sie daraus ein Instant-Objekt erzeugen. Dieses können Sie dann mit LocalDateTime.ofInstant in ein LocalDateTime-Objekt umwandeln (siehe Kapitel 7, »Datum und Uhrzeit«).

▸ getOwner verrät, wem die Datei gehört. Das Ergebnis ist ein Objekt, dessen Klasse die UserPrincipal-Schnittstelle implementiert. getName liefert den dazugehörenden Benutzernamen.

Die genannten Methoden können IOExceptions auslösen und müssen daher mit try-catch abgesichert werden. Bei einigen Methoden kann optional ein Array von Elementen der LinkOption-Enumeration übergeben werden. Diese Enumeration enthält momentan nur eine einzige Konstante, nämlich NOFOLLOW_LINKS. Die Angabe dieser Option bewirkt, dass Links nicht verfolgt werden (was standardmäßig der Fall ist).

```
// Projekt kap15-io-intro
import java.io.IOException;
import java.nio.file.*;
import java.nio.file.attribute.BasicFileAttributes;
import java.time.*;
...
Path p = Paths.get(home, "datei.pdf");
if(Files.exists(p))
  try {
    System.out.println("Dateiname: " + p.toAbsolutePath());
    System.out.println("Größe    : " + Files.size(p));
    System.out.println("Besitzer:  " +
                       Files.getOwner(p).getName());
    Instant changeInst =
      Files.getLastModifiedTime(p).toInstant();
    LocalDateTime changeLdt =
      LocalDateTime.ofInstant(changeInst,
                              ZoneId.systemDefault());
    System.out.println("Letzte Änderung: " + changeLdt);
  } catch (IOException ioex) {
    System.out.println("Fehler: " + ioex.getMessage());
  }
```

Wenn Ihnen diese Daten nicht ausreichen, können Sie mit der statischen Methode Files.readAttributes ein Objekt mit einer umfassenden Sammlung von Dateiattributen erzeugen. Dabei gibt es drei Varianten:

```
BasicFileAttributes basic =
  Files.readAttributes(p, BasicFileAttributes.class);
DosFileAttributes dos =
  Files.readAttributes(p, DosFileAttributes.class);
PosixFileAttributes posix =
  Files.readAttributes(p, PosixFileAttributes.class);
```

Die BasicFileAttributes gelten betriebssystemübergreifend. Wenn Sie wissen, dass Ihr Programm unter Windows bzw. unter einem Posix-ähnlichen Betriebssystem (OS X, Linux, Android) läuft, können Sie Dos- bzw. PosixFile-

`Attributes` erzeugen. Darin sind außer allen `BasicFileAttributes` diverse betriebssystemspezifische Zusatzdaten gesammelt.

Die `BasicFileAttributes` verraten z. B., wann eine Datei erzeugt wurde (`creationTime`) und wann sie zuletzt gelesen wurde. Zu den `PosixFile-Attributes` zählen detaillierte Informationen über die Zugriffsrechte (Besitzer, Gruppe, Zugriffsbits). Aus den `DosFileAttributes` können Sie z. B. entnehmen, ob es sich um eine Read-only- oder um eine Systemdatei handelt.

Liste der Dateien in einem Verzeichnis ermitteln

Relativ oft kommt es vor, dass Sie alle oder auch nur bestimmte Dateien (z. B. alle mit der Endung *.pdf) in einem Verzeichnis ermitteln möchten. Die `Files`-Klasse stellt dazu verschiedene Methoden zur Auswahl, von denen ich hier nur die wichtigsten vorstelle.

Den einfachsten Weg bietet die statische Methode `newDirectoryStream` der `Files`-Klasse. Sie erzeugt ein `DirectoryStream<Path>`-Objekt. Die resultierenden `Path`-Objekte entsprechen *allen* Dateien und Verzeichnissen. Sie durchlaufen diese am einfachsten in einer `for-each`-Schleife. Die `DirectoryStream`-Schnittstelle realisiert eine Sonderform einer `Iterable`-Schnittstelle, bei der die Ergebnisaufzählung nur *einmal* durchlaufen werden darf.

Da das Durchlaufen großer Verzeichnisse eine Menge Ressourcen binden kann, sollten `DirectoryStreams` mit `close` geschlossen werden bzw. innerhalb von `try(...)` geöffnet werden. Die folgenden Zeilen geben alle Dateien und Verzeichnisse direkt innerhalb des Heimatverzeichnisses am Bildschirm aus. Beachten Sie, dass die Dateien und Verzeichnisse nicht geordnet sind!

```
// Projekt kap15-io-intro
import java.io.IOException;
import java.nio.file.*;
...
// alle *.pdf-Dateien ermitteln
String home = System.getProperty("user.home");
Path phome = Paths.get(home);
try(DirectoryStream<Path> files =
```

```
      Files.newDirectoryStream(phome)) {
  for (Path found : files) {
    if(Files.isRegularFile(found) &&
       found.toString().toLowerCase().endsWith(".pdf"))
      System.out.println(found);
  }
} catch (IOException e) {
  e.printStackTrace();
}
```

Lambda-Fans können statt newDirectoryStream die Methode list verwenden. Sie liefert einen Stream von Path-Objekten, der mit den Stream-Methoden weiterverarbeitet werden kann (siehe Abschnitt 14.6, »Die Stream-Schnittstelle«). In den folgenden Zeilen wird der Stream zuerst zweifach gefiltert: Die erste filter-Methode eliminiert alle Ergebnisse, die nicht reguläre Dateien sind; die zweite filter-Methode akzeptiert nur Dateinamen, die mit .pdf enden (egal, ob groß- oder kleinschrieben).

```
// alle *.pdf-Dateien ermitteln
try(Stream<Path> st = Files.list(phome)) {
  st.filter(pth -> Files.isRegularFile(pth))
    .filter(pth -> pth.toString().toLowerCase()
                      .endsWith(".pdf"))
    .forEach(System.out::println);
} catch (IOException e) {
  e.printStackTrace();
}
```

Wenn Sie nicht nur *ein* Verzeichnis durchsuchen möchten, sondern rekursiv auch alle Unterverzeichnisse, führen die statischen Methoden walkFileTree oder walk der Files-Klasse zum Ziel. Das folgende Beispiel verwendet die walk-Methode, die das Ergebnis wieder als Stream liefert. Im einfachsten Fall ersetzen Sie im obigen Code nur list durch walk – fertig!

Leider führt `walk` speziell unter Windows oft zu Fehlern, die nicht mit `try` abzufangen sind. Die Hintergründe des Problems sind auf der Errata-Seite zu diesem Buch näher erläutert:

https://kofler.info/buecher/java-der-grundkurs/errata

```
// *.pdf-Dateien auch in Unterverzeichnissen
// berücksichtigen
try(Stream<Path> st = Files.walk(phome)) {
  st.filter(pth -> Files.isRegularFile(pth))
    .filter(pth -> pth.toString().toLowerCase()
                      .endsWith(".pdf"))
    .forEach(System.out::println);
} catch (IOException e) {
  e.printStackTrace();
}
```

15.3 Dateien und Verzeichnisse bearbeiten

Nachdem wir bisher Dateien und Verzeichnisse nur analysiert haben, geht es nun darum, diese auch zu verändern: Wir wollen also neue Verzeichnisse einrichten sowie Dateien kopieren, verschieben und löschen. Dabei helfen wiederum die statischen Methoden der `Files`-Klasse (siehe Tabelle 15.3), wobei ich mich hier auf die wichtigsten Fälle beschränke.

Methode	Funktion
createDirectory	Verzeichnis erzeugen
createDirectories	Verzeichnis samt Unterverzeichnissen erzeugen
createFile	neue, leere Datei erzeugen
createTempDirectory	temporäres Verzeichnis erzeugen
createTempFile	temporäre Datei erzeugen

Tabelle 15.3 Dateien und Verzeichnisse erzeugen, verschieben und löschen mit Methoden der »Files«-Klasse

Methode	Funktion
copy	Datei kopieren
move	Datei oder Verzeichnis umbenennen bzw. verschieben
delete	Datei oder Verzeichnis löschen
deleteIfExists	Datei oder Verzeichnis löschen

Tabelle 15.3 Dateien und Verzeichnisse erzeugen, verschieben und löschen mit Methoden der »Files«-Klasse (Forts.)

Einige Anmerkungen zu den Methoden:

▶ createDirectory und createFile lösen eine Exception aus, wenn das Verzeichnis bzw. die Datei bereits existiert.

▶ delete löscht nur Verzeichnisse, die leer sind. delete löscht Dateien bzw. leere Verzeichnisse endgültig, d. h., sie werden nicht in einen eventuell vom Betriebssystem verwalteten Papierkorb bewegt.

▶ copy kann nur Dateien kopieren, nicht aber ganze Verzeichnisse.

▶ move funktioniert bei Verzeichnissen samt Inhalt nur innerhalb eines Dateisystems. Es ist also beispielsweise unmöglich, ein Verzeichnis mit Dateien und Unterverzeichnissen mit move von der lokalen Festplatte auf einen USB-Stick zu verschieben. In solchen Fällen müssen Sie den Verzeichnisbaum mit walk durchlaufen, die neuen Verzeichnisse mit createDirectory einrichten und die Dateien einzeln mit copy kopieren.

▶ An copy und move können ab dem dritten Parameter Optionen übergeben werden, z. B. die Konstanten REPLACE_EXISTING, COPY_ATTRIBUTES oder ATOMIC_MOVE aus der Enumeration StandardCopyOption.

Beispiel

Das folgende Beispielprogramm zeigt die Anwendung einiger Methoden zur Bearbeitung von Verzeichnissen und Dateien:

```
// Projekt kap15-io-change
import java.io.IOException;
import java.nio.file.*;
...
String home = System.getProperty("user.home");
Path v1     = Paths.get(home, "verz1");
Path v23    = Paths.get(home, "verz2", "unterverz3");
Path v23neu = Paths.get(home, "verz2", "uv3-neu");
Path d1     = v1.resolve("datei1.tmp");
Path d2     = v1.resolve("datei2.tmp");

try {
  // Verzeichnisse anlegen
  if(!Files.exists(v1))
    Files.createDirectory(v1);
  if(!Files.exists(v23))
    Files.createDirectory(v23);

  // Datei löschen, dann neu erzeugen
  if(Files.exists(d1))
    Files.delete(d1);
  Files.createFile(d1);

  // Datei kopieren, evtl. vorhandene Datei überschreiben
  Files.copy(d1, d2, StandardCopyOption.REPLACE_EXISTING);

  // Verzeichnis umbenennen
  if(!Files.exists(v23neu))
    Files.move(v23, v23neu);
} catch (IOException e) {
  e.printStackTrace();
}
```

Nach der Ausführung des Programms gibt es die folgenden neuen Verzeichnisse und Dateien in Ihrem Heimatverzeichnis:

```
verz1
  datei1.tmp
  datei2.tmp
verz2
  uv3-neu
```

15.4 Textdateien lesen und schreiben

Auch beim Lesen und Schreiben von Textdateien hilft uns die Files-Klasse mit diversen praktischen Methoden (siehe Tabelle 15.4).

Methode	Funktion
lines	liefert einen String-Stream mit dem zeilenweisen Inhalt der Datei.
newBufferedReader	liefert ein BufferedReader-Objekt zum Auslesen der Datei.
newBufferedWriter	erzeugt ein BufferedWriter-Objekt zum Schreiben in eine Datei.
readAllLines	liefert eine Liste von Strings mit den Zeilen der Datei.
write	schreibt Textzeilen in eine Datei.

Tabelle 15.4 Methoden aus der »Files«-Klasse zum Lesen und Schreiben von Textdateien

Textdateien schreiben

Ich beginne hier mit dem Schreiben von Textdateien. Das hat den Vorteil, dass unser Testprogramm anschließend die gerade erzeugte Datei wieder lesen kann. Für das effiziente Schreiben in Textdateien sieht Java die Klasse BufferedWriter vor. Sie verwaltet einen Pufferspeicher, um Ausgaben zwischenzuspeichern und so die Datenträgerzugriffe zu minimieren.

Sobald ein entsprechendes Objekt einmal erzeugt wurde, erfolgen die Textausgaben mit der Methode write. Dabei ist zu beachten, dass write keine Zeilenende-Codes schreibt. Sie müssen daher in die Zeichenkette \n einbauen oder explizit mit der Methode newLine eine neue Zeile beginnen. Der BufferedWriter sieht weder eine printline- noch eine format-Methode vor. Sie können aber natürlich zuerst eine Zeichenkette mit format zusammensetzen und diese dann an write übergeben.

Wenn Sie mit Files.newBufferedWriter ohne weitere Optionen ein BufferedWriter-Objekt erzeugen, dann wird eine eventuell vorhandene gleichnamige Datei ohne Rückfragen bzw. Fehlermeldungen überschrieben. Als Zeichensatz kommt UTF-8 zum Einsatz. Durch zusätzliche Parameter können Sie einen anderen Zeichensatz sowie Optionen angeben – z.B. StandardOpenOption.APPEND, wenn die Textausgaben an das Ende einer bereits vorhandenen Datei geschrieben werden sollen.

Die folgenden Code-Zeilen erzeugen im aktuellen Verzeichnis die Datei test.txt, wenn diese Datei noch nicht existiert. Ist dies der Fall, wird sie dank der Option APPEND nicht überschrieben, sondern ergänzt. In die Textdatei werden drei Zeilen geschrieben: eine mit dem aktuellen Datum und der Uhrzeit, eine mit der Zeichenkette *Hello BufferedWriter!* und zuletzt eine mit den deutschen Umlauten *äöü*.

15

```
// Projekt kap15-io-text
import java.io.*;
import java.nio.file.*;
import java.time.LocalDateTime;
import java.util.*;
...
String current = System.getProperty("user.dir");
Path txtfile = Paths.get(current, "test.txt");
try(BufferedWriter bw =
      Files.newBufferedWriter(txtfile,
                       StandardOpenOption.APPEND,
                       StandardOpenOption.CREATE)) {
  bw.write(LocalDateTime.now() + "\n");
  bw.write("Hello BufferedWriter!\n");
```

```
  bw.write("äöü\n");
} catch (IOException ex) {
  ex.printStackTrace();
}
```

Anstatt mit einem BufferedWriter zu hantieren, können Sie Ausgaben auch direkt mit der write-Methode der Files-Klasse durchführen. An diese Methode müssen Sie außer einem Path-Objekt eine Collection mit Zeichenketten übergeben (String, StringBuffer, StringBuilder etc.). In den weiteren Parametern können Sie den gewünschten Zeichensatz sowie Optionen übergeben. write fügt nach jedem Collection-Element automatisch ein Zeilenende-Zeichen in die Ausgabe ein.

Die folgenden Zeilen setzen das obige Beispiel fort. Deswegen reicht nun die APPEND-Option ohne CREATE – wir wissen ja, dass die Datei nun schon existiert.

```
// Textausgabe mit write
String[] txt = {"Noch", "mehr", "Text."};
List<String> txtlist = Arrays.asList(txt);
try {
  Files.write(txtfile, txtlist, StandardOpenOption.APPEND);
} catch (IOException ex) { ... }
```

Textdateien auslesen

Files.newBufferedReader liefert Ihnen einen BufferedReader. Dessen Methode readLine liest eine Zeile aus der Datei bzw. gibt null zurück, wenn die letzte Zeile erreicht ist.

```
// Textdatei mit BufferedReader lesen
try(BufferedReader br =
    Files.newBufferedReader(txtfile)) {
  String line;
  while((line=br.readLine()) != null)
    System.out.println(line);
} catch (IOException ex) { ... }
```

Wenn Sie ohnedies die ganze Datei auslesen möchten, können Sie sich die
while-Schleife ersparen und stattdessen readAllLines verwenden. Beachten
Sie aber, dass die Methode bei sehr großen Textdateien eine Menge Speicherplatz beansprucht, weil die ganze Datei auf einmal gelesen wird. Im
folgenden Beispiel wird die Ergebnisliste als Stream interpretiert; die Bild-
schirmausgabe erfolgt durch den Aufruf der println-Methode in forEach:

```
// Textdatei mit readAllLines lesen
try {
  List<String> all = Files.readAllLines(txtfile);
  all.stream().forEach(System.out::println);
} catch (IOException ex) { ... }
```

Wer gerne mit Lambda-Ausdrücken und Streams arbeitet, wird an der
lines-Methode Gefallen finden. Sie liefert direkt einen zeilenweisen
Stream aus Strings. Im folgenden Beispiel werden wegen limit nur die ersten drei Zeilen der Textdatei ausgegeben:

```
// Textdatei mit lines lesen
try {
  Files.lines(txtfile)
    .limit(3)
    .forEach(System.out::println);
} catch (IOException ex) { ... }
```

Andere Zeichensätze als UTF-8 verwenden

Bis jetzt sind wir davon ausgegangen, dass unsere Textdateien den
Unicode-Zeichensatz in der Codierung UTF-8 verwenden. Wenn Sie unter
Linux oder OS X arbeiten, wird es selten notwendig sein, einen anderen
Zeichensatz zu verwenden. Unter Windows sind hingegen Textdateien im
Latin-1-ähnlichen Zeichensatz Cp1252 nach wie vor üblich. Mitunter müs-
sen Sie auch Textdateien mit ganz anderen Zeichensätzen verarbeiten.

Alle Methoden zum Lesen und Schreiben von Textdateien bieten daher die
Möglichkeit, den gewünschten Zeichensatz zu spezifizieren. Dazu geben
Sie in einem zusätzlichen Parameter ein Charset-Objekt an. Die folgenden

Zeilen zeigen, wie Sie eine Textdatei im Cp1252-Zeichensatz schreiben und
dann wieder einlesen:

```
// Textdatei im Cp1252-Zeichensatz schreiben und lesen
Path winfile = Paths.get(current, "cp1252.txt");
String[] msg = {"Text", "mit", "Umlauten:", "äöüß"};
List<String> msglist = Arrays.asList(msg);

try {
  Files.write(winfile, msglist,
              Charset.forName("windows-1252"));
} catch (IOException ex) { ... }

try {
  Files.lines(winfile, Charset.forName("windows-1252"))
      .forEach(System.out::println);
} catch (IOException ex) { ... }
```

Wenn Sie wissen möchten, welche Zeichensätze Java unterstützt, führen
Sie die folgende Anweisung aus:

```
Charset.availableCharsets().keySet()
  .stream().forEach(System.out::println);
```

15.5 Wiederholungsaufgaben und Übungen

▶ **W1:** Speichern Sie den Login-Namen (System.getProperty("user.home")),
das Datum und die Uhrzeit in der Textdatei java-text.tmp in Ihrem Heimatverzeichnis.

▶ **W2:** Ausgehend von einem Startverzeichnis sollen Sie dieses Verzeichnis und alle Unterverzeichnisse nach *.java-Dateien durchsuchen.
Diese Dateien kopieren Sie in ein neues Verzeichnis tmp-java, das Sie
in Ihrem Heimatverzeichnis einrichten. Die Verzeichnisstruktur soll
erhalten bleiben, d. h., die Ausgangsdatei startverz/v1/v2/Name.java soll
nach tmp-java/v1/v2/Name.java kopiert werden.

Kapitel 16
JavaFX

JavaFX war ursprünglich die Antwort von Sun bzw. Oracle auf konkurrierende Systeme für *Rich Internet Applications* (RIA), also konkret: auf Adobe Flash und ein wenig auch auf Microsoft Silverlight. JavaFX war dazu gedacht, um Programme zu entwickeln, die direkt im Webbrowser ausgeführt oder zumindet aus ihm heraus gestartet werden.

Mittlerweile ist aber klar, dass die Tage der RIAs gezählt sind: Flash hat seinen Zenit längst überschritten, und ob Microsoft Silverlight weiterentwickelt, erscheint fraglich. Die einzig plausible Technologie für Webanwendungen, die auch auf Smartphones und Tablets laufen sollen, ist HTML 5.

JavaFX hat damit seine Berechtigung aber nicht (ganz) verloren: JavaFX bietet den zurzeit modernsten Weg, um mit Java grafische Benutzeroberflächen zu programmieren, die gleichermaßen unter Windows, Linux und OS X ausgeführt werden können. JavaFX ersetzt damit die in die Jahre gekommenen Swing- und AWT-Bibliotheken (Abstract Window Toolkit).

JavaFX ist eine komplexe Sammlung vieler Techniken und Bibliotheken, und ich kann in diesem Kapitel nur an der Oberfläche kratzen (im wahrsten Sinne des Wortes!). Ich möchte Ihnen in diesem Kapitel zeigen, wie Sie anstelle fader Konsolenprogramme einfache Benutzeroberflächen und Grafikprogramme gestalten können. Dabei geht es weniger um den praktischen Nutzen solcher Programme, sondern – ganz banal aus didaktischer Sicht – darum, dass derartige Programme netter anzusehen sind und ihre Entwicklung oft mehr Spaß macht. Und ein erklärtes Ziel dieses Grundkurses ist es ja, dass Sie nicht nur Programmieren lernen sollen, sondern dass dies auch (ein wenig) Freude machen soll.

16

16.1 Einführung

Dieser Abschnitt zeigt Ihnen, wie Sie Ihr erstes JavaFX-Programm erstellen und ausführen, und führt in die JavaFX-Nomenklatur ein.

Eclipse JavaFX-tauglich machen

JavaFX ist seit der Java-Version 8 direkt in die Java-Standardbibliotheken integriert. Um ein mit einem Editor verfasstes JavaFX-Programm zu kompilieren und auszuführen, sind also keinerlei Installationen erforderlich. Die üblichen Kommandos javac Klasse.java und java Klasse reichen aus.

Ganz anders sieht es aus, wenn Sie Eclipse als Entwicklungsumgebung verwenden. Eclipse ist in der Version 4.4 »Luna« nicht JavaFX-kompatibel. Diese Einschränkung lässt sich zum Glück schnell beheben. Sie müssen lediglich innerhalb von Eclipse die *e(fx)clipse*-Erweiterung installieren.

Dazu führen Sie in Eclipse HELP • INSTALL NEW SOFTWARE aus. Im INSTALL-Dialog führt der ADD-Button in einen weiteren Dialog ADD REPOSITORY. Dort geben Sie den Namen *efxclipse* sowie die folgende Adresse an:

http://download.eclipse.org/efxclipse/updates-released/1.0.0/site

Wieder im INSTALL-Dialog können Sie nun das Paket E(FX)CLIPSE - INSTALL auswählen und mit NEXT installieren (siehe Abbildung 16.1). Zuletzt müssen Sie Eclipse neustarten.

Hello JavaFX!

Der Code für ein minimales Hello-World-Programm ist erfreulich kurz. Nach dem Start erscheint ein Fenster mit einem Button (siehe Abbildung 16.2), der das Programm beendet.

```
// Projekt kap16-hellofx
import javafx.application.*;
import javafx.scene.Scene;
import javafx.scene.control.Button;
import javafx.scene.layout.*;
import javafx.stage.Stage;
```

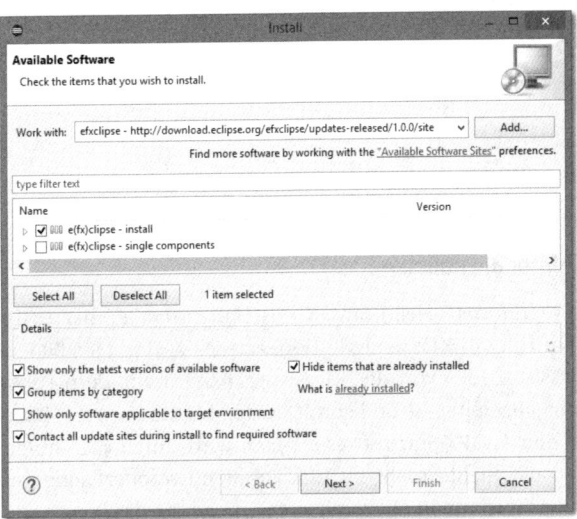

Abbildung 16.1 e(fx)clipse installieren

```java
public class HelloFX extends Application {
  public static void main(String[] args) {
    launch(args);
  }

  @Override
  public void start(Stage primaryStage) {
    primaryStage.setTitle("Hello JavaFX!");
    Button btn = new Button();
    btn.setText("Hello JavaFX!");
    btn.setOnAction( (event) -> Platform.exit() );
    Pane root = new StackPane();
    root.getChildren().add(btn);
    primaryStage.setScene(new Scene(root, 300, 150));
    primaryStage.show();
  }
}
```

16

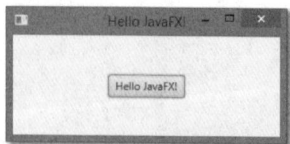

Abbildung 16.2 »Hello World!« mit JavaFX

Ein erster Blick hinter die Kulissen

Der Code des Programms »Hello JavaFX!« ist kurz, aber er hat es in sich. Beginnen wir mit der Klassendefinition: extends Application bedeutet, dass die Klasse HelloFX von der Klasse Application aus dem Paket javafx.application abgeleitet ist und somit dessen Methoden erbt. Dazu zählt launch für den JavaFX-Startprozess. launch wird durch main aufgerufen. main hat sonst nichts mehr zu tun. Die Benutzeroberfläche des JavaFX-Programms läuft nun in einem eigenen Thread, bis das Programm beendet wird – entweder durch das Schließen des Fensters oder durch das Anklicken des Buttons.

Der durch launch initiierte Startprozess führt dazu, dass die von der Application-Klasse geerbte start-Methode ausgeführt wird. Diese Methode haben wir durch eigenen Code überschrieben. An die Methode wird ein Stage-Objekt übergeben. Es verweist auf den sogenannten Top-Level-Container, also auf ein Objekt, das das durch launch erzeugte Fenster verwaltet und alle weiteren Elemente in sich aufnimmt.

setTitle stellt nun den Fenstertitel ein. In den folgenden Zeilen wird ein Button-Objekt erzeugt und mit setText beschriftet. An setOnAction wird ein Lambda-Ausdruck übergeben, der die Methode handle der EventHandler-Schnittstelle implementiert. Diese Methode wird später ausgeführt, wenn der Button angeklickt wird. In unserem Fall soll das Programm dann mit der statischen Methode Platform.exit beendet werden; den übergebenen Parameter vom Typ Event ignorieren wir dabei einfach.

Das StackPane-Objekt dient dazu, mehrere Steuerelemente übereinander anzuordnen, wobei alle Steuerelemente standardmäßig zentriert werden. In unserem Fall soll das Objekt nur ein Steuerelement aufnehmen, nämlich den Button. Die StackPane ist eine von Pane abgeleitete Klasse. Alternativen dazu sind z. B. die AnchorPane-, FlowPane- oder TilePane-Klassen; sie unterscheiden sich von der StackPane-Klasse darin, wie die enthaltenen Elemente angeordnet werden.

Mit new Scene wird nun der sogenannte »Scene Graph« erzeugt. Dabei handelt es sich um eine baumförmige Struktur, die üblicherweise mit einem Pane-Objekt beginnt, das dann wiederum andere Steuerelemente und eventuell weitere Pane-Objekte enthält. In unserem Fall dient das gerade erzeugte StackPane-Objekt als Wurzel. Seine Größe von 300×150 Pixel definiert gleichzeitig die Innenausmaße des Fensters.

Die setScene-Methode legt fest, welcher Scene Graph im Inneren des Fensters angezeigt werden soll. show zeigt das Fenster schließlich an. Das Programm läuft nun selbstständig in einem eigenen Thread, bis das Fenster geschlossen wird oder bis der Lambda-Ausdruck mit Platform.exit ausgeführt wird, weil der Benutzer den Button anklickt.

Der Scene Graph

Ein Schlüsselelement jedes JavaFX-Programms ist der Scene Graph. Dabei handelt es sich um eine baumartige Struktur von miteinander verknüpften Objekten, die wie Zwiebelschalen den Inhalt eines Fensters definieren. Der Scene Graph beginnt immer mit dem root-Objekt, das sich direkt in dem durch ein Stage-Objekt repräsentierten Fenster befindet (Parameter primaryStage in der start-Methode).

16

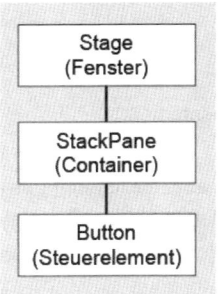

Abbildung 16.3 Der Scene Graph von »Hello JavaFX!«

Das root-Objekt ist in der Regel ein Container, also ein Objekt der Pane-Klasse, das mehrere Steuerelemente enthalten und anordnen kann. Im vorhin beschriebenen Einführungsbeispiel gibt es keine weitere Ebenen (siehe Abbildung 16.3); in realitätsnäheren JavaFX-Programmen sind hingegen oft mehrere Pane-Objekte ineinander verschachtelt (siehe Abbildung 16.5).

16.2 Arbeiten mit Steuerelementen

In der Regel setzen sich grafische Benutzeroberflächen aus mehreren Steuerelementen zusammen. »Steuerelemente« sind eigenständige Bedienelemente, also z.B. Buttons, Textfelder, Optionsfelder oder Listen. Im Mittelpunkt dieses Abschnitts steht ein einfaches Beispielprogramm, das den Umgang mit einigen wichtigen Steuerelementen demonstriert (siehe Abbildung 16.4): Im oberen Bereich des Fensters befindet sich eine mehrzeilige Textbox, deren Text Sie verändern können. Im unteren Bereich des Fensters sind in drei Spalten Steuerelemente angeordnet, mit denen Sie die Font-Attribute verändern können.

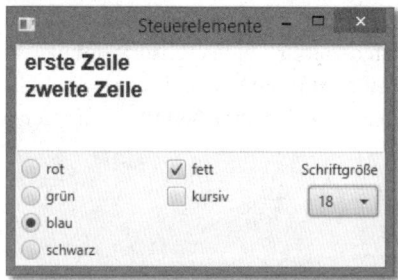

Abbildung 16.4 Beispielprogramm mit einigen Steuerelementen

Das Programm sieht ziemlich trivial aus, erfordert aber beachtliche 140 Zeilen Code. Das vollständige Listing finden Sie daher in den Beispieldateien zu diesem Buch auf der Verlagswebseite. Die Struktur des Programms sieht so aus:

```
// Projekt kap16-steuerelemente
import javafx.application.*;  // diverse Importe ...

public class FXControls extends Application {
  public static void main(String[] args) {
    launch(args);
  }

  // Klassenvariablen
  private TextArea     txtInput;
  private String       fntFamily = "Arial";
  private double       fntSize   = 12;
  private FontWeight   fntBold   = FontWeight.NORMAL;
  private FontPosture  fntItalic = FontPosture.REGULAR;

  @Override    // Initialisierung
  public void start(Stage primaryStage) { ... }

  // Verarbeitung von Ereignissen
  public void setColor(Event ev) { ... }
  public void setSize(Event ev)  { ... }
  public void setBold(Event ev)  { ... }
  public void setItalic(Event ev){ ... }

  // Schrift des Textfelds neu einstellen
  public void changeTxtFont() {
    txtInput.setFont(Font.font(fntFamily, fntBold,
                               fntItalic, fntSize));
  }
}
```

16

Der Scene Graph des Beispielprogramms

Ein Thema für sich ist die Anordnung der Steuerelemente: Wenn das Fenster vergrößert wird, soll das Textfeld möglichst den dazukommenden Platz ausfüllen. Die restlichen Steuerelemente sollen gleichmäßig über die

Fensterbreite verteilt werden. Um das zu erreichen, nutzt das Programm insgesamt fünf Container, also Objekte, deren Klasse von Pane abgeleitet ist:

▶ Die BorderPane-Klasse ist dazu gedacht, Steuerelemente an einem der vier Ränder gewissermaßen »festzukleben«. Das betrifft in unserem Programm die Steuerelemente zur Einstellung der Schriftattribute (Methode setBottom). Den gesamten restlichen Platz füllt das Textfeld aus (setCenter).

▶ Eine HBox nimmt die drei Steuerelementgruppen für die Schriftfarbe, die Schriftattribute fett und kursiv und die Schriftgröße auf. Diese drei Gruppen sollen nebeneinander angeordnet werden, wobei der gesamte zur Verfügung stehende horizontale Platz genutzt werden soll.

▶ Drei VBox-Objekte nehmen die vier Optionsfelder, die beiden Auswahl-häkchen sowie schließlich das Beschriftungsfeld und die Dropdown-Liste auf. Innerhalb jeder VBox sollen die Steuerelemente einfach unter-einander angeordnet werden.

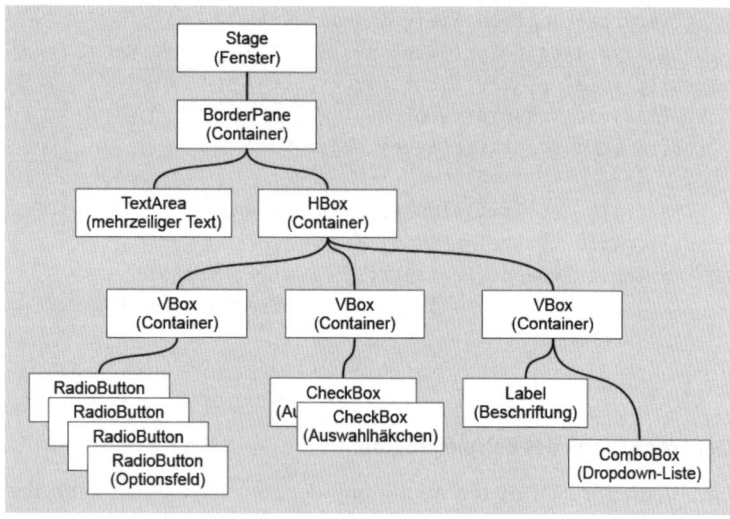

Abbildung 16.5 Der Scene Graph des Beispielprogramms »Steuerelemente«

Steuerelemente und Container erzeugen

Daraus ergibt sich ein einigermaßen komplexer Scene Graph (siehe Abbildung 16.5). Im Programmcode ist die Reihenfolge, in der die erforderlichen Objekte erzeugt werden, gerade umgekehrt wie in der obigen Beschreibung. Wie beginnen also mit einzelnen Steuerelementen, platzieren diese in VBox-Objekte, geben dann die drei VBox-Objekte in eine HBox und fügen schließlich die HBox und die TextArea in die BorderPane ein. Der erforderliche Code befindet sich wie bei »Hello JavaFX!« in der start-Methode des Programms:

```
public void start(Stage primaryStage) {
  primaryStage.setTitle("Steuerelemente");

  // vier RadioButtons erzeugen
  RadioButton rbRed   = new RadioButton("rot");
  RadioButton rbGreen = new RadioButton("grün");
  RadioButton rbBlue  = new RadioButton("blau");
  RadioButton rbBlack = new RadioButton("schwarz");
  RadioButton[] rbAll =
    new RadioButton[] {rbRed, rbGreen, rbBlue, rbBlack};
  rbBlack.setSelected(true);

  // die vier RadioButtons in eine
  // vertikale Box stellen und zu einer
  // Gruppe zusammenfassen
  final ToggleGroup colorGroup = new ToggleGroup();
  VBox colorBox = new VBox();
  for(RadioButton rb : rbAll) {
    colorBox.getChildren().add(rb);
    rb.setToggleGroup(colorGroup);
    rb.setOnAction((ev) -> setColor(ev));
  }
  colorBox.setSpacing(5);  // Abstand zw. den Elementen
  colorBox.setPadding(new Insets(5));  // innerer Rand
```

16

```java
// zwei CheckBoxes erzeugen
CheckBox cbBold   = new CheckBox("fett");
CheckBox cbItalic = new CheckBox("kursiv");
cbBold.setOnAction((ev) -> setBold(ev));
cbItalic.setOnAction((ev) -> setItalic(ev));
VBox fontBox = new VBox();
fontBox.getChildren().add(cbBold);
fontBox.getChildren().add(cbItalic);
fontBox.setSpacing(5);  // Abstand zw. den Elementen
fontBox.setPadding(new Insets(5));  // innerer Rand

// Listenfeld und Label für Schriftgröße
Label lblSize = new Label("Schriftgröße");
ObservableList<String> options =
    FXCollections.observableArrayList(
        "10", "12", "15", "18", "24", "36");
ComboBox<String> cmbSize = new ComboBox<>(options);
cmbSize.setValue("12");
cmbSize.setOnAction((ev) -> setSize(ev));

VBox sizeBox = new VBox();
sizeBox.getChildren().add(lblSize);
sizeBox.getChildren().add(cmbSize);
sizeBox.setSpacing(5);  // Abstand zw. den Elementen
sizeBox.setPadding(new Insets(5));  // innerer Rand

// Steuerelemente nebeneinander anordnen
HBox controlBox = new HBox();
controlBox.getChildren().add(colorBox);
controlBox.getChildren().add(fontBox);
controlBox.getChildren().add(sizeBox);
HBox.setHgrow(colorBox, Priority.ALWAYS);
HBox.setHgrow(sizeBox, Priority.ALWAYS);
sizeBox.setAlignment(Pos.TOP_RIGHT);
```

```
// Textfeld
txtInput = new TextArea("erste Zeile\nzweite Zeile");
changeTxtFont();

// alles zusammenbauen
BorderPane all = new BorderPane();
all.setBottom(controlBox);  // Steuerelemente unten
all.setCenter(txtInput);    // den Rest für das Textfeld

// Fenster erzeugen
primaryStage.setScene(new Scene(all, 400, 200));
primaryStage.show();
}
```

Standardmäßig ist das Layout in JavaFX-Programmen sehr eng, d.h., die Steuerelemente *kleben* gewissermaßen aneinander. Abhilfe schaffen die Methoden setSpacing und setPadding für Container-Elemente. Damit können der Abstand der im Container enthaltenen Elemente und der Raum zwischen den Elementen und dem Container-Rand vergrößert werden.

Bei den Steuerelementen zur Einstellung der Font-Attribute wollte ich, dass diese horizontal gleichmäßig über die Fensterbreite verteilt werden, also die Gruppe mit den Farboptionen links, die Auswahlkästchen FETT und KURSIV in der Mitte und die Schriftgröße rechts (siehe Abbildung 16.4). Dazu habe ich die Boxen links und rechts jeweils mit setHgrow(ALWAYS) vergrößert. Die Boxen nehmen damit jeweils so viel Platz ein, wie sie bekommen. Die dritte Box mit den Schriftattributen landet damit automatisch in der Mitte. Für die rechte Box habe ich außerdem mit setAlignment (TOP_RIGHT) eine rechtsbündige Ausrichtung des Inhalts erzwungen.

Das ComboBox-Steuerelement erwartet die Listenelemente in einer Sonderform einer Liste, einer ObservableList. Derartige Collections informieren das Steuerelement von jeder Änderung der Elemente, sodass das Steuerelement immer synchron zur Liste ist.

16

Ereignisse

Bei jedem Klick auf ein Steuerelement soll sich das Aussehen der Schrift im Textfeld sofort ändern. Deswegen sind die RadioButton-, CheckBox- und ComboBox-Objekte jeweils mit einer Methode verbunden, die beim Auftreten eines Ereignisses automatisch aufgerufen wird. Das Einrichten derartiger Ereignis-Handler gelingt am einfachsten mit setOnAction. Alle JavaFX-Steuerelemente kennen zwar unzählige weitere Ereignisse, für unsere Zwecke reicht aber die Verarbeitung des Action-Ereignisses aus.

Die Methodenaufrufe sind platzsparend in der Lambda-Schreibweise ausgedrückt, z. B. so:

```
cmbSize.setOnAction((ev) -> setSize(ev));
```

An die Methoden wird ein Event-Objekt übergeben. Dieses enthält in getSource einen Verweis auf das Steuerelement, das das Ereignis ausgelöst hat. Ein Cast ermöglicht nun den Aufruf der klassenspezifischen Methoden. Für die eigentliche Veränderung der Font-Attribute beschreitet das Programm zwei Wege. Die Schriftgröße und die -attribute werden in Klassenvariablen gespeichert. Die Methode changeTxtFont wertet diese Variablen aus, erzeugt ein neues Font-Objekt und weist dieses dem Textfeld zu. (Font-Objekte sind in JavaFX nicht veränderlich. Deswegen muss jedes Mal ein neues erzeugt werden.)

Bei der Schriftfarbe funktioniert dieser Ansatz allerdings nicht, weil ich keine Methode gefunden habe, um die Textfarbe eines TextArea-Steuerelements zu verändern. Deswegen verwendet das Programm hier die Methode setStyle, um die Schriftfarbe über eine CSS-ähnliche Zeichenkette einzustellen:

```
// Farbe einstellen
public  void setColor(Event ev) {
  RadioButton rb = (RadioButton)ev.getSource();
  if(rb.getText().equals("grün"))
    txtInput.setStyle("-fx-text-fill: green;");
  else if(rb.getText().equals("blau"))
    txtInput.setStyle("-fx-text-fill: blue;");
```

```
  else if(rb.getText().equals("rot"))
    txtInput.setStyle("-fx-text-fill: red;");
  else if(rb.getText().equals("schwarz"))
    txtInput.setStyle("-fx-text-fill: black;");
}

// Schriftgröße einstellen
public void setSize(Event ev) {
  @SuppressWarnings("unchecked")
  ComboBox<String> cb = (ComboBox<String>)ev.getSource();
  String size = cb.getValue().toString();
  fntSize = Integer.valueOf(size);
  changeTxtFont();
}

// Schrift fett/kursiv setzen
public void setBold(Event ev) {
  CheckBox chb = (CheckBox)ev.getSource();
  fntBold =
    chb.isSelected() ? FontWeight.BOLD : FontWeight.NORMAL;
  changeTxtFont();
}
public void setItalic(Event ev) {
  CheckBox chb = (CheckBox)ev.getSource();
  fntItalic =
    chb.isSelected() ? FontPosture.ITALIC
                     : FontPosture.REGULAR;
  changeTxtFont();
}

public void changeTxtFont() {
  txtInput.setFont(Font.font(fntFamily, fntBold,
                             fntItalic, fntSize));
}
```

16

16.3 Grafikprogrammierung

Die gewöhnlichen JavaFX-Steuerelemente können Sie zwar auf vielfältige Art und Weise gestalten, Sie können aber nicht ohne Weiteres in ihnen zeichnen. Für diese Aufgabe steht mit dem Canvas eine eigene Klasse zur Verfügung. Sie platzieren den Canvas wie jedes andere Steuerelement in einen Container.

Mit der Methode getGraphicsContext2D ermitteln Sie das GraphicContext-Objekt des Canvas. Auf dieses Objekt können Sie dann unzählige Methoden anwenden, um – in erster Linie mit den strokeXxx- und fillXxx-Methoden – Zeichenoperationen durchzuführen. Zusammen mit dem Grafikkontext werden einige Eigenschaften gespeichert, die für alle weiteren Zeichenoperationen gelten: die Linienfarbe, die Linienstärke, die Füllfarbe etc. Diese Eigenschaften stellen Sie jeweils im Voraus durch setXxx-Methoden ein.

Einführungsbeispiel

Das folgende Beispielprogramm verwendet ein Group-Objekt als Container für den Scene Graph. Das Group-Objekt ist besonders gut als Container für mehrere übereinanderliegende Grafikobjekte geeignet. In unserem Fall gibt es freilich nur ein derartiges Objekt, eben einen Canvas. Die Aufrufe der diveseren Methoden zum Zeichnen habe ich aus Gründen der Übersichtlichkeit in eine eigene Methode ausgelagert. Der Code sollte auf Anhieb verständlich sein (siehe Abbildung 16.6).

```
// Projekt kap16-javafx-grafik
// diverse Importe ...

public class GrafikTest extends Application {
  public static void main(String[] args) {
    launch(args);
  }

  // Canvas-Größe
  final int W=400, H=300;
```

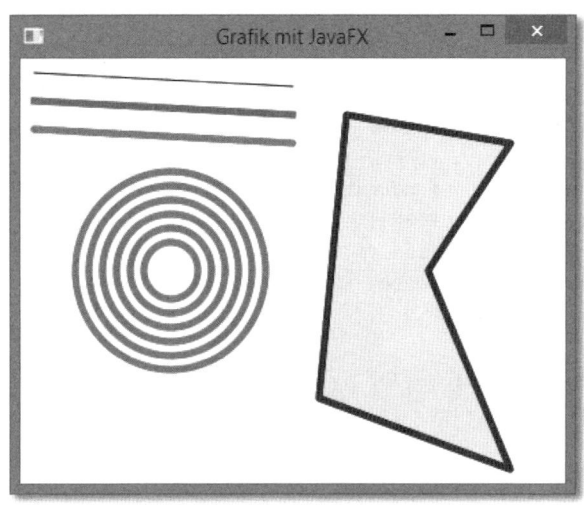

Abbildung 16.6 Einige grafische Grundformen

```java
// Initialisierung
@Override
public void start(Stage primaryStage) {
  primaryStage.setTitle("Grafik mit JavaFX");
  Canvas canvas = new Canvas(W, H);
  GraphicsContext gc = canvas.getGraphicsContext2D();
  drawShapes(gc);
  Group root = new Group();
  root.getChildren().add(canvas);
  primaryStage.setScene(new Scene(root));
  primaryStage.show();
}

// im Canvas zeichnen
private void drawShapes(GraphicsContext gc) {
  // Linie, standardmäßig schwarz, 1 Pixel breit
  gc.strokeLine(10, 10, 200, 20);
```

16

```
    // rot, 5 Pixel breit
    gc.setStroke(Color.RED);
    gc.setLineWidth(5);
    gc.strokeLine(10, 30, 200, 40);

    // grün, mit runden Endpunkten
    gc.setStroke(Color.GREEN);
    gc.setLineCap(StrokeLineCap.ROUND);
    gc.strokeLine(10, 50, 200, 60);

    // einige Kreise
    for(int r=20; r<80; r+=10)
      gc.strokeOval(110-r, 150-r, 2*r, 2*r);

    // gefülltes Polygon
    double[] x = new double[] {240, 360, 300, 360, 220};
    double[] y = new double[] {40, 60, 150, 290, 240};

    gc.setFill(Color.YELLOW);              // Innenfarbe
    gc.fillPolygon(x, y, x.length);        // Polygon füllen

    gc.setStroke(Color.BLUE);                  // Linienfarbe
    gc.setLineJoin(StrokeLineJoin.ROUND);  // runde Ecken
    gc.strokePolygon(x, y, x.length);      // Rand
  }
}
```

Den Zufall zeichnen lassen

Das folgende Beispielprogramm zeichnet 500 zufällige Polygone mit zufälligen Farben in einen Canvas (siehe Abbildung 16.7). Der Aufbau des Programms ist exakt gleich wie im vorigen Beispiel, weswegen an dieser Stelle nur die Methode drawShapes abgedruckt ist. In der Schleife über die Variable i wird zuerst festgelegt, aus wie vielen Punkten das nächste Polygon bestehen soll. Der Startpunkt des Polygons wird in den Variablen x0 und y0 gespeichert.

In der j-Schleife werden dann ausgehend von x0 und y0 die Koordinaten der n Punkte in einem Array gespeichert. Das Array wurde bereits im Voraus mit 10 Elementen ausreichend groß erzeugt. Beim Aufruf von setStroke und setFill gibt der letzte Parameter n an, wie viele der Array-Elemente tatsächlich gelesen werden sollen. Natürlich werden auch die Linien- und Füllfarben zufällig ausgewählt, wobei jede Farbkomponente jeweils eine Zahl zwischen 0 und 255 ist.

Abbildung 16.7 500 zufällig geformte Polygone in zufälligen Farben

```
// Projekt kap16-zufallsgrafik
final int W=700;
final int H=500;

private void drawShapes(GraphicsContext gc) {
  Random r = new Random();
  double xpts[] = new double[10];
  double ypts[] = new double[10];
  gc.setLineWidth(3);
```

```
for(int i=0; i<500; i++) {
  int n = 4 + r.nextInt(5); // 4 bis 8 Punkte
  int x0 = r.nextInt(W-50);
  int y0 = r.nextInt(H-50);
  for(int j=0; j<n; j++) {
    xpts[j] = x0 + r.nextInt(50);
    ypts[j] = y0 + r.nextInt(50);
  }
  gc.setStroke(Color.rgb(r.nextInt(256),
                         r.nextInt(256),
                         r.nextInt(256)));
  gc.setFill(Color.rgb(r.nextInt(256),
                       r.nextInt(256),
                       r.nextInt(256)));
  gc.fillPolygon(xpts, ypts, n);
  gc.strokePolygon(xpts, ypts, n);
}
}
```

Lissajous-Figuren zeichnen

Lissajous-Figuren sind Kurven, die durch die Überlagerung von zwei Schwingungen entstehen, eine für die X- und eine für die Y-Koordinate:

http://de.wikipedia.org/wiki/Lissajous-Figur

Die beiden Schwingungen werden üblicherweise durch Sinusfunktionen ausgedrückt. Sie können also die X- und Y-Koordinate eines Punkts zum Zeitpunkt *t* so ausrechnen:

$x = Sin(offset1 + n1 \times t)$

$y = Sin(offset2 + n2 \times t)$

offset1 und -2 sowie n1 und n2 sind also die Parameter, die das Verhalten der Schwingungen beschreiben. Weil die Sinusfunktion nur Werte zwischen −1 und 1 liefert, müssen wir x und y noch mit der halben Canvas-Breite bzw. -Höhe multiplizieren und diesen Betrag hinzufügen, damit die

Kurve das ganze Fenster ausfüllt. (Im Programm sind das die Konstanten W2 und H2.) Wenn Sie nun für mehrere Werte von t jeweils die X- und Y-Koordinate berechnen und diese Koordinaten durch Linien verbinden, erhalten Sie eine Lissajous-Figur (siehe Abbildung 16.8).

Abbildung 16.8 Eine Lissajous-Figur

In unserem Beispielprogramm verwenden wir bei jedem Start andere, zufällig ausgewählte Parameter. Damit erhalten Sie mit jedem Programmdurchlauf eine neue Lissajous-Figur.

```
// Projekt kap16-lissajous
final int W=600, H=600;
final int W2=W/2, H2=H/2;

private void drawShapes(GraphicsContext gc) {
  gc.setLineWidth(3);

  // offset1, -2, n1 und n2 zufällig ermitteln
  Random r = new Random();
```

```
int n1 = 6 + r.nextInt(5);
int n2 = 6 + r.nextInt(5);
double offset1 = r.nextDouble() * 2 * Math.PI;
double offset2 = r.nextDouble() * 2 * Math.PI;

// Schleife für t=0 bis t=2*Pi
double delta = 0.005;
for(double t=0; t<2*Math.PI+delta; t+=delta) {
  double t0, t1, x0, x1, y0, y1;
  t0 = t;            // t für Startpunkt
  t1 = t+delta;      // t für Endpunkt der Linie
  // Koordinaten des Startpunkts
  x0 = W2 + (W2-5) * Math.sin(offset1 + t0 * n1);
  y0 = H2 + (H2-5) * Math.sin(offset2 + t0 * n2);
  // Koordinaten des Endpunkts
  x1 = W2 + (W2-5) * Math.sin(offset1 + t1 * n1);
  y1 = H2 + (H2-5) * Math.sin(offset2 + t1 * n2);
  // eine kleine Linie von (x0,y0) nach (y1,y1) zeichnen
  gc.strokeLine(x0, y0, x1, y1);
  }
}
```

16.4   Mehr JavaFX

Wie gesagt, der Platz reicht hier nur für eine erste Einführung aus. Wenn Sie sich intensiver mit JavaFX befassen möchten, bieten sich die beiden folgenden ausgezeichneten Tutorials an:

http://docs.oracle.com/javase/8/javafx/get-started-tutorial
http://code.makery.ch/java/javafx-8-tutorial-intro

Dass der Aufbau grafischer Benutzeroberflächen durch reinen Java-Code recht aufwendig ist, haben Sie in den Beispielen dieses Kapitels schon bemerkt. Deswegen stellt Oracle das kostenlose Programm *Scene Builder* zur Verfügung:

http://www.oracle.com/technetwork/java/javase/downloads/
   sb2download-2177776.html

Damit Sie den Scene Builder aus Eclipse heraus aufrufen können, suchen Sie in den Eclipse-Einstellungen das Dialogblatt JAVAFX und stellen dort den Pfad zum Scene-Builder-Programm ein.

Damit können Sie grafische Benutzeroberflächen in einem interaktiven grafischen Editor zusammenstellen. Das Ergebnis ist eine FXML-Layout-Datei, die den Aufbau eines Dialogs in einem XML-Format beschreibt. Diese Datei können Sie dann in Ihr JavaFX-Projekt direkt einbinden.

Nahezu alle optischen Aspekte eines JavaFX-Dialogs können ähnlich wie bei HTML-Dokumenten per CSS (Cascading Style Sheets) gesteuert werden. Eine Referenz aller unterstützten CSS-Attribute finden Sie hier:

http://docs.oracle.com/javafx/2/api/javafx/scene/doc-files/cssref.html

JavaFX eignet sich nicht nur als Basis für simple 2D-Grafiken. Sie können damit auch 3D-Grafikprogramme entwickeln bzw. Ihre Programme durch Animationen optisch noch ansprechender gestalten. Beide Themen werden auch im oben schon erwähnten Java-Tutorial von Oracle behandelt.

Wenn Sie ein JavaFX-Programm nicht zum Selbstzweck entwickeln, sondern an andere Personen weitergeben möchten, müssen Sie sich mit dem (unangenehmen) Thema *Deployment* auseinandersetzen:

http://docs.oracle.com/javafx/2/deployment/jfxpub-deployment.htm

16

Warnung

JavaFX ist ein faszinierendes und in vielerlei Hinsicht gut durchdachtes Framework zur Entwicklung grafischer Benutzeroberflächen. Bedenken Sie bei aller Begeisterung für JavaFX aber, dass JavaFX zurzeit eine sehr geringe Marktakzeptanz hat. Insofern ist JavaFX eine schöne Spielwiese, um Java zu lernen; JavaFX-Kenntnisse sind aber nur in Ausnahmefällen eine wertvolle Qualifikation für den Arbeitsmarkt.

16.5   Wiederholungsaufgaben und Übungen

▶ **W1:** Zeichnen Sie in einem 800×500 Pixel großen Fenster den Verlauf der Sinusfunktion über den Wertebereich von 0 bis 10.

▶ **W2:** Entwickeln Sie ein JavaFX-Programm für eine Login-Box. Das Programm soll enden, wenn der Benutzer den Namen peter und das Passwort geheim eingibt. Bei einem Eingabefehler soll im Dialog eine Fehlermeldung angezeigt werden (siehe Abbildung 16.9).

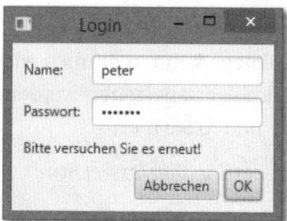

Abbildung 16.9 Login-Box

Kapitel 17

Javadoc

Bereits im ersten Kapitel habe ich Ihnen gezeigt, wie Sie Ihre Programme mit der Syntax /* `mehrzeiliger Text` */ bzw. // `einzeiliger Text` mit Kommentaren versehen können. Während des Programmierens scheint zwar oft alles klar zu sein, aber schon wenige Tage später ist der eigene Code kaum mehr verständlich – vom Code anderer Programmierer ganz zu schweigen. Ich glaube, ich muss hier nicht langatmig erklären, wie wichtig Kommentare sind!

Mit Javadoc bietet Java darüber hinaus eine ergänzende Kommentarsyntax. Aus Kommentaren in Javadoc-Syntax macht das Kommando `javadoc` HTML-Dokumente, die alle relevanten Komponenten eines Programms systematisch beschreiben – Klassen, Methoden, Parameter und Variablen etc.

Entwicklungsumgebungen wie Eclipse blenden Javadoc-Hilfetexte direkt bei der Codeeingabe ein – so wie die Dokumentation zur Java-Standardbibliothek (die natürlich ebenfalls mit Javadoc verfasst wurde). Besonders wichtig ist das, wenn Sie Klassen oder ganze Pakete/Bibliotheken entwickeln, die später andere Programmierer nutzen sollen.

Dieses kurze Kapitel fasst ganz kurz die wichtigsten Syntaxelemente von Javadoc zusammen und beschreibt, wie Sie aus Code-Dateien mit Javadoc-Kommentaren die HTML-Hilfetexte generieren.

17.1 Javadoc-Syntax

Javadoc-Kommentare werden mit /** eingeleitet und enden mit */. Grundsätzlich werden Javadoc-Kommentare immer unmittelbar vor (oberhalb) der Klasse, Methode, Variable etc. platziert, die beschrieben werden soll.

Selbstverständlich dürfen Sie parallel zu den Javadoc-Kommentaren auch gewöhnliche Kommentare verwenden. Diese Kommentare sind allerdings nur im Code sichtbar und werden bei der Generierung der Javadoc-Dokumentation ignoriert.

Innerhalb von Javadoc-Kommentaren können Sie mit @schlüsselwort je nach Kontext spezifische Informationen zu einzelnen Details angeben (siehe Tabelle 17.1) – z. B. wer eine Klasse verfasst hat (@author), welche Bedeutung der Parameter einer Methode hat (@param) oder welches Ergebnis eine Methode zurückgibt (@return).

Javadoc-Parameter	Beschreibung
@author	Autor/Verfasser
@version	Versionsnummer
@param name	Detailinformationen zum Paramter name
@return	Rückgabewert einer Methode
@throws name	Exception, die von einer Methode ausgelöst wird
@see reference	Querverweis
@since n.n	verfügbar seit Version n.n

Tabelle 17.1 Die wichtigsten Javadoc-Parameter

Beispiel

Die folgenden Zeilen zeigen eine Klasse mit Javadoc-Kommentaren (siehe Abbildung 17.1):

```
// Projekt kap17-schach-javadoc
/**
 * Abstrakte Klasse für Schachfiguren
 * @author kofler
 * @version 1.0
 */
```

```
public abstract class Schachfigur {
  /** Wertbereich 0 bis 7 für die Spalten/Linien a bis h */
  protected int spalte;
  /** Wertbereich 0 bis 7 für die Reihen 1 bis 8 */
  protected int reihe;

  /** alle zulässigen Buchstaben für Spalten */
  final static private String SPALTEN = "abcdefgh";
  /** alle zulässigen Ziffern für Zeilen */
  final static private String REIHEN  = "12345678";

  /**
   * initialisiert die Klassenvariablen spalte und reihe
   * @param   startpos Position der Schachfigur in der
   *          Notation "a1" oder "e5"
   * @throws IllegalArgumentException wenn die
   *          Startposition ungültig ist
   */
  public Schachfigur(String startpos) {  ...   }

  /**
   * liefert alle möglichen Schachfelder, die die Figur
   * im nächsten Zug erreichen kann
   * @return durch Strichpunkt getrennte Positionen,
   *          z. B. "a1;b2;c3"
   */
  abstract public String ermittleZiele();

  /**
   * liefert eine Schachposition in der Notation a1 bis h8
   * @param spalte Spalte/Linie auf dem Schachbrett
   *                (Wertbereich 0 bis 7)
   * @param reihe Zeile auf dem Schachbrett (0 bis 7)
   * @return       Position in Schachnotation plus einen
   *                Strichpunkt, z. B. "e5;"
```

17

```
    */
    final static protected String position(int spalte,
                                            int reihe) { ... }
}
```

Javadoc – für und wider

Ist es zweckmäßig, jede Klasse, jede Methode, jeden Parameter Javadoc-konform zu dokumentieren? Bei einfachen und kleinen Projekten ist dies oft nicht der Mühe wert, zumal die Lesbarkeit des Codes leidet, wenn es mehr Kommentar- als Code-Zeilen gibt. Je größer und komplexer ein Projekt wird, desto wichtiger ist eine systematische Dokumentation. Bei Projekten, an denen mehrere Personen arbeiten, sollte Javadoc eine Selbstverständlichkeit sein.

17.2 Das Javadoc-Kommando

In Java-Entwicklungsumgebungen gibt es Kommandos, um die Javadoc-Kommentaren aller Code-Dateien in HTML-Dokumente umzuwandeln. In Eclipse führen Sie dazu PROJEKT • GENERATE JAVADOC aus. Damit deutsche Umlaute in den Kommentaren korrekt verarbeitet werden, geben Sie im letzten Dialogblatt im Feld EXTRA JAVADOC OPTIONS die folgenden Optionen an:

```
-encoding UTF-8 -charset UTF-8 -docencoding UTF-8
```

Javadoc-Kommentare in Eclipse verfassen

Eclipse hilft Ihnen auch bei der Eingabe von Javadoc-Texten: Mit der Tastenkombination [Strg]+[Alt]+[J] erzeugt Eclipse passend zum Java-Element an der Cursorposition einen passenden Javadoc-Kommentar, den Sie nur noch vervollständigen müssen.

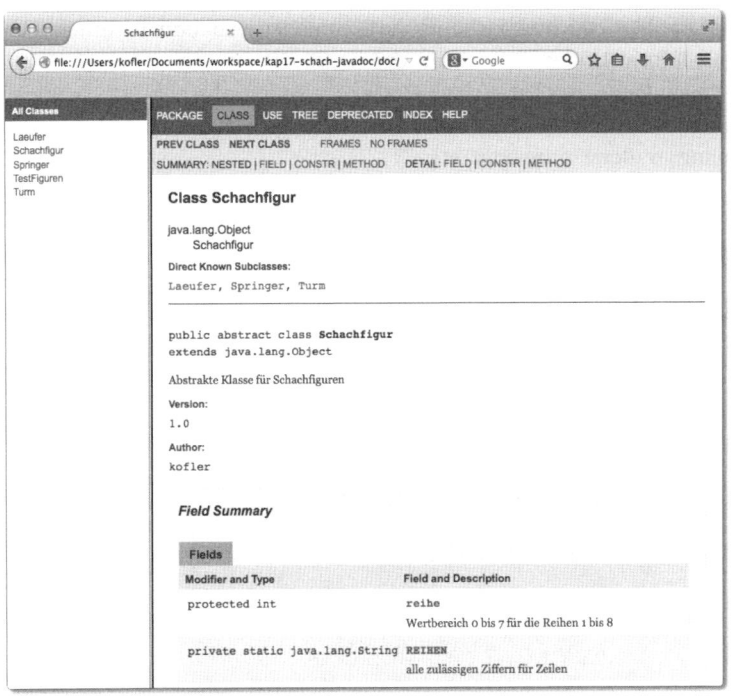

Abbildung 17.1 Eine aus Javadoc-Kommentaren erzeugte HTML-Seite

Nur wenn Sie ohne Entwicklungsumgebung arbeiten, also Ihren Code in einem beliebigen Editor verfassen und manuell mit javac kompilieren, müssen Sie auch die Javadoc-Kommentare manuell verarbeiten. Dazu dient das Kommando javadoc, das ähnlich wie javac aufgerufen wird. Die resultierenden HTML-Dokumente werden standardmäßig direkt im aktuellen Verzeichnis erzeugt – es sei denn, Sie geben mit der Option -d ein anderes Zielverzeichnis an.

```
javadoc -encoding UTF-8 -charset UTF-8 \
        -docencoding UTF-8 *.java
```

javadoc berücksichtigt nicht nur die Kommentare, sondern natürlich auch alle Informationen, die sich aus dem Quelltext ergeben – welchen Datentyp ein Parameter hat, welche Klasse eine andere abstrakte Klasse implementiert, welche Methoden und Klassenvariablen es gibt (egal, ob mit oder ohne Javadoc-Kommentar) etc.

17.3   Übung

▶   **W1:** Laden Sie eines der Beispielprojekte dieses Buchs, z. B. `kap12-geometrie-comparable`, und versehen Sie es mit Javadoc-Kommentaren.

Kapitel 18

Pakete und Bibliotheken

Große Java-Programme werden mitunter in Form von Paketen in mehrere logische Einheiten getrennt. Diese Vorgehensweise ist auch bei der Entwicklung eigener Bibliotheken zweckmäßig, wird aber generell für *jedes* Java-Projekt empfohlen. Natürlich ist auch die Java-Standardbibliothek in unzähligen Paketen organisiert.

Es gibt zwei Möglichkeiten, Klassen, Schnittstellen, Enumerationen etc. aus einem Paket zu verwenden:

► Sie stellen dem Namen der Klasse/Schnittstelle/Enumeration etc. jedes Mal den vollständigen Paketnamen voran, also z. B. `java.util.Arrays`.

► Sie geben am Beginn einer Java-Codedatei durch `import` die Pakete häufig benötigter Klassen/Schnittstellen/Enumerationen an. Derart *importierte* Klassen können dann direkt durch ihren Klassennamen angesprochen werden, was Tipparbeit spart und den Code übersichtlicher macht.

Dieses Kapitel fasst zusammen, wie Sie `import` verwenden, wie Sie eigenen Code in Paketen organisieren, wie Sie selbst entwickelte Bibliotheken zu `*.jar`-Dateien kompilieren und wie Sie externe Bibliotheken anderer Entwickler in Ihren eigenen Projekten einsetzen.

18

18.1 import

Die `import`-Anweisung ist Ihnen ja schon seit dem ersten Kapitel dieses Buchs vertraut. Dennoch schadet es nicht, sich die Idee hinter `import` noch einmal in Erinnerung zu rufen: Ohne `import` müssen Sie immer vollständige Typnamen inklusive des Paketnamens angeben. Die folgenden Zeilen zeigen die Deklaration zweier Variablen als `BufferedReader`- bzw. als `Random`-Objekt sowie die Initialisierung dieser Variablen:

```
java.io.BufferedReader br =
   new java.io.BufferedReader(
     new java.io.FileReader("log.txt"));
java.util.Random r = new java.util.Random();
```

Mit import wird der Code wesentlich übersichtlicher:

```
import java.util.Random;
import java.io.*;
...
BufferedReader br = new BufferedReader(
   new FileReader("log.txt"));
Random r = new Random();
```

Die »import«-Syntax

import-Anweisungen müssen am Beginn von *.java-Dateien angegeben werden, also noch vor class Xxx, aber nach package xxx. Es existieren zwei Syntaxvarianten: Entweder geben Sie die Klasse, Schnittstelle, Enumeration etc. samt vorangestelltem Paketnamen exakt an (import java.util.Random), oder Sie verwenden das Jokerzeichen *, um damit *alle* Typen eines Pakets zu erfassen:

Beachten Sie, dass das Joker-Zeichen nur für direkt im Paket enthaltene Klassen gilt, nicht aber für Unterpakete. import java.awt.* betrifft somit nur die Klassen, die unmittelbar im Paket java.awt definiert sind, nicht aber Klassen aus den Paketen java.awt.color, java.awt.font etc.

import-Anweisungen können zu Namenskonflikten führen, vor allem bei der Joker-Schreibweise. Wenn Ihre Codedatei mit import paket1.* und import paket2.* beginnt und beide Pakete die Klasse MeineKlasse enthalten, dann weiß der Java-Compiler nicht, welche Klasse er verwenden soll – paket1.MeineKlasse oder paket2.MeineKlasse? In solchen Fällen müssen Sie entweder auf einen der beiden Importe verzichten oder bei den betroffenen Klassen trotz import den Paketnamen voranstellen.

»import« importiert nichts

Das Schlüsselwort import führt in die Irre. Tatsächlich wird nichts importiert, weder eine Datei noch ein Paket oder eine Klasse/Schnittstelle/Enumeration. import ist lediglich eine Eingabeerleichterung, die Ihnen wiederholte Paketangaben erspart.

Standard-Import für »java.lang«

Alle Klassen aus dem Paket java.lang stehen unter Java standardmäßig zur Verfügung – so, als hätten Sie am Beginn Ihrer Java-Datei import java.lang.* angegeben. Deswegen können Klassen wie Integer, Long, Math, Object, System und String sowie diverse Schnittstellen (z. B. Comparable) und Exceptions (z. B. IllegalArgumentException) ohne umständliches Voranstellen von java.lang verwendet werden.

Statische Importe

Java unterstützt mit import static auch sogenannte statische Importe. Damit können Sie statische Variablen sowie Elemente aus Enumerationen ansprechen, ohne die betreffende Klasse bzw. Aufzählung voranzustellen. Wie bei gewöhnlichen Importen ist auch hier die Verwendung eines Joker-Zeichens erlaubt.

Bei der folgenden Variante von *Hello World* gibt es einen Import auf die statische Variable out der System-Klasse. Diese Variable kann deswegen ohne Klassenangabe verwendet werden.

```
import static java.lang.System.out;

public class HelloWorld {
  public static void main(String[] args)  {
    out.println("Hello World!");
  }
}
```

18

Statische Importe machen die Nutzung von Enum-Konstanten besonders komfortabel, wie das folgende Beispiel zeigt:

```
import java.awt.Color;
import static java.awt.Color.*;

Color c = RED;
// statt: Color c = Color.RED;
```

18.2 Pakete

Größere Java-Projekte werden üblicherweise in Paketen organisiert. Daraus ergeben sich mehrere Vorteile:

▶ Einzelne Komponenten des Programms, die in einem Paket gebündelt sind, können auch in anderen Projekten verwendet werden und gegebenenfalls zu Bibliotheken (JAR-Dateien) kompiliert werden.

▶ Innerhalb jedes Pakets sind Sie bei der Benennung Ihrer Klassen vollkommen frei. Es kann zu keinen Namenskonflikten kommen.

▶ Für Klassen innerhalb von Paketen gelten andere Zugriffsregeln als für Klassen außerhalb (siehe die Beschreibung der Schlüsselwörter private, public und protected in Abschnitt 10.1, »Top-Level-Klassen«).

Um eine *.java-Datei einem Paket zuzuordnen, geben Sie am Beginn der Code-Dateien eine package-Anweisung an. package muss vor der Definition von Klassen bzw. anderer Typen und auch vor eventuellen import-Anweisungen stehen!

```
// Datei de/meinefirma/dbutils/Connection.java
package de.meinefirma.dbutils;

import java.util.*;

public class Connection {
  ...
}
```

Beachten Sie, dass das Verzeichnis, in dem Sie Ihre Java-Dateien speichern, zum Paketnamen passen muss! Wenn Sie den Paketnamen `de.meinefirma.dbutils` verwenden, müssen sich die entsprechenden Java-Dateien im Unterverzeichnis `de\meinefirma\dbutils` (Windows) bzw. `de/meinefirma/dbutils` (Linux und OS X) befinden.

Der Paketname wird zumeist aus mehreren Teilen zusammengesetzt, die durch Punkte getrennt werden. Insbesondere bei Bibliotheken, die später weitergegeben werden sollen, enthält der Paketname üblicherweise die Komponenten der Webadresse Ihrer Firma oder Organisation in umgekehrter Reihenfolge:

`package de.meinefirma.dbutils` wäre also z.B. ein zweckmäßiger Paketname für eine Sammlung von Klassen zur Datenbankprogrammierung, die von *http://meine-firma.de* entwickelt wurden. Der Paketname besteht üblicherweise nur aus Kleinbuchstaben; er darf keine Leerzeichen, Bindestriche oder andere Sonderzeichen mit der Ausnahme von . und _ enthalten.

Selbstverständlich gelten für eigene Pakete dieselben Regeln wie für Pakete der Java-Klassenbibliothek oder aus anderen Bibliotheken: Sie müssen den Klassennamen immer die Paketnamen voranstellen oder mit `import` arbeiten!

Das Default-Paket

Wenn Sie keine Pakete definieren, gelten alle Java-Dateien, die Sie gemeinsam kompilieren, als Defaultpaket. Eclipse warnt, dass Defaultpakete nicht empfohlen sind. Solange Sie nur Testprogramme entwickeln, um Java kennenzulernen, können Sie diese Warnung getrost ignorieren. Für jedes Java-Programm oder -Paket, das von mehreren Entwicklern gemeinsam genutzt werden soll, ist die Verwendung von Paketen aber dringend anzuraten.

18

Beim Kompilieren speichert `javac` die Klassendateien jeweils im selben Verzeichnis wie die Code-Datei, also z.B. in `de/meinefirma/dbutils/Connection.class`:

```
javac de/meinefirma/dbutils/*.java
```

Um das Programm auszuführen, übergeben Sie wie bisher die Klassendatei an den Java-Interpreter. Dabei ist auch die Punktnotation zulässig, d. h., die beiden folgenden Kommandos sind gleichwertig. (Converter sei hier eine Klasse, die main enthält und auf weitere Klassen des dbutils-Pakets zurückgreift.)

```
java de/meinefirma/dbutils/Converter
java de.meinefirma.dbutils.Converter
```

18.3   Bibliotheken

Als Java-Bibliothek bezeichnet man ein oder mehrere speziell kompilierte Pakete von Klassen. Die Java-Standardbibliothek ist dafür das bekannteste Beispiel. Im Internet sind darüber hinaus unzählige weitere Bibliotheken zu finden, die bei häufig benötigten Aufgaben helfen – etwa beim Umgang mit Dateien. Dieser Abschnitt beschreibt, wie Sie Java-Bibliotheken nutzen und selbst Java-Bibliotheken erzeugen.

Fertige Java-Bibliotheken nutzen

Java-Bibliotheken liegen im JAR-Format vor (*Java Archive*). Hinter den Kulissen entspricht das JAR-Format dem ZIP-Format. Sie können daher den Inhalt jeder JAR-Datei auch mit ZIP-Werkzeugen ansehen. Zum Erstellen von JAR-Dateien muss aber das Kommando jar verwendet werden; es kümmert sich unter anderem darum, dass Manifest-Dateien zuerst in das Archiv aufgenommen werden.

Damit Sie die Klassen einer JAR-Datei in Ihrem eigenen Programm verwenden können, müssen Sie den Ort der JAR-Datei (den sogenannten *class path*) sowohl beim Kompilieren als auch beim Ausführen mit der Option -cp an javac bzw. java übergeben. Das folgende Beispiel zeigt die Kompilierung und Ausführung eines Programms, dessen Code sich in MeineKlasse.java befindet und das auf Klassen von bibliothek.jar zurückgreift.

```
javac -cp bibliothek.jar MeineKlasse.java
java  -cp bibliothek.jar:. MeineKlasse
```

Hinweis

Beachten Sie, dass Sie beim Aufruf von java auch das aktuelle Verzeichnis . an die Option -cp* übergeben müssen! Andernfalls wird nämlich *nur* der Inhalt der Bibliothek berücksichtigt, nicht aber auch das lokale Verzeichnis, in dem sich MeineKlasse.class befindet.

Mit der Option -cp können Sie auch mehrere, durch Strichpunkt getrennte jar-Dateien übergeben. Alternativ können Sie mehrere Bibliotheken auch durch * ansprechen (nicht mit *.jar!). Im folgenden Beispiel sollen also die Bibliothek lib1.jar aus dem lokalen Verzeichnis sowie alle im libs-Verzeichnis enthaltenen JAR-Dateien verwendet werden:

```
javac -cp "lib1.jar;libs/*" MeineKlasse.java
java  -cp "lib1.jar;libs/*:." MeineKlasse
```

Einige Sonderfälle der Option -cp können Sie auf der Website *Stack Overflow* nachlesen:

http://stackoverflow.com/questions/219585/setting-multiple-jars-in-java-classpath

Wenn Sie mit Eclipse arbeiten, importieren Sie die JAR-Datei zuerst in ein Projektverzeichnis und fügen die Datei dann zum BUILD PATH hinzu – am einfachsten per Kontextmenü oder mit PROJECT PROPERTIES • JAVA BUILD PATH im Dialogblatt LIBRARIES.

18

Lizenzen

Beachten Sie beim Einsatz kostenloser Bibliotheken unbedingt die Lizenzbedingungen! Mitunter kommen Lizenzen zum Einsatz, die nur für die Entwicklung von Open-Source-Programmen geeignet sind, aber nicht für kommerzielle Anwendungen, deren Quellcode nicht veröffentlicht werden soll.

Eigene Java-Bibliotheken erzeugen

Mit dem Kommando `jar` verpacken Sie die `*.class`-Dateien sowie alle weiteren erforderlichen Dateien (z.B. Bilder oder Audio-Dateien) in einem Java-Archiv. Dazu übergeben Sie an `jar` ein aus mehreren Buchstaben zusammengesetztes Kommando. Häufig erforderliche Kommandos sind c (*create*), f (*file* zur Angabe der Archiv-Datei im nachfolgenden Parameter) und v (*verbose*, Detailinformationen anzeigen). Alle weiteren Parameter geben die Dateien an, die der Archivdatei hinzugefügt werden sollen. Die Syntax von `jar` entspricht weitgehend dem Unix/Linux-Kommando `tar`.

Im folgenden Beispiel verpackt `jar` alle `*.class`-Dateien aus dem Verzeichnis `mypackage` in der JAR-Datei `mypackage.jar`:

```
jar cfv mypackage.jar mypackage/*.class
  Manifest wurde hinzugefügt
  mypackage/Command.class wird hinzugefügt
  ...
```

`jar tf` zeigt den Inhalt einer `jar`-Datei an:

```
jar tf mypackage.jar
  META-INF/
  META-INF/MANIFEST.MF
  mypackage/Command.class
  ...
```

Manifest

Um eigenen Bibliotheken Zusatzinformationen (Versionsnummer, Copyright etc.) hinzuzufügen, müssen Sie eine eigene Manifest-Datei erstellen. Informationen zum Aufbau und zur Verwendung von Manifest-Dateien finden Sie in den Java Tutorials:

http://docs.oracle.com/javase/tutorial/deployment/jar/ manifestindex.html

Wenn Sie keine eigene Manifest-Datei einrichten, erzeugt `jar` selbst eine, deren einzige Information die Version des Java-Compilers ist.

Anhang A
Eclipse-Crashkurs

Eclipse gilt als De-facto-Standard unter den Java-IDEs. Eclipse erleichtert das Verfassen von Java-Code in vielerlei Hinsicht. Leider treiben die unzähligen Funktionen, die unübersichtlichen Menüs und die vielen Dialoge (Views) gerade Einsteiger oft zur Verzweiflung.

Über Eclipse ließe sich ein eigenes Buch im selben Umfang wie dieser Java-Grundkurs schreiben. So viele Details sind an dieser Stelle aber weder sinnvoll noch (aus Platzgründen) möglich. Vielmehr habe ich mich bemüht, hier die allerwichtigsten Grundbegriffe und Bedienungsregeln zusammenzufassen.

A.1 Erste Schritte

Ich gehe im Weiteren davon aus, dass Sie eine aktuelle Version von Eclipse installiert haben und dass Sie Eclipse (wie standardmäßig vorgesehen) mit englischen Menüs verwenden. Eine Anleitung, wie Sie Eclipse installieren, finden Sie in Kapitel 1, »Hello World!«.

Workspace

Beim ersten Start fragt Eclipse, welches Verzeichnis es als »Workspace« verwenden soll. Der »Workspace« ist ein Basisverzeichnis, in dem Eclipse dann für jedes neue Java-Programm (»Projekt«) ein neues Unterverzeichnis anlegt.

Wählen Sie also ein Workspace-Verzeichnis aus, und aktivieren Sie dann gleich die Option USE THIS AS DEFAULT AND DO NOT ASK AGAIN, damit Eclipse bei weiteren Starts auf neuerliche Workspace-Rückfragen verzichtet. Sollten Sie das Workspace-Verzeichnis später doch wechseln wollen, führen Sie FILE • SWITCH WORKSPACE aus.

Wozu mehrere Workspaces?

Mehrere Workspaces helfen dabei, voneinander unabhängige Projektsammlungen zu trennen. Beispielsweise habe ich für die Arbeit an diesem Buch einen eigenen Workspace verwendet, um dort alle Beispiele zu sammeln.

Der Welcome-Dialog

Beim ersten Start zeigt Eclipse statt der üblichen Benutzeroberfläche einen Welcome-Dialog an. Die Intention war sicherlich gut, der praktische Nutzen dieses Dialogs ist aber gering. Schließen Sie den Welcome-Dialog – erst dann erscheint die gewöhnliche Benutzeroberfläche! Sollten Sie den Welcome-Dialog später nochmals besuchen wollen, führen Sie HELP • WELCOME aus.

Grundeinstellungen

Eclipse bietet mehr Einstellungsmöglichkeiten als ganze Betriebssysteme. WINDOW • PREFERENCES bzw. unter OS X ECLIPSE • EINSTELLUNGEN führt in den riesigen Einstellungsdialog (siehe Abbildung A.1). Verwenden Sie die Suchfunktion, um das Dialogblatt aufzuspüren, in dem eine bestimmte Einstellung versteckt ist!

Grundsätzlich ist es eine gute Idee, an den Einstellungen vorerst nicht allzu viel zu verändern – es sei denn, Sie wissen, was Sie tun! Aber natürlich gibt es ein paar Ausnahmen, auf die ich hier eingehen möchte:

► **Zeichensatz:** Eclipse verwendet für Code-Dateien den Standardzeichensatz der installierten Java-Version. Unter Linux und OS X ist dies Unicode (UTF-8), unter Windows aber Cp1252.

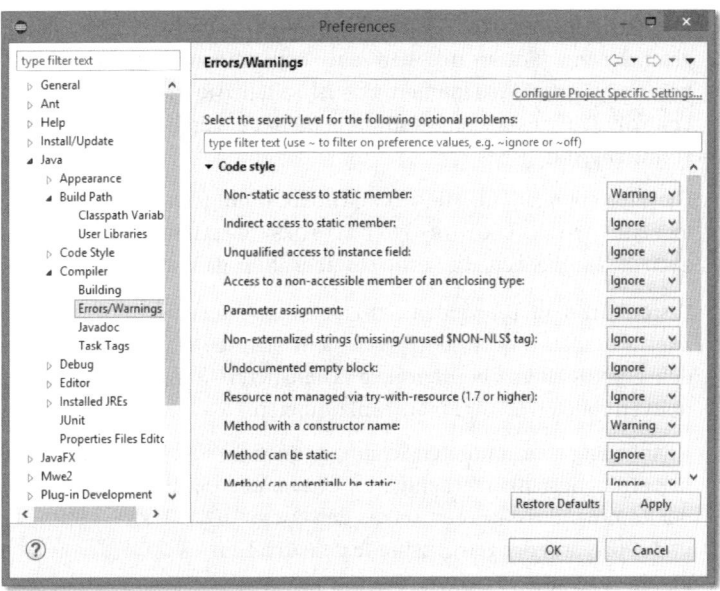

Abbildung A.1 Eclipse-Einstellungen

Wenn Sie unter Windows arbeiten, sollten Sie den Zeichensatz unbedingt auch auf UTF-8 umstellen. Damit können Sie später Ihre Eclipse-Projekte unkompliziert mit Entwicklern austauschen, die unter anderen Betriebssystemen arbeiten. Auch die Beispielprogramme zu diesem Buch verwenden den UTF-8-Zeichensatz. Sie finden die Einstellung im Dialogblatt GENERAL • WORKSPACE.

▶ **Code-Einrückungen:** Im Dialogblatt JAVA • CODE STYLE • FORMATTER können Sie mit EDIT einstellen, wie stark Code-Zeilen eingerückt werden und ob dabei Leerzeichen oder Tabulatoren verwendet werden können. An dieser Stelle können Sie auch festlegen, wann Eclipse standardmäßig neue Zeilen beginnt, wie geschwungene Klammern gesetzt werden etc. Es ist nicht möglich, das vorgegebene Eclipse-Profil zu verändern. Deswegen können Sie Ihre Einstellungen erst speichern, nachdem Sie einen eigenen Profilnamen angegeben haben.

A

▶ **Rechtschreibkontrolle:** Unter Umständen versieht Eclipse falsch geschriebene Wörter mit den aus Textverarbeitungsprogrammen bekannten roten Wellenlinien. Das ist selten zweckmäßig, zumal im Code oft deutschsprachige Kommentare mit englischen Fachbegriffen vermischt sind.

Die Einstellungen für die Rechtschreibprüfung finden Sie im Dialogblatt GENERAL • EDITOR • TEXT EDITORS • SPELLING. Dort haben Sie auch die Möglichkeit, die Rechtschreibprüfung ganz abzustellen.

▶ **Tastenkürzel:** Im Dialogblatt GENERAL • KEYS haben Sie Wahl zwischen zwei Schemata mit Tastenkürzel: dem Eclipse-Default-Schema und dem Emacs-Schema, bei dem viele Tastenkürzel wie in dem unter Linux weitverbreiteten Editor Emacs funktionieren.

Unabhängig vom gewählten Schema können Sie für einzelne Operationen eigene Tastenkürzel definieren. Dazu wählen Sie in der langen Liste der Kommandos eines aus, setzen den Cursor in das Textfeld BINDING und geben dort das gewünschte Tastenkürzel ein.

Im Textfeld WHEN können Sie die Wirkung des Kürzels auf einen bestimmten Kontext einschränken – z. B. dass es nur gelten soll, wenn Sie gerade Java-Code bearbeiten. APPLY speichert die neue Einstellung. RESTORE DEFAULTS reaktiviert bei Bedarf die ursprünglichen Tastenkürzel.

Objekt-spezifische Einstellungen

Einige Eclipse-Einstellungen können Sie auch projekt- oder sogar dateispezifisch durchführen. Dazu klicken Sie in Eclipse auf das betreffende (geöffnete!) Projekt bzw. die Datei und führen das Kontextmenükommando PROPERTIES aus. Damit gelangen Sie ebenfalls in den Einstellungsdialog, der aber nun auf die für das ausgewählte Objekt relevanten Einstellungen reduziert ist.

Views

Die Benutzeroberfläche von Eclipse setzt sich aus unzähligen Teilfenstern zusammen, die üblicherweise über vier Bereiche verteilt sind (siehe
Abbildung A.2). In der Eclipse-Nomenklatur ist jedes derartige Teilfenster
eine »View« (Ansicht).

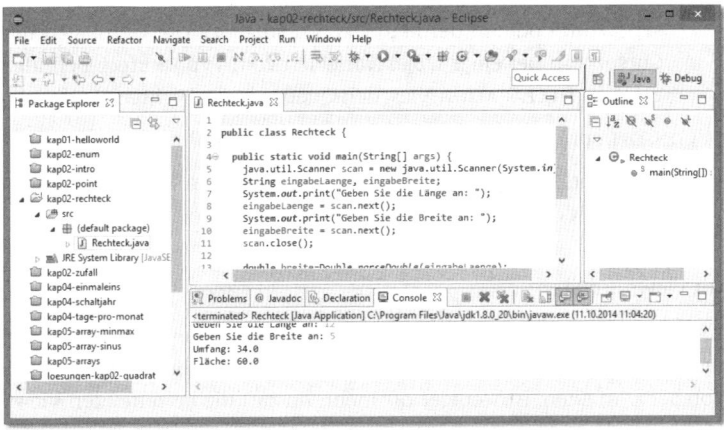

Abbildung A.2 Eclipse setzt sich aus vielen Teilfenstern (Views) zusammen.

▶ Links befindet sich der PACKAGE EXPLORER. Darin werden alle Projekte
  innerhalb des aktiven Workspace angezeigt. Ein Doppelklick aktiviert
  ein Projekt. Dieses kann nun auseinandergeklappt werden, sodass
  die Komponenten des Projekts sowie deren Orte sichtbar sind. Java-
  Quelltextdateien befinden sich in jedem Projekt im Unterverzeichnis
  src; falls Sie Ihren Code in Paketen organisieren, bildet Eclipse auch
  hierfür Unterverzeichnisse innerhalb von src.

▶ Rechts befindet sich die OUTLINE-View. Sie zeigt in einem baumför-
  migen Diagramm an, aus welchen Klassen, Methoden und anderen
  Komponenten Ihr Programm zusammengesetzt ist. Ein Doppelklick
  auf einen Objektnamen führt direkt in den entsprechenden Code-
  Abschnitt.

▶ Unten wird in mehreren Dialogblättern je nach Kontext eine View angezeigt:

– PROBLEMS enthält eine Liste aller (Syntax-)Fehler im Code.

– JAVADOC zeigt Javadoc-Erläuterungen zu dem Code-Element, bei dem sich der Cursor gerade befindet.

– DECLARATION zeigt die Deklaration einer Klasse, Methode etc., passend zum Code an der aktuellen Cursorsposition. Wenn sich der Cursor also bei einer Objektvariablen vom Typ `Rechteck` befindet, zeigt die DECLARATION-View den Quellcode der Rechteck-Klasse.

▶ CONSOLE enthält mit `System.out.println` durchgeführte Ausgaben.

▶ Im zentralen Bereich des Fensters befinden sich in Form von Dialogblättern die Code-Dateien, die Sie gerade bearbeiten.

Mit Views arbeiten

Auf einem großen Monitor spricht nichts dagegen, einfach alle Views gleichzeitig offen zu lassen. Wenn Sie hingegen auf einem kompakten Notebook arbeiten, ist weniger oft mehr. Anstatt die betreffenden Views zu schließen, ist es in der Regel besser, diese zu minimieren (MINIMIZE-Button). Das gibt Ihnen die Möglichkeit, die Bereiche bei Bedarf unkompliziert wieder einzublenden (RESTORE-Button).

Gerade beim Arbeiten im Code ist es noch einfacher, die aktuelle Code-Ansicht durch einen Doppelklick auf den Reiter zu maximieren. Das hat zwei Vorteile: Einerseits werden damit alle anderen Bereiche zugleich minimiert, und andererseits können Sie diese Aktion durch einen weiteren Doppelklick ganz rasch wieder rückgängig machen.

Views wiederherstellen

Eclipse-Einsteiger suchen oft verzweifelt nach einem Weg, ein geschlossenes Teilfenster wiederherzustellen. Führen Sie einfach WINDOW • SHOW VIEW • Xxx aus. Dieses Menü beweist auch, dass es noch viel mehr Views gibt, als Eclipse standardmäßig anzeigt.

Um *alle* Views so wiederherzustellen, wie sie beim ersten Start von Eclipse angeordnet waren, öffnen Sie die Eclipse-Einstellungen, suchen das Dialogblatt GENERAL • PERSPECTIVE, wählen die Perspektive JAVA aus und klicken auf den Button RESTORE DEFAULTS. Was Perspektiven sind, lernen Sie im nächsten Abschnitt.

Perspektiven

Es gibt verschiedene Phasen während der Entwicklung eines Programms: Normalerweise beginnen Sie damit, Code zu verfassen. Später probieren Sie den Code aus und versuchen die darin enthaltenen Fehler aufzuspüren. Bei großen Projekten geht es oft auch darum, die Code-Revisionen mehrerer Entwickler zu verwalten, beispielsweise mit SVN, CVS oder Git.

Für jede dieser Entwicklungsphasen benötigen Sie andere Views. Anstatt nun durch unzählige Mausklicks die für Ihre gerade aktuelle Aufgabe erforderlichen Views zu öffnen und alle anderen zu schließen, nutzen Sie in Eclipse »Perspektiven«. Eine Perspektive ist eine Anordnung mehrerer Views für eine bestimmte Aufgabe.

Java-Einsteiger haben primär mit zwei Perspektiven zu tun:

▶   Die JAVA-Perspektive ist die Standardperspektive, die Sie bisher kennengelernt haben und zur Entwicklung von Java-Code verwenden.

▶   Die DEBUG-Perspektive hilft bei der Fehlersuche. Diese Perspektive wird nach einer Rückfrage aktiviert, wenn Sie ein Programm mit RUN • DEBUG bzw. mit dem DEBUG-Button starten (der Button mit dem Käfer oben rechts in Abbildung A.2) und dann eine Exception auftritt (siehe Abschnitt A.3, »Debugging«).

Damit Sie rasch zwischen verschiedenen Perspektiven wechseln können, befinden sich rechts oben im Eclipse-Fenster (am rechten Ende der Symbolleiste) Buttons für die zuletzt benutzten Perspektiven. Außerdem können Sie mit WINDOW • SHOW PERSPECTIVE • Xxx eine Perspektive aktivieren.

A

A.2   Arbeitstechniken

Dieser Abschnitt gibt Tipps für einige grundlegende Operationen und Arbeitstechniken in Eclipse – von der Code-Eingabe bis zum Import und Export ganzer Projekte.

Projekte starten

FILE • NEW • JAVA PROJECT startet ein neues Java-Projekt. Mit FILE • NEW • CLASS, INTERFACE, ENUM etc. fügen Sie dann neue Code-Dateien hinzu. Die unzähligen Optionen, die Eclipse Ihnen dabei zur Auswahl stellt, können Sie bedenkenlos ignorieren. Oft geht es schneller, hinterher `implements` xxx oder `extends` xxx zur Klassendefinition hinzuzufügen als die entsprechende Option einzustellen.

Code eingeben

Es ist Ihnen natürlich bereits bei den ersten Zeilen aufgefallen, dass Eclipse Sie nach Kräften bei der Code-Eingabe unterstützt. Runde Klammern sowie Apostrophe werden sofort durch ihr jeweiliges Gegenstück ergänzt. Wenn Sie nach der Eingabe einer geschwungenen Klammer ⏎ drücken, ergänzt Eclipse die zweite Klammer und rückt den Code entsprechend ein.

Offensichtliche Fehler im Code, also etwa fehlende Klammern, Parameter und Strichpunkte, werden sofort gekennzeichnet. Das alles ist möglich, weil Eclipse dank eines eigenen Compilers Ihren Code »versteht« und weil Eclipse nicht nur die von Ihnen programmierten Klassen, sondern auch alle Klassen, Schnittstellen und Enumerationen der Java-Standardbibliothek samt Methoden, Parametern etc. kennt.

Eclipse nutzt dieses Java-Wissen und stellt Ihnen bei der Code-Eingabe mögliche Ergänzungen zur Auswahl. Wenn Sie also `System.out.p` eingeben, erscheint eine Auswahlliste aller infrage kommender Vervollständigungen (siehe Abbildung A.3). Bei nachträglichen Korrekturen blenden Sie diese Liste mit `Strg`+Leertaste ein. Mit den Cursortasten können Sie nun die gewünschte `println`-Methode auswählen. Schneller ist es aber zumeist, `println` einfach einzutippen.

> **Abkürzungen**
>
> Wenn Sie syso eingeben und dann [Strg]+Leertaste drücken, macht Eclipse daraus System.out.println(); und stellt den Cursor zwischen die runden Klammern. Diese und weitere Abkürzungen sind im Dialog JAVA • EDITOR • TEMPLATES der Eclipse-Einstellungen definiert. Sofern Sie sich mit der recht komplexen Syntax anfreunden, können Sie dort selbst eigene Abkürzungen definieren.

Sehr praktisch ist auch die Online-Hilfe, die Eclipse einblendet, sobald Sie den Mauszeiger einen Moment über einem Methoden- oder Typnamen anhalten.

> **Code korrekt einrücken**
>
> Eclipse kümmert sich selbst darum, neu eingegebenen Code korrekt einzurücken. Wenn Sie allerdings Änderungen am Code durchführen, geht die richtige Einrückung oft wieder verloren. Abhilfe: Markieren Sie den Code ([Strg]+[A] markiert die ganze Datei) und korrigieren Sie ihn mit [Strg]+[I] (*indent*) die Einrückung.

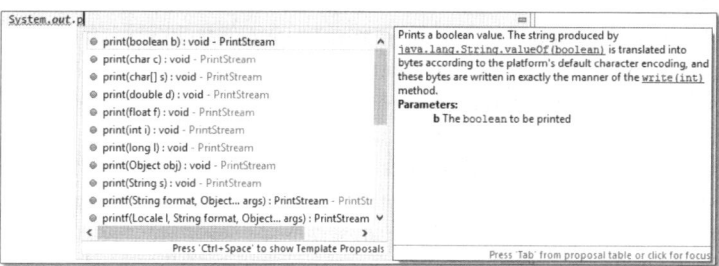

Abbildung A.3 Liste mit möglichen Code-Vervollständigungen

Code korrigieren

Eclipse markiert fehlerhaften Code mit einer roten Schlangenlinie. Sobald Sie den Mauscursor über das betroffene Element bewegen, versucht Eclipse, die Fehlerursache anzuzeigen, und macht Korrekturvorschläge (siehe Abbildung A.4). Per Mausklick können Sie nun einen der Lösungsvorschläge befolgen. Beachten Sie aber, dass Eclipse nicht hellsehen kann dass und nicht jeder Vorschlag den Intentionen entspricht, die Sie bei der Code-Eingabe vielleicht hatten. Die Korrekturvorschläge nehmen Ihnen also nicht das Denken ab.

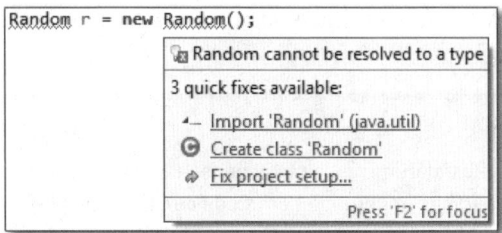

Abbildung A.4 Auto-Korrekturvorschläge von Eclipse

Variablen umbenennen (Refactoring)

Oft kommt es vor, dass Sie einer Variable, einer Methode oder einem anderen Code-Element später einen anderen Namen geben wollen. Zwar ist es denkbar, solche Änderungen mit EDIT • FIND/REPLACE durchzuführen, es geht aber viel eleganter: Dazu bewegen Sie den Cursor auf das betroffene Element und führen REFACTOR • RENAME aus bzw. wählen den entsprechenden Kontextmenüeintrag. Wenn Sie nun dem Element einen neuen Namen geben, dann führt Eclipse diese Änderung an allen erforderlichen Orten im gesamten Projekt aus – also an allen Stellen, wo die Klasse, Methode etc. verwendet wird.

Das REFACTOR-Menü enthält außer RENAME unzählige weitere Einträge: Damit können Sie die Deklaration von Methoden ändern, Code-Elemente an andere Stellen oder sogar in neue Dateien auslagern, lokale Variablen in Klassenvariablen ändern (oder umgekehrt) etc. All diese Operationen sind oft notwendig, wenn hastig erstellter Code schrittweise verbessert werden soll. Für solche Umbauarbeiten ist der Begriff *Refactoring* üblich – und Eclipse hilft Ihnen dabei bestmöglich.

http://de.wikipedia.org/wiki/Refactoring

Code automatisch generieren

Gewisse Code-Schemata tauchen in größeren Projekten immer wieder auf. Zwar müssen Sie selbst entscheiden, wann Sie welche Muster anwenden, es ist aber nicht notwendig, den erforderlichen, in seiner Struktur immer gleichen Code auch einzugeben. Diese Aufgabe nimmt Eclipse Ihnen ab – mit zahlreichen Einträgen im SOURCE-Menü. Damit können Sie unter anderem:

▶ einzelne Zeilen auskommentieren bzw. die Kommentare wieder entfernen

▶ die Codeformatierung optimieren (z. B. überflüssige Leerzeichen in einer Parameterliste eliminieren)

▶ alle erforderlichen Importe exakt erzeugen (ersetzt `import paket.*` durch `import paket.Klassenname`)

▶ Getter- und Setter-Methoden einrichten

▶ Konstruktoren erzeugen

▶ die Methoden `equals`, `hashCode` und `toString` implementieren

Projekte umbenennen und kopieren

Um ein Projekt umzubenennen, öffnen Sie es zuerst durch einen Doppelklick im PACKAGE EXPLORER. Anschließend führen Sie das schon bekannte Kontextmenükommando REFACTOR • RENAME aus.

Auch zum Kopieren müssen Projekte zuerst geöffnet werden. Anschließend führen Sie direkt im PACKAGE EXPLORER [Strg]+[C] und [Strg]+[V] aus. Damit wird das Projekt mit all seinen Dateien kopiert, wobei Sie der Kopie einen neuen Namen geben.

Projekte exportieren und importieren (ZIP-Archive)

Um ein Projekt zu archivieren oder per E-Mail an einen anderen Entwickler zu senden, erstellen Sie am besten eine ZIP-Datei daraus. Dazu klicken Sie das geöffnete Projekt im PACKAGE EXPLORER mit der rechten Maustaste an und führen EXPORT aus. Eclipse-typisch haben Sie nun die Wahl zwischen unzähligen Export-Varianten. Entscheiden Sie sich für GENERAL • ARCHIVE FILE.

Im nächsten Schritt wählen Sie aus, welche Projekte (üblicherweise nur das aktuelle Projekt) und welche Dateien daraus (alle) archiviert werden sollen. Die standardmäßig aktive Option SAVE IN ZIP FORMAT behalten Sie bei. Außerdem müssen Sie im Textfeld TO ARCHIVE FILE angeben, in welcher Datei das ZIP-Archiv gespeichert werden soll.

Um ein derart exportiertes Eclipse-Projekt bei einer anderen Eclipse-Installation wieder zu importieren, führen Sie FILE • IMPORT aus. Wichtig: Wählen Sie als Export-Variante unbedingt GENERAL • EXISTING PROJECTS INTO WORKSPACE aus, nicht die naheliegendere Variante ARCHIVE FILE! Nur bei der ersten Variante macht Eclipse aus der ZIP-Datei ein neues Projekt. Bei der zweiten Variante wird der Inhalt der ZIP-Datei hingegen in ein vorhandenes, gerade aktives Projekt eingefügt, was in aller Regel ein heilloses Durcheinander anrichtet.

Externe Bibliotheken (jar-Dateien) integrieren

Wenn Sie in Ihrem Java-Projekt Klassen aus einer externen Bibliothek verwenden möchten, die Sie sich zuvor als *.jar-Datei besorgt haben, müssen Sie diese Bibliothek in Ihr Projekt integrieren. Am besten richten Sie dazu in Ihrem Projekt zuerst mit FILE • NEW • FOLDER ein eigenes Verzeichnis ein, z. B. libs. Mit FILE • IMPORT fügen Sie die *.jar-Datei nun in dieses Verzeichnis ein. Die korrekte Import-Variante lautet in diesem Fall GENERAL • FILE SYSTEM – d. h., Sie möchten aus dem Dateisystem des Computers eine Datei in das Projektverzeichnis importieren.

Sobald die *.jar-Datei im PACKAGE EXPLORER an der richtigen Stelle aufscheint, klicken Sie sie mit der rechten Maustaste an und führen BUILD PATH • ADD TO BUILD PATH aus. Anschließend vergewissern Sie sich mit

PROJECT · PROPERTIES, dass die Bibliothek im Dialogblatt JAVA BUILD PATH · LIBRARIES aufgelistet wird (siehe Abbildung A.5).

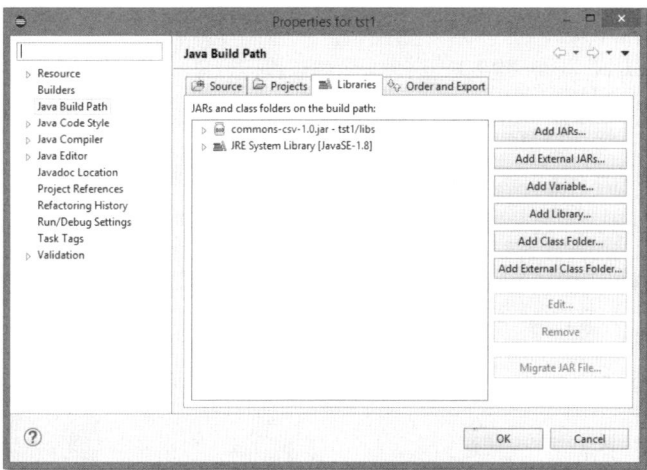

Abbildung A.5 Build Path eines Eclipse-Projekts

A.3 Debugging

»Debugging« bezeichnet den Prozess der Fehlersuche in einem laufenden Programm. Es geht dabei nicht um Syntaxfehler, sondern um logische oder strukturelle Fehler, die erst bei der Ausführung des Programms auftreten – sei es durch ein Fehlverhalten des Programms (falsches Ergebnis), sei es durch einen Laufzeitfehler, also eine Exception.

Für das Debugging ist es erforderlich, dass Sie das Programm nicht mit RUN · RUN bzw. mit dem grünen, pfeilförmigen Button starten, sondern mit RUN · DEBUG bzw. mit dem Käfer-Button oder mit [F11]. Sobald ein Fehler auftritt, aktiviert Eclipse die Debug-Perspektive (siehe Abbildung A.6). Dort sehen Sie, an welcher Stelle der Fehler aufgetreten ist, welche Methoden in welcher Reihenfolge zuvor aufgerufen wurden und welchen Inhalt die Variablen im aktuellen Kontext haben.

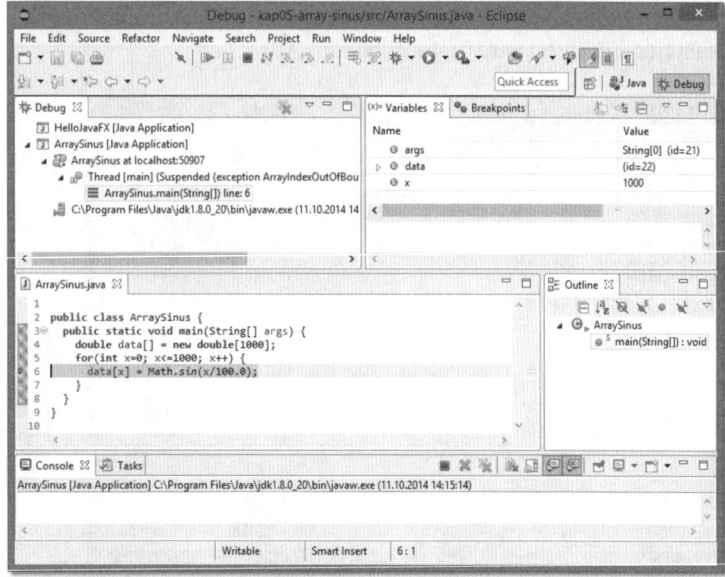

Abbildung A.6 Eclipse in der Debug-Perspektive

Debugging-Funktionen

Eclipse stellt Ihnen im RUN-Menü bzw. durch entsprechende Buttons eine Menge großartiger Debugging-Funktionen zur Verfügung:

▶ Mit RUN · TOGGLE BREAKPOINT setzen Sie einen sogenannten »Haltepunkt«. Jedes Mal, wenn diese Stelle während der Ausführung des Codes erreicht wird, hält das Programm an. Sie können nun Variableninhalte analysieren und das Programm dann fortsetzen.

▶ RUN · STEP INTO ([F5]) führt die nächste Java-Anweisung aus. Beim Aufruf von Methoden gilt dies auch für Anweisungen innerhalb der Methoden.

▶ RUN · STEP OVER ([F6]) führt ebenfalls die nächste Java-Anweisung aus. Methodenaufrufe werden in diesem Fall komplett ausgeführt, also ohne bei der ersten Anweisung im Inneren der Methode zu stoppen.

▶ RUN • RESUME ([F8]) setzt das Programm fort. Es wird erst wieder ange-
halten, wenn ein Haltepunkt erreicht wird oder eine Exception auftritt.

▶ Im Fenster VARIABLES sehen Sie den Inhalt aller im Kontext zugängli-
chen Variablen.

▶ Mit RUN • WATCH können Sie davon unabhängig ausgewählte Variablen
beobachten. Das kann übersichtlicher sein als die oft endlose Liste aller
Variablen.

▶ Das Fenster BREAKPOINTS zeigt alle Haltepunkte des Programms. Dort
können Sie gewöhnliche Haltepunkte in bedingte Haltepunkte umwandeln, die nur dann zu einer Unterbrechung führen, wenn zusätzlich
eine bestimmte Bedingung erfüllt ist (z. B. wenn x größer als 1000 ist).

▶ Im Fenster DEBUG sehen Sie, welche Instanzen, Threads und Methoden eines Programms aktiv sind. Insbesondere sehen Sie dort, welche
Methoden in welcher Reihenfolge aufgerufen wurden, um zur gerade
aktuellen Anweisung im Code zu gelangen.

Oft ist es notwendig, in diesem Fenster per Kontextmenü für Ordnung
zu sorgen: Sie können hier z. B. nicht mehr benötigte Programmin-
stanzen stoppen (z. B. wenn Sie ein Programm irrtümlich mehrfach
gestartet haben) und alle nicht mehr aktiven Einträge aus dem Fenster
löschen.

Um den Debugger zu beenden, stoppen Sie die Programmausführung
explizit mit RUN • TERMINATE bzw. mit dem roten TERMINATE-Button. In
der Regel werden Sie danach in die Java-Perspektive zurückwechseln, Ihren
Code verbessern und dann einen neuen Versuch starten.

A

Übung macht den Meister!

Die erstmalige Verwendung des Debuggers ist für viele angehende Java-
Programmierer eine verwirrende und frustrierende Erfahrung. Lassen
Sie sich davon nicht entmutigen! Wie bei anderen Eclipse-Funktionen
bedarf es einer gewissen Routine, bis Sie die Fülle der Werkzeuge effizient und sicher anwenden können.

Anhang B
Lösungen

Dieses Kapitel fasst die Lösungen zu den Wiederholungsfragen und Übungen zusammen. Beachten Sie, dass es sich bei Code-Lösungen immer um Lösungs*vorschläge* handelt. Zu fast allen Aufgabenstellungen gibt es viele Lösungswege.

B.1 Kapitel 1, »Hello World!«

W1: Java versus C#

Java wurde von Anfang an plattformunabhängig konzipiert. Deswegen läuft ein einmal kompiliertes Java-Programm auf den unterschiedlichsten Betriebssystemen.

C# basiert hingegen auf der .NET-Technologie von Microsoft, die nur unter Windows uneingeschränkt unterstützt wird.

Mono

Dank des Mono-Projekts können C#-Programme auch unter anderen Betriebssystemen als Windows entwickelt und ausgeführt werden. Dabei gelten aber diverse Einschränkungen.

http://www.mono-project.com

W2: Wozu Eclipse?

Sie brauchen Eclipse gar nicht, insbesondere nicht für die in diesem Buch präsentierten Beispiele. Eclipse ist eine Entwicklungsumgebung, die das Verfassen, Testen und Dokumentieren von Java unterstützt. Insofern macht Eclipse Ihnen das Leben als Java-Entwickler in vielerlei Hinsicht einfacher – und das umso mehr, je größer Ihre Projekte werden.

Leider ist die Komplexität von Eclipse für viele Programmiereinsteiger abschreckend. Wenn Sie Eclipse nicht einsetzen möchten, können Sie alle Java-Programme aus diesem Buch in einem beliebigen Editor verfassen, manuell mit `javac` kompilieren und mit `java` ausführen.

Anstelle von Eclipse können Sie auch andere Entwicklungsumgebungen verwenden, z. B. NetBeans, IntelliJ oder Geany.

W3: JRE versus JDK

Das *Java Runtime Environment* (JRE) erlaubt nur das Ausführen von fertigen Java-Programmen.

Um selbst Java-Programme entwickeln und kompilieren zu können, benötigen Sie das *Java Development Kit* (JDK).

W4: »java« versus »javac«

Das Kommando `java` dient zur Ausführung kompilierter Java-Programme.

Mit dem Compiler `javac` wandeln Sie Ihren Java-Quelltext in ein binäres, plattformunabhängiges Format um, den sogenannten Byte-Code.

W5: Wo ist die EXE-Datei?

Der Compiler `javac` erzeugt keine EXE-Dateien, sondern Byte-Code. Dieser Code muss durch den Java-Interpreter `java` ausgeführt werden. Diese auf den ersten Blick umständliche Vorgehensweise hat den großen Vorteil, dass ein einmal kompiliertes Java-Programm unter *jedem* von Java unterstützten Betriebssystem ausgeführt werden kann. EXE-Dateien wären auf die Windows-Welt eingeschränkt.

B

W6: Java Virtual Machine

Die JVM ist für die Ausführung von Java-Byte-Code zuständig. Der Code wird dabei zuerst mit einem JIT-Compiler (Just-In-Time-Compiler) in Maschinen-Code für die CPU des Rechners umgewandelt.

W7: Kommentare

// leitet einen Kommentar ein, der bis zum Zeilenende reicht.

/* leitet einen mehrzeiligen Kommentar ein, der mit */ endet.

/** leitet einen Javadoc-Kommentar ein. Auch dieser Kommentar endet mit */.

W8: Regeln für ».java«-Dateinamen

Der Dateiname ergibt sich aus dem Name der Klasse und der Endung .java. Es ist üblich, den Namen von Klassen und anderen Typen (Schnittstellen, Enumerationen) mit einem Großbuchstaben zu beginnen. Diese Konvention gilt somit auch für die Namen der Code-Dateien.

W9: Klassen versus Objekte

Klassen bilden die Infrastruktur, um mit einer bestimmten Art von Daten zu arbeiten. Objekte sind konkrete Daten.

Wenn Sie möchten, können Sie eine Klasse wie den Bauplan eines Hauses betrachten. Mit diesem Bauplan können Sie dann mehrere Häuser bauen. Das sind die Objekte.

W10: Methoden

Methoden dienen zumeist zur Bearbeitung der Daten, die in Objekten einer Klasse gespeichert werden. Sie werden in der Form `objektvariable.methode()` aufgerufen. Bei vielen Methoden können bzw. müssen zwischen den runden Klammern Parameter angegeben werden.

Es gibt auch statische Methoden, deren Aufruf kein Objekt erfordert. In diesem Fall erfolgt der Aufruf in der Form `Klassenname.methode()`.

W11: import

`import java.util.Arrays` bedeutet, dass in der Code-Datei die `Array`-Klasse verwendet werden kann, ohne jedes Mal den Paketnamen `java.util` voranzustellen.

B.2   Kapitel 2, »Variablenverwaltung«

W1: Lebensdauer von Variablen

Der Inhalt von Variablen bleibt maximal so lange erhalten, wie ein Java-Programm läuft. Viele Variablen haben sogar eine viel kürzere Lebensdauer. Sie können nur genutzt werden, solange ein Objekt existiert, d. h., solange Ihr Programm durch eine Variable auf das Objekt verweist.

Wenn Sie Daten dauerhaft speichern möchten, müssen Sie diese in Dateien speichern oder in einer Datenbank ablegen und später von dort wieder lesen.

W2: Datentypen für ganze Zahlen

Wenn Sie in einer Variablen ganze Zahlen zwischen 0 und 1000 speichern möchten, würde ich als Datentyp `int` empfehlen. Prinzipiell käme auch `short` in Frage (zulässiger Wertebereich von −32.768 bis +32.767). `short` bietet aber nur dann Vorteile im Vergleich zu `int`, wenn sehr viele gleichartige Daten gespeichert werden sollen – z. B. in einem Array mit 100.000 Elementen. In diesem Fall würden Sie mit `short` 200.000 Byte Arbeitsspeicher sparen.

W3: Fließkommadivision durch 0

Java führt eine Fließkommadivision durch 0 ohne Fehler aus und liefert im folgenden Beispiel den Wert `Infinity`.

```
double x=2, y=0;
System.out.println(x/y);
```

W4: Variablen müssen initialisiert werden

Das folgende Programm kann nicht kompiliert werden, weil versucht wird, die Variable z zu verwenden, bevor diese initialisiert wird. Die javac-Fehlermeldung lautet *variable z might not have been initialized*.

```
int x, y, z;
x=3;
y=x+z;
z=5;
System.out.println("x=" + x + " y=" + y + " z=" + z);
```

W5: Explizites Casting

Das folgende Programm kann nicht kompiliert werden, weil versucht wird, das Ergebnis einer int-Addition in einer short-Variablen zu speichern. Dabei könnte es zu einem Datenverlust kommen.

```
short s=3;
int    i=4;
s = s + i;
System.out.println(s);
```

Um das Problem zu beheben, muss der Code so umformuliert werden:

```
s = (short)(s + i);
```

W6: Literale

Hexadezimalen Zahlen stellen Sie 0x voran, binären 0b:

```
int i1=0xAA00;
int i2=0b10101111;
```

W7: Konstante

Java kennt zwar nicht direkt Konstanten, kann aber durch `final` verhindern, dass der Inhalt einer Variablen für einen elementaren Datentyp
später nochmals verändert wird. Es ist üblich, solche Variablen mit Großbuchstaben zu definieren:

```
final double E = 2.71828182845904;
```

W8: Quadrat ausrechnen

Eine mögliche Lösung finden Sie in den Beispieldateien zu diesem Buch
im Projekt `loesungen-kap02-quadrat`.

B.3   Kapitel 3, »Operatoren«

W1: Restwertoperator

Den Rest der Division 225 / 17 ermitteln Sie mit dem %-Operator:

```
System.out.println(225 % 17);   // Ergebnis 4
```

W2: Postfix versus Präfix

```
int a=7, b=12, c=20;
int d=a---b---c;
```

Java verarbeitet die Zuweisung an d so:

```
d = (a--) - (b--) - c;
```

Da `--` hier in der Präfix-Notation angewendet wird, berücksichtigt Java die
veränderten Inhalte von a und b, also:

```
d = 6 - 11 - c;
```

Somit ergibt sich: a=6, b=11, c=20 und d=-25.

W3: Short-circuit Evaluation

Die logischen Operatoren && und || verzichten auf die Auswertung des zweiten Operanden, wenn der erste Operand bereits zum Ergebnis führt. Wenn im folgenden Beispiel rechenfunktion(x) den Wert 0 oder eine negative Zahl liefert, dann wird rechenfunktion(y) nicht aufgerufen. Das ist nicht notwendig, weil && nur dann true liefern kann, wenn beide Teilergebnisse true sind.

```
double x=2, y=3;
if(rechenfunktion(x)>0 && rechenfunktion(y)>0) {
  // Code
}
```

B.4   Kapitel 4, »Verzweigungen und Schleifen«

W1: Schaltjahrtest

Eine der vielen möglichen Lösungen sieht so aus:

```
// Projekt loesungen-kap04-schaltjahr-schleife
int jahr=2014;
boolean schaltjahr;
if(jahr % 4 == 0 && (jahr % 100 != 0 || jahr % 400 == 0))
  schaltjahr=true;
else
  schaltjahr=false;
```

Dabei wird zuerst getestet, ob die Jahreszahl durch vier ohne Rest teilbar ist. Ist das nicht der Fall, kann es kein Schaltjahr sein; das Ergebnis ist bereits hier false. Andernfalls muss eine von zwei Zusatzbedingungen erfüllt sein: Das Jahr ist nicht durch 100 teilbar, oder es ist durch 400 teilbar.

W2: Schleife für Schaltjahrtest

```
// Projekt loesungen-kap04-schaltjahr-schleife
for(jahr=1999; jahr<=2016; jahr++) {
    ...
}
```

W3: Schleife, die zumindest einen Durchlauf garantiert

Die einzige Schleifenvariante in Java, die garantiert, dass der Schleifenkörper mindestens einmal durchlaufen wird, ist do-while. Ganz egal, wie die Bedingung formuliert ist – zuerst wird der im Schleifenkörper formulierte Code ausgeführt.

```
do {
    schleifenkörper;
} while(bedingung);
```

W4: Drei Schleifen von 100 bis 50

Die Lösung finden Sie im Projekt loesungen-kap04-schleifen-100-bis-50 in in den Beispieldateien zu diesem Buch.

W5: Fakultät

Die Lösung finden Sie im Projekt loesungen-kap04-fakultaet in den Beispieldateien zu diesem Buch. Beachten Sie, dass 20! die größte Fakultät ist, die in einer long-Variable dargestellt werden kann. Zur Berechnung größerer Fakultäten müssen Sie double-Variablen verwenden.

W6: Summe

Achten Sie darauf, dass Sie die Funktion mit 1.0 / (n*n) formulieren. Wenn Sie stattdessen 1 / (n*n) schreiben, führt Java zuerst die Integer-Division $1/n^2$ aus – und die für alle Schleifenwerte 0! Mit 1.0 / (n*n) erkennt Java hingegen, dass Sie eine Fließkommadivision wünschen, berechnet zuerst n*n als Integermultiplikation und wandelt das Ergebnis dann in eine double-Zahl um.

```
// Projekt loesungen-kap04-summe
double summe=0;
for(int n=2; n<=30; n++) {
  summe += 1.0 / (n*n);
}
System.out.println(summe);   // 0.6121501176015978
```

W7: »double«-Schleife

Eine allgemeingültige Lösung für eine Schleife von einem Start- zu einem Endwert mit einer vorgegebenen Anzahl von Schritten sieht so aus:

```
// Projekt loesungen-kap04-double-schleife
double start=125, ende=160, x;
int schritte=11;
double delta=(ende-start) / (schritte-1);

for(int n=0; n<schritte; n++) {
  x = start + delta * n;
  System.out.println(x);
}
```

W8: Verschachtelte Schleife

Das Programm gibt die Werte 1, 2 und 3 aus.

W9: »do-while«-Schleife mit »break«

Das Programm gibt die Werte 0, 1 und 2 aus.

B.5   Kapitel 5, »Arrays«

W1: Initialisierung von Array-Elementen

Array-Elemente werden von Java automatisch mit 0, 0.0 bzw. null initialisiert.

W2: Byte-Array

```
byte[] b - new byte[16];
```

W3: Arrays sortieren

```
java.util.Arrays.sort(x);
```

W4: 10×10-Array initialisieren

```
long[][] l = new long[10][10];
for(int i=0; i<10; i++)
  for(int j=0; j<10; j++)
    l[i][j] = i*j;
```

W5: »for-each«-Schleife über ein eindimensionales Array

```
int[] x = {7, 34, 3};
for(int element : x)
  System.out.println(element);
```

B.6   Kapitel 6, »Zeichenketten«

W1: »double«-Zahl mit drei Nachkommastellen ausgeben

```
System.out.format("%.3f\n", Math.PI);
```

W2: Zeichenketten vergleichen

Zeichenketten müssen mit der equals-Methode verglichen werden, also mit s1.equals(s2).

W3: Zeichenkette umdrehen

Am naheliegendsten ist vermutlich die folgende Lösung: In einer Schleife wird die Zeichenkette von hinten nach vorne durchlaufen. Die Ergebniszeichenkette wird dabei Schritt für Schritt zusammengesetzt.

```
String satz="Dieser Satz soll umgedreht werden.";
String ergebnis="";
```

B

```
for(int i=satz.length()-1; i>=0; i--)
  ergebnis+=satz.charAt(i);
System.out.println(ergebnis);
```

Etwas effizienter wird das Programm, wenn Sie zum Zusammensetzen einen StringBuilder verwenden. Den fertigen Code finden Sie im Projekt loesungen-kap06-reverse in den Beispieldateien zu diesem Buch.

Noch einfacher geht es, wenn Sie wissen, dass die StringBuilder-Klasse eine fertige reverse-Methode zur Verfügung stellt. Damit verliert die Aufgabe aber ihren Übungscharakter.

```
StringBuilder sb2 = new StringBuilder(satz);
ergebnis = sb2.reverse().toString();
```

W4: Passwortqualität beurteilen

Eine mögliche Lösung finden Sie im Projekt loesungen-kap06-passworttest in den Beispieldateien zu diesem Buch.

B.7   Kapitel 7, »Datum und Uhrzeit«

W1: Datumsformatierung

```
LocalDate d = LocalDate.now();
DateTimeFormatter dtf =          // Format Montag 31.12.
  DateTimeFormatter.ofPattern( "EEEE, d.M." );
System.out.println(dtf.format(d));
```

W2: Kinofilm

```
LocalTime kinoStart = LocalTime.of(19, 30);  // 19:30
LocalTime kinoEnde  = kinoStart.plusMinutes(132);
System.out.println("Der Kinofilm endet um " + kinoEnde);
// Ausgabe: Der Kinofilm endet um 21:42
```

W3: Geburtstag

Einen Lösungsweg können Sie im Projekt loesungen-kap07-geburtstag nachvollziehen.

B.8   Kapitel 8, »Methoden«

W1: Methodenablauf nachvollziehen

Das Programm führt die folgenden Ausgaben durch:

```
3.0 5.0
15.0
-2.0 0.5
-1.0
```

W2: Methodenablauf nachvollziehen

Das Programm gibt die Zahlen 3, 6 und nochmals 3 aus. Beachten Sie, dass sich der Wert der Variablen i innerhalb von main durch den Aufruf von verdopple *nicht* ändert! An die Parameter von Methoden werden immer nur Kopien der Daten übergeben. Daher haben Neuzuweisungen an Parameter innerhalb einer Methode keine Auswirkungen außerhalb.

W3: Methode »berechne«

```
public static int berechne(int x, int y, int z) {
  if(x>0 && y>0 && z>0)
    return (x+y)/z;
  else
    return 0;
}
```

B

W4: Methode »randomstring«

Zum Zusammensetzen der Zufallszeichenkette werden mit 97 + r.nextInt (26) Zufallszahlen zwischen 97 und 122 erzeugt. Der Casting-Operator (char) macht daraus Zeichen mit dem entsprechenden ASCII-Code, also die Buchstaben a bis z.

```
public static String randomstring(int n) {
  Random r = new Random();
  String result = "";
  for(int i=0; i<n; i++) {
    result += (char)(97 + r.nextInt(26));
  }
  return result;
}
```

W5 bis W7: Schaltjahr, »buildarray«, Palindrom-Test

Lösungsvorschläge finden Sie in den Beispieldateien zu diesem Buch in den Projekten loesungen-kap08-xxx.

B.9 Kapitel 9, »Exceptions«

W1: Code absichern

In der allgemeinsten Form sichern Sie fehleranfälligen Code so ab:

```
try {
  ... kritischer Code
} catch(XxxException) {
  ... Verarbeitung des Fehlers
}
```

So weit es im Kontext Ihres Programms sinnvoll ist, können Sie die Methode nach try-catch weiter fortsetzen.

W2: Exceptions auslösen

throw new XxxException("Fehlermeldung") löst eine Exception aus. Exceptions sind ein Kommunikationsmechanismus, um den Anwender einer

Methode davon zu informieren, dass bei der Ausführung ein Fehler aufgetreten ist.

W3: IllegalArgumentException

```
public static int summe(int n1, int n2) {
  if(n1<=0 || n2<=0) {
    throw new IllegalArgumentException(
      "n1 und n2 müssen größer 0 sein!");
  }
  return n1+n2;
}
```

W4: Methodendeklaration mit »throws«

Wenn Sie eine Methode mit throws XxxException deklarieren, hat dies zwei Konsequenzen:

▶ Sie müssen sich innerhalb der Methode nicht um XxxExceptions kümmern. Sie können daher Methoden, die eventuell eine XxxException auslösen, ohne try-catch-Absicherung verwenden.

▶ Andererseits weiß nun jeder Nutzer Ihrer Methode, dass darin eine XxxException auftreten kann. Der Methodenaufruf muss daher durch eine try-catch-Konstruktion abgesichert werden.

B.10 Kapitel 10, »Klassen«

W1: Klasse versus Objekt

B

Eine Klasse wird durch Code definiert: class Name { ... }. Der Code enthält Anweisungen, um eine bestimmte Art von Daten zu speichern und/oder zu verarbeiten.

Objekte sind Exemplare/Instanzen/Realisierungen dieser Klasse. Java reserviert für jedes Objekt den erforderlichen Platz zur Speicherung der Daten. Der Zugriff auf die Objekte erfolgt durch Variablen, die auf diese Daten verweisen.

W2: »Beispiel«-Klasse

tuWas ist eine gewöhnliche Methode. Sie müssen zuerst ein Objekt der Klasse erzeugen, bevor Sie die Methode aufrufen können:

```
Beispiel b = new Beispiel b();
b.tuWas();
```

Wenn es möglich sein soll, die Methode tuWas ohne ein Objekt aufzurufen, muss die Methode statisch definiert werden:

```
class Beispiel {
  public static void tuWas() { ... }
}
```

W3: »Punkt«-Klasse

p.x = ... funktioniert nicht, weil die Klassenvariablen x und y als private deklariert wurden. Es gibt zwei Möglichkeiten, das Problem zu beheben:

▶ Sie können die Variablen einfach als öffentliche Variablen deklarieren (public).

▶ Sie belassen die Variablen private, ergänzen die Klasse aber für jede Variable um je eine öffentliche Getter- und Setter-Methode.

W4 bis W6

Den Lösungs-Code finden Sie in den Beispieldateien zum Buch in den Projekten:

```
loesung-kap10-kontakte
loesung-kap10-bankkonto
loesung-kap10-schach
```

Bei der Schachaufgabe (W6) sind in den neuen Klassen Turm und Laeufer nur die Methoden ermittleZiele neu zu implementieren. Für den Läufer kann die Methode z. B. mit einer einfachen Schleife realisiert werden, die von -7 bis 7 zählt und so in jede Richtung die maximal möglichen Positionen durchläuft:

```
// Projekt loesung-kap10-schach, Datei Laeufer.java
public String ermittleZiele() {
  StringBuilder zuege= new StringBuilder();
  for(int i=-7; i<=7; i++) {
    if(i==0) {    // überspringen, das ist
      continue;   // die Ausgangsposition
    }

    // die Felder auf den Diagonalen ermitteln
    zuege.append(position(spalte+i, reihe+i));
    zuege.append(position(spalte+i, reihe-i));
  }
  return zuege.substring(0, zuege.length()-1);
}
```

B.11   Kapitel 11, »Vererbung und Schnittstellen«

W1: Vererbungsfehler

In A ist die Methode m1 als public deklariert, in B hingegen als private. Wenn der Code in B zu public int m1() ... geändert wird, kann das Programm kompiliert werden. Empfehlenswert, aber nicht zwingend erforderlich ist es, der Deklaration von m1 die Annotation @Override voranzustellen:

```
public class B extends A {
  @Override
  public int m1() {
    return 17;
  }
}
```

W2: Schlüsselwort »super«

super wird im Code einer abgeleiteten Klasse verwendet, um den Konstruktor der Basisklasse aufzurufen (super()) oder um auf Elemente der

Basisklasse zuzugreifen, zu denen es gleichnamige Elemente in der abgeleiteten Klasse gibt (super.methode, super.variable etc.).

W3: Konstruktoraufruf bei Vererbung

Der Konstruktor der Klasse B ruft automatisch zuerst den parameterlosen Konstruktor der Klasse A auf. Daher lautet die Ausgabe:

```
Konstruktor von A
Konstruktor von B
```

W4: Generalisierung

Die Anweisung 2 ist nicht zulässig. Der Java-Compiler betrachtet obj1 als Objekt der Klasse A und kann deswegen die in B definierte und in C vererbte Methode m2 nicht aufrufen.

In Anweisung 5 tritt das gleiche Problem auf. obj2 ist für den Compiler ein Objekt der Klasse B. Dort ist die Methode m3 nicht bekannt.

Alle anderen Anweisungen werden fehlerfrei ausgeführt.

W5: Schachbeispiel Dame

Einen Lösungsvorschlag finden Sie in den Beispieldateien zu diesem Buch im Projekt loesungen-kap11-schach-dame.

W6: Vorteile von Schnittstellen

Eine Klasse kann mehrere Schnittstellen implementieren, aber nur von einer Klasse abgeleitet werden.

W7: Quadrat-Klasse

Einen Lösungsvorschlag finden Sie in den Beispieldateien zu diesem Buch im Projekt loesungen-kap11-geometrie-schnittstellen.

B.12   Kapitel 12, »Generische Klassen und Methoden«

W1: Generische Typen

`class Name<T>` bedeutet, dass die nachfolgende Klassendefinition für einen bestimmenden Datentyp gilt, den Sie bei Nutzung der Klasse bestimmen müssen. Innerhalb der Definition der Klasse ist `T` ein Platzhalter für diesen Datentyp. `T` kann z. B. dazu verwendet werden, um Variablen, Parameter oder den Rückgabetyp von Methoden festzulegen.

W2: »extends« versus »super«

`<? extends Xxx>` ist eine *Upper Bounded Wildcard* und erlaubt Typen, die von der Klasse `Xxx` abgeleitet sind, die also spezieller sind.

`<? super Xxx>` ist hingegen eine *Lower Bounded Wildcard*. Sie akzeptiert den Datentyp `Xxx` sowie deren Basisklassen – also Klassen, die allgemeiner definiert sind.

W3: Kontakte sortieren

Einen Lösungsvorschlag finden Sie in den Beispieldateien zu diesem Buch im Projekt `loesungen-kap12-kontakte`.

B.13   Kapitel 13, »Lambda-Ausdrücke«

W1: Zeichenketten in Kleinbuchstaben ausgeben

Ein geeigneter Lambda-Ausdruck sieht so aus:

```
lst.forEach(s -> System.out.print(s.toLowerCase() + " "));
```

W2 und W3: Termine sortieren und auswählen

Dieser Lambda-Ausdruck sortiert Termine nach der Zeit:

```
Arrays.sort(termine,
            (t1, t2) -> t1.zeit.compareTo(t2.zeit));
```

409

Der Ausdruck aller heutigen Termine gelingt mit `printTermine` wie folgt:

```
printTermine(termine,
    t -> t.zeit.toLocalDate().equals(LocalDate.now()));
```

Sie testen also im Lambda-Ausdruck, ob das Datum des Termins mit dem heutigen Datum übereinstimmt. Den vollständigen Code des Beispiels finden Sie im Projekt `loesungen-kap13-termine`.

W4: Referenzen auf Methoden

`System.out::println` entspricht `obj -> System.out.println(obj)`. Damit bietet sich diese Lösung an:

```
lst.forEach((Integer i) -> System.out.println(i));
// alternativ in Kurzschreibweise
lst.forEach(i -> System.out.println(i));
```

B.14   Kapitel 14, »Collections«

W1: »Set« versus »List« versus »Map«

Set und List eignen sich zur Speicherung von Einzeldaten, Maps hingegen für Wertpaare (Key-Value-Paare). In Sets sind anders als in Listen Doppelgänger unmöglich; außerdem wird in Sets keine Elementreihenfolge gespeichert, in Listen hingegen schon.

W2: Kontaktliste

```
// loesungen-kap14-kontakte
List<Kontakt> meineKontakte = new ArrayList<>();
meineKontakte.add(new Kontakt(...));
// Ausgabe mit Lambda-Ausdruck oder Methodenreferenz
meineKontakte.forEach(k -> k.print());
meineKontakte.forEach(Kontakt::print);
```

W3: Bankkonten

```
// Projekt loesungen-kap14-bankkonto
Map<String, Bankkonto> konten = new HashMap<>();
konten.put("12323123", new Bankkonto("name1", 100, 0));
...
konten.forEach( (nr, kt) ->
  System.out.format("Konto %s: Guthaben %.2f\n",
                     nr, kt.ermittleGuthaben()));
```

W4: Streams

Die Klasse `Bankkonto` muss um die Getter-Methode `getInhaber` erweitert werden, damit der Name des Inhabers eines Kontos ausgelesen werden kann. `HashMaps` können nicht direkt als Streams verarbeitet werden – das funktioniert nur für die Werte oder die Schlüssel. In unserem Beispiel liefert `konten.values().stream()` den Stream aller Konten.

```
// Projekt loesungen-kap14-bankkonto
// durchschnittliches Guthaben
OptionalDouble dguthaben =
    konten.values().stream()
        .mapToDouble(k -> k.ermittleGuthaben())
        .average();

System.out.format("Durchschnittsguthaben: %.2f\n",
                   dguthaben.getAsDouble());

// Namen der Kontoinhaber mit mehr als 500 EUR Guthaben
konten.values().stream()
    .filter(k -> k.ermittleGuthaben()>500)
    .forEach(k -> System.out.println(k.getInhaber()));
```

B

B.15   Kapitel 15, »Dateien und Verzeichnisse«

W1: Textdatei schreiben

```
String home = System.getProperty("user.home");
Path txtfile = Paths.get(home, "java-text.tmp");
String name = System.getProperty("user.name");
LocalDateTime jetzt = LocalDateTime.now();
DateTimeFormatter dtf =
  DateTimeFormatter.ofPattern("d. MMM yyyy HH:mm");
try(BufferedWriter bw =
    Files.newBufferedWriter(txtfile)) {
  bw.write(name + "\n");
  bw.write(dtf.format(jetzt));
} catch (IOException ex) { ... }
```

W2: »*.java«-Dateien kopieren

walk findet mühelos alle zu kopierenden *.java-Dateien:

```
// Projekt loesungen-kap15-copy-java
String home = System.getProperty("user.home");
Path from = Paths.get(home, "Documents");
Path to = Paths.get(home, "tmp-java");
...
try(Stream<Path> found = Files.walk(from)) {
  found
    .filter(p -> Files.isRegularFile(p))
    .filter(p -> p.toString().toLowerCase()
                  .endsWith(".java"))
    .forEach(p -> copy(p, from, to));
} catch (IOException e)  { ... }
```

Schwierig ist es aber, die gefundenen Dateien so in das Zielverzeichnis zu kopieren, dass die ursprüngliche Verzeichnisstruktur erhalten bleibt. Dazu dient die Methode copy:

```
public static void copy(Path p, Path from, Path to)  {
  Path rel = from.relativize(p);
  Path dirs = rel.getParent();
  Path destdir = to.resolve(dirs);
  Path destfile = destdir.resolve(p.getFileName());
  try {
    Files.createDirectories(destdir);
    Files.copy(p, destfile);
  } catch(IOException ex) { ...  }
}
```

In copy wird zuerst der Pfad der zu kopierenden Datei relativ zum Ausgangsverzeichnis ermittelt (Variable rel). getParent entfernt daraus den Dateinamen, sodass nur noch die relativen Verzeichnisse übrig bleiben. Diese Verzeichnisse werden mit resolve dem Zielverzeichnis hinzugefügt. Wird diesem Verzeichnis noch der Dateiname ohne Pfad hinzugefügt, ergibt sich die vollständige Zieldatei (Variable destfile).

B.16 Kapitel 16, »JavaFX«

W1: Sinusfunktion

Die eigentliche Herausforderung dieser Übung besteht darin, den Funktionsverlauf mit Werten für die X-Koordinate zwischen 0 und 10 und für die Y-Koordinate zwischen −1 und 1 korrekt in die Bildschirmkoordinaten umzurechnen (siehe Abbildung B.1). Beachten Sie insbesondere, dass die Y-Korrdinate am Bildschirm von oben nach unten, in allen mathematischen Diagrammen aber von unten nach oben zeigt!

```
// Projekt loesungen-kap16-sinus
final int XMAX=800, YMAX=500;
...
private void drawSinus(GraphicsContext gc) {
  double y0=YMAX/2.0;  // Position von (0,0) am Bildschirm
  double x0=50;
```

```
// Koordinatenkreuz zeichnen
gc.setStroke(Color.BLACK);
gc.setLineWidth(2);
gc.strokeLine(0, y0, XMAX, y0);
gc.strokeLine(x0, 0, x0, YMAX);

// Funktionsverlauf zeichnen
gc.setStroke(Color.RED);
double delta=0.1;   // Schrittweite in for-Schleife
double scalex=(XMAX-x0)/10;   // Skalierung der X-
double scaley=-YMAX/2;        // und Y-Koordinaten

for(double xstart=-1; xstart<10-delta; xstart+=delta) {
  double xend=xstart+delta;
  gc.strokeLine(
      x0 + xstart * scalex,
      y0 + Math.sin(xstart) * scaley,
      x0 + xend * scalex,
      y0 + Math.sin(xend) * scaley);
  }
}
```

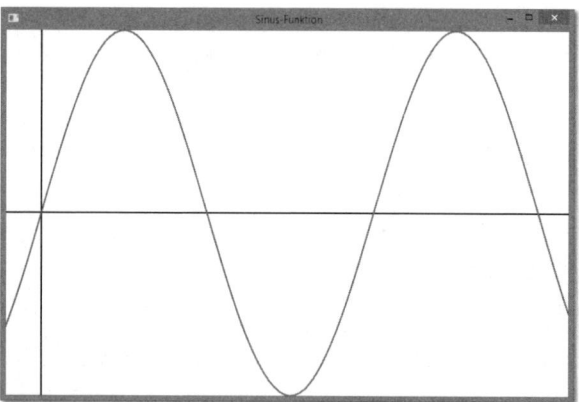

Abbildung B.1 Darstellung der Sinusfunktion in einem JavaFX-Programm

W2: Login-Box

Der Lösungs-Code für die Login-Aufgabe verwendet ein GridPane, um die Steuerelemente in einem Gitter auszurichten. An dessen Methode add werden außer dem Steuerelement normalerweise zwei Parameter übergeben: die Spalten- und die Zeilennummer. Sollen Steuerelemente über mehrere Spalten oder Zeilen reichen, geben der vierte und fünfte Parameter deren Anzahl an. Im Beispielprogramm befindet sich unter den beiden Eingabefeldern ein anfänglich unsichtbarer Beschriftungstext (Variable lblError), der über zwei Spalten reicht. Nach dem ersten fehlerhaften Login-Versuch wird dort der Text *Bitte versuchen Sie es erneut* angezeigt.

Die folgenden Zeilen zeigen, wie das GridPane erzeugt und mit Steuerelementen befüllt wird:

```
// Projekt loesungen-kap16-login
GridPane grid = new GridPane();
grid.setHgap(10);  // Abstände zwischen den Spalten
grid.setVgap(10);  // und Zeilen
grid.setPadding(new Insets(10)); // Abstand nach außen

grid.add(lblLogin, 0, 0);        // erste Zeile
grid.add(txtLogin, 1, 0);
grid.add(lblPw,    0, 1);        // zweite Zeile
grid.add(txtPw,    1, 1);
grid.add(lblError, 0, 2, 2, 1);  // dritte Zeile,
                                 // über zwei Spalten
```

B.17 Kapitel 17, »Javadoc«

B

W1: Javadoc-Beispiel

Die Javadoc-Kommentare finden Sie im Projekt loesungen-kap17-geometrie.

415

Index

G

H

Der Klassiker für alle Java-Programmierer

Christian Ullenboom

Java ist auch eine Insel

Einführung, Ausbildung, Praxis

13. Auflage

▸ Programmieren mit der Java Platform, Standard Edition
▸ Java von A bis Z: Einführung, Praxis, Referenz
▸ Von Klassen und Objekten zu Datenstrukturen und Algorithmen

Aktuell zu Java 9
13., aktualisierte und überarbeitete Auflage

Rheinwerk Computing

1.300 Seiten, gebunden, 49,90 Euro
ISBN 978-3-8362-5869-2
ab Ende August 2017
www.rheinwerk-verlag.de/4468

Alles zu den Java-Bibilotheken

Das E-Book zum Buch

Sie haben das Buch gekauft und möchten es zusätzlich auch elektronisch lesen? Dann nutzen Sie Ihren Vorteil.
Zum Preis von nur 5 Euro bekommen Sie zum Buch zusätzlich das E-Book hinzu.

Dieses Angebot ist unverbindlich und gilt nur für Käufer der Buchausgabe.

So erhalten Sie das E-Book

1. Gehen Sie im Rheinwerk-Webshop auf die Seite:
   www.rheinwerk-verlag.de/E-Book-zum-Buch

2. Geben Sie dort den untenstehenden Registrierungscode ein.

3. Legen Sie dann das E-Book in den Warenkorb, und gehen Sie zur Kasse.

Ihr Registrierungscode

BP2K-SXCB-Q96J-3D5F-36

Sie haben noch Fragen? Dann lesen Sie weiter unter:
www.rheinwerk-verlag.de/E-Book-zum-Buch